光明社科文库

亚太区域经济合作机制
变迁、战略博弈与对策

张国军◎著

光明日报出版社

图书在版编目（CIP）数据

亚太区域经济合作机制：变迁、战略博弈与对策 /
张国军著 .-- 北京：光明日报出版社，2019.6
　（光明社科文库）

ISBN 978-7-5194-5380-0

Ⅰ.①亚… Ⅱ.①张… Ⅲ.①区域经济合作—经济发
展—研究—亚太地区 Ⅳ.① F114.46
中国版本图书馆 CIP 数据核字（2019）第 114033 号

亚太区域经济合作机制：变迁、战略博弈与对策
YATAI QVYV JINGJI HEZUO JIZHI：BIANQIAN、ZHANLVE BOYI YU DUICE

著　　者：张国军

责任编辑：曹美娜　朱　然　　　　　责任校对：赵鸣鸣
封面设计：中联学林　　　　　　　　责任印制：曹　净

出版发行：光明日报出版社
地　　址：北京市西城区永安路 106 号，100050
电　　话：010-63139890（咨询）010-63131930（邮购）
传　　真：010-63131930
网　　址：http://book.gmw.cn
E - mail：caomeina@gmw.cn
法律顾问：北京德恒律师事务所龚柳方律师

印　　刷：三河市华东印刷有限公司
装　　订：三河市华东印刷有限公司
本书如有破损、缺页、装订错误，请与本社联系调换，电话：010-63131930

开　　本：170mm×240mm
字　　数：245 千字　　　　　　印　　张：16
版　　次：2020 年 1 月第 1 版　　印　　次：2020 年 1 月第 1 次印刷
书　　号：ISBN 978-7-5194-5380-0

定　　价：95.00 元

前　言

　　2007 年 10 月，党的十七大报告首次明确提出中国要"实施自由贸易区战略，加强双边多边经贸合作"。2012 年 11 月，党的十八大报告再次强调中国要"统筹双边、多边、区域、次区域开放合作，加快实施自由贸易区战略，推动同周边国家互联互通"。十八届三中、五中全会进一步要求，立足周边，加快实施自由贸易区战略，形成辐射全球的高标准自贸区网络。2015 年 12 月，国务院发布了第一份关于自贸区建设的战略性、综合性文件——《关于加快实施自贸区战略的若干意见》，从顶层设计了未来自贸区建设，明确提出了具体目标和措施。党的十九大报告指出，中国支持多边贸易体制，促进自由贸易区建设，推动建设开放型世界经济。中国对推进自贸区建设工作的重视程度可见一斑。系统、深入研究亚太区域经济合作机制变迁，有助于正确判断国际和亚太地区经济合作环境，找准中国参与亚太区域经济合作的定位，有助于我国更好地实施和推进自贸区战略。基于此，本书对亚太区域经济合作机制变迁、主要参与方战略博弈及中国对策进行了全面系统的研究。

　　亚太区域经济合作若以 1997 年、2008 年为界限，大致可以划分为三个阶段。第一阶段（1989—1996 年），这一时期以 APEC 为主导。APEC 在这期间处于发展的鼎盛时期，确立了组织形式、宗旨、目标、合作原则等，提出了发展目标——茂物目标，对推动贸易投资自由化、便利化和促进经济技术合作起到了一定的作用。第二阶段（1997—2007 年），这一时期以东盟为主导的亚太区域经济合作为特征。东盟建立了一系列"东盟 +N"机制，包括"10+1""10+3""10+6"机制。东亚地区也因此形成了"小马拉大车"的合作格局。第三阶段（2008年至今），这一时期，美国遭受全球金融危机的重创，奥巴马上台后，推出"亚太再平衡"战略，凭借TPP介入亚太区域经济合作。自此，东盟主导的东亚区域经济合作进程被打破，东盟提出RCEP应对TPP的冲击。继之，在中国的倡导下，亚太各方于2014年APEC北京领导人非正式会议上决定对FTAAP进行联合战略研究，并一致同意尽快启动FTAAP进程。亚太地区形成了TPP与RCEP两大机制并存，同时酝酿推动FTAAP的局面。2017年初特朗普上台后，宣布美国退出TPP，转向双边FTA谈判，对推动亚太区域经济合作的兴趣降低。此后，在日本推动下，剩余11个原TPP成员将TPP改名为CPTPP，谈判各方经过近四个月谈判最终签订CPTPP。然而，美国也声称，若能敲定一个比之前更好的协议，有可能重返TPP，亚太区域经济合作走向充满不确定性。

本书分为八章。第一章为导论，介绍研究背景及意义，国内外研究现状述评，研究思路、研究结构和研究方法，主要创新之处和需要进一步研究的问题。第二章运用经济学和国际关系理论，结合亚太区域经济合作机制的整体演变，分析了亚太区域经济合作机制形成及变迁。第三章至第六章分别分析了TPP、RCEP、CPTPP、APEC/FTAAP的发展演变及其对亚太区域经济合作机制变迁的影响。第七章结合亚太区域经济合作主要参与方的亚太战略，探讨其相互间的利益博弈，判断亚太区域经济合作的未来发展趋势。第八章论述中国参与亚太区域经济合作的现状，并结合亚太区域经济合作机制变迁情况及实证分析结果，提出中国参与亚太区域经济合作的对策。

本书主要研究内容和结论具体如下。

第一，对亚太区域经济合作机制变迁的原因进行了国际政治经济分析。首先，亚太地区主要经济体在亚太地区的权力角逐引发了该地区经济合作机制的变迁。其次，全球金融危机打破了东亚和美国之间既存的生产和消费的关系。美国强势推进TPP，搅乱了东盟主导的东亚区域经济合作进程，推动该区域经济合作机制进一步发生变迁，形成TPP、RCEP两大机制并存，同时酝酿推动FTAAP的局面。特朗普上台后，宣布美国退出TPP，对亚太区域经济合作的关注降低。在日本推动下，CPTPP签订并生效。然而，美国也声称有可能重返TPP，未来亚太区域经济合作再添变数。再次，APEC存在的问题致使其集体行动成本增加，运行效率低下，陷入了集体行动困境。各成员无奈之下转向其他区域经济合作机制。最后，亚太地区各国经济、政治、文化上的多样性在一定程度上决定着亚太区域经济合作进程的长期性和复杂性，伴随着多机制并存，竞争性合作。

第二，厘清 TPP、RCEP、CPTPP、APEC/FTAAP 对亚太区域经济合作机制变迁的影响。TPP 为亚太区域经济合作赋予了新的元素，推动了亚太区域经济合作机制朝多元方向发展。TPP 冲击了现存区域经济合作机制，催生了 RCEP，两大机制相互制衡；RCEP 将在一定程度上加强东盟主导的东亚区域经济合作机制建设。RCEP 加入门槛相对较低，为发展中国家参与亚太区域经济合作提供了机会；CPTPP 拓展了日本参与亚太区域经济合作的回旋空间，或将成为决定亚太区域经济合作机制转变的主导路径；APEC 停滞不前引发了亚太区域经济合作的变迁。FTAAP 的提出为亚太区域经济合作机制整合提供了目标。

第三，结合亚太区域经济合作主要参与方的亚太战略，分析其相互间的利益博弈，判断亚太区域经济合作未来发展趋势。亚太区域经济合作主要参与方的利益博弈表现在对东亚和亚太区域经济合作主导权的争夺上。美国谋取亚太区域经济合作主导权，东盟推进"大国平衡"战略维持其在东亚地区的区域经济合作主导权，日本在中、美之间搞平衡，角逐东亚乃至亚太区域经济合作主导权，韩国致力于成为连接亚太区域经济合作机制的关键链条，印、澳、新积极融入亚太权力体系，期冀分得一杯羹。2015 年，APEC 领导人非正式会议明确指出，TPP 和 RCEP 是未来实现 FTAAP 的基础。亚太区域经济合作未来发展存在三种可能：RCEP 逐步并入 TPP/CPTPP 后融合为 FTAAP；TPP/CPTPP 和 RCEP 趋同后融合成 FTAAP；TPP/CPTPP 和 RCEP 在 FTAAP 框架下进行整合。然而，未来的亚太区域经济合作机制如何发展，主要取决于主要参与方的利益博弈和亚太地区的现实发展需要。

第四，基于中国参与亚太区域经济合作的现状和之前章节的理论分析以及实证分析结果，提出中国未来参与亚太区域经济合作的对策。使用综合贸易份额指数、拓展后的贸易密集指数、HM 指数分析了中国与亚太区域经济合作主要参与方的贸易依赖程度，结合现有的关于 TPP、CPTPP、RCEP、

FTAAP 对中国经济影响的 CGE 模型分析结果以及之前章节的理论分析，提出中国未来参与亚太区域经济合作的对策：多层次、全方位参与亚太区域经济合作；建设高水平自贸区，推进自贸协定深度一体化；妥善处理中美关系，积极探索双边合作途径。

　　本书由北京青年政治学院学术著作出版基金资助。笔者在写作过程中得到对外经济贸易大学庄芮教授和亲朋好友的大力支持，在此向他们表示衷心感谢！亚太区域经济合作涉及内容广泛，由于笔者水平有限，书中不妥之处，恳请读者批评包容。

目　录
CONTENTS

第一章　导论

第一节　问题提出及研究意义

一、问题提出

近些年，亚太区域经济合作机制呈现新变化，影响着中国自由贸易区战略的实施和"一带一路"倡议的推进，为我们提出了新的研究课题。

第一，近年来亚太区域经济合作机制发生变化，如何认识这些变化、未来走势及主要参与方的战略博弈，成为世界经济研究领域迫切需要探讨的问题。

2008 年以前，亚太地区存在的区域经济合作机制有亚太经济合作组织（Asia-Pacific Economic Cooperation，APEC）、"东盟 +N"机制、跨太平洋经济伙伴关系协定（Trans-Pacific Partnership Agreement，TPP）等。此外，亚太自由贸易区（Free Trade Area of the Asia-Pacific，FTAAP）被提出后因各方分歧而长期处于搁置状态。2008 年之后，亚太区域合作形势发生新的变化，进入再整合阶段。2009 年，美国高调宣布将正式加入 TPP 谈判。到 2014 年 11 月，TPP 谈判参与方已扩大至 12 个，另外 6 个国家和地区也表现出加入的兴趣。TPP 谈判始于 2010 年 3 月，在美国的极力推动下，经过 20 多轮谈判后，各方于 2016 年 2 月签订协定。美国积极推动 TPP 是其对近年来快速发展的东亚区域经济合作的一种回应。TPP 是美国实现"亚太再平衡"战略的一个重要工具，它打破了既往由东盟主导的东亚区域经济合作格局。在这种情况下，东盟倡导建立"区域全面经济伙伴关系协定"（Regional Comprehensive

Economic Partnership，RCEP），试图应对 TPP 可能产生的影响。截至 2019 年 1 月，RCEP 已经举行了 24 轮谈判。RCEP 的出现客观上起到了整合现存的 5 个"10+1"FTA 的作用。2014 年 11 月，APEC 北京领导人非正式会议通过了实现亚太自贸区的路线图，决定开展 FTAAP 联合战略研究。亚太地区两大经济合作机制 TPP 与 RCEP 并存，同时酝酿推动 FTAAP。然而，特朗普上台后，宣布退出 TPP，转向双边 FTA 谈判，对推动亚太区域经济合作的兴趣降低。此后，日本牵头其他 10 国签订了全面与进步跨太平洋伙伴关系协定（Comprehensive Progressive Trans-Pacific Partnership，CPTPP），该协定于 2018 年 12 月 30 日生效。与此同时，RCEP 谈判尚未结束，FTAAP 未取得实质性进展，美国声称有可能重返 TPP，亚太区域经济合作再添变数。在此背景下，研究亚太区域经济合作机制变迁及未来走势，分析主要参与方的战略博弈，关乎对世界经济发展方向的正确认识和判断，故而具有很强的必要性和迫切性。

第二，亚太区域经济合作机制变迁影响中国自由贸易区战略和"一带一路"倡议的实施和推进，研究和分析亚太主要参与成员的区域经济合作，是中国在新形势下进一步扩大对外开放的一个重要课题。

实施自由贸易区是中国为拓展对外开放广度和深度，提升开放型经济水平的一项重要举措。亚太地区是中国 FTA 网络布局的重点区域。截至 2019 年 1 月，中国已签署的 18 个自由贸易协定中，有 13 个在亚太地区。从未来推进方向看，亚太也是中国推进 FTA 谈判的重点区域。中国扩大和深化对外开放的重大举措——"一带一路"也有很大一部分涉及亚太经济圈，因此，研究亚太区域经济合作机制变迁、未来走势，分析主要参与方的利益博弈，是推进中国自由贸易区倡议和"一带一路"倡议，进一步扩大对外开放，提高对外开放水平的需要。

亚太区域经济合作机制变迁与亚太主要经济体之间的利益博弈密切相关，分析和研究该问题，将相应剖析亚太地区各主要经济体的区域经济合作战略，这对于中国准确研判地区形势、推进区域经济合作和扩大对外开放至关重要。就当前亚太区域经济合作而言，TPP/CPTPP、RCEP、APEC/FTAAP 等多种合作框架并存且相互影响，整体格局与发展方向亟待明确。亚太地区主要成员如美国、日本、韩国、东盟等国家/组织的区域经济合作战略，决定着其采用何种方式参与该地区的经济合作，影响着该地区经济合作机制的变迁。中国要在新时期加快建设自由贸易区，必须认真思考亚太区域经济合作机制变迁问题，进而制定切实可行的地区合作战略，推进新一轮对外开放。

二、研究意义

（一）理论意义

第一，研究亚太区域经济合作机制变迁，有利于丰富现有的国际区域经济合作理论和国际关系理论研究内容。

涉及亚太区域经济合作的现有理论主要包括国际经济一体化理论、新区域主义、新制度经济学、国际关系理论。其中，国际经济一体化理论仅从单一的经济因素分析区域经济合作问题。新区域主义虽然既考虑到经济因素，又考虑到政治因素，但是分析重点在于区域经济合作对一国国内政治的影响。新制度经济学侧重考虑区域经济合作制度变迁的成本。国际关系理论侧重从国际体系、国家主义、国内社会联盟等层面分析区域经济合作。然而，亚太区域经济合作既是一个经济问题，也是一个政治问题，此项研究系统梳理亚太区域经济合作机制的变迁，从历史角度，综合运用经济学和国际关系理论，探讨影响亚太区域经济合作机制变迁的政治经济因素，有利于丰富国际区域经济合作理论和国际关系理论研究内容。

第二，分析亚太区域经济合作的机制变迁，探讨亚太主要经济体的区域经济合作战略，能够为中国进一步扩大对外开放提供更坚实的理论基础。

新时期、新形势下，中国推进新一轮对外开放急需理论支撑。区域经济合作是中国继"入世"之后对外开放的一个新平台、新途径，但迄今缺少系统理论。本研究综合运用经济学和国际关系理论研究亚太区域经济合作机制变迁及未来走势，剖析亚太区域经济合作主要参与方的区域经济合作战略，可以为中国制定有效参与亚太区域经济合作的战略提供一些参考，有助于充实我国进行新一轮对外开放的理论基础。

（二）实践意义

第一，有利于正确判断国际和亚太地区经济合作环境，找准中国参与亚太区域经济合作的定位。

进入 21 世纪，亚太区域经济合作进程加速。据亚洲开发银行亚洲区域经济一体化中心（Asia Regional Integration Center, ARIC）统计，截至 2019 年 1 月，亚太地区已签订的 RTAs 达 167 项，其中已生效的达 155 项。① 亚太区域经济合作呈现多层次、多形式、多领域、复杂性等特点。这些特点决定了亚太区域经济合作错综复杂，各种 FTA 交叉重叠，形成"意大利面条碗"。

2008 年以来，亚太地区曾一度出现 TPP 与 RCEP 两大机制并存，同时酝酿推动 FTAAP 的局面。然而，美国退出 TPP 后，日本牵头签订 CPTPP，RCEP 谈判尚未结束，FTAAP 也未取得实质性进展，亚太区域经济合作再添变数。中国是亚太区域经济合作的主要参与方，认真研究亚太区域经济合作机制变迁，有利于中国更好地了解国际和亚太地区经济合作环境，为中国今后更好地参与亚太区域经济合作找准定位。

第二，有助于更好地实施和推进中国自由贸易区战略。

2007 年 10 月，党的十七大报告首次明确提出中国要"实施自由贸易区战略，加强双边多边经贸合作"。2012 年 11 月，党的十八大报告再次强调中国要"统筹双边、多边、区域、次区域开放合作，加快实施自由贸易区战略，推动同周边国家互联互通"。2013 年 11 月，中共十八届三中全会提出中国要"以周边为基础加快实施自由贸易区战略，实现面向全球的高标准的自由贸易区网络"。2015 年 10 月，中共十八届五中全会再次强调要加快实施自由贸易区战略。同年 12 月，中国推出了第一个推进自贸区建设的战略性、综合性文件——《关于加快实施自贸区战略的若干意见》。党的十九大报告指出，中国支持多边贸易体制，促进自由贸易区建设，推动建设开放型世界经济。中国对推进自由贸易区战略的重视程度可见一斑。

亚太经济在世界经济中具有重要地位。亚太区域人口占世界人口的 60% 以上，经济约占世界三分之二，世界经济实力的三强——美、中、日都在亚太地区，可谓举足轻重。亚太尤其是东亚经济体的经济发展在不同的时期居于世界领先地位。20 世纪 60 年代，日本经济迅速崛起，亚洲"四小龙"（韩国、新加坡、中国香港、中国台湾）步入经济快速发展的轨道。70 年代，"四小龙"经济迅速增长。80 年代，除"四小龙"之外，东盟的泰国、马来西亚、

---

① 根据亚洲开发银行亚洲区域一体化中心网站资料整理得出。

印度尼西亚经济也迅速增长。中国自 1978 年实行改革开放政策以来，经济总体上保持持续快速增长，全球金融危机爆发后成为世界经济复苏的助推器。

鉴于亚太地区的重要性，中国一直把该地区作为实施自由贸易区战略的重要布局点。当下，亚太区域经济合做出现一些新变化。在这种背景下，系统研究亚太区域经济合作机制变迁有利于中国在新时期更好地选择深层次参与亚太区域经济合作的路径，推进实施自贸区战略。

第二节 国内外研究现状述评

一、国内外研究现状

近年来，随着美国"亚太再平衡"战略的推进，亚太区域经济合作机制出现了一些新的变化，形成了 TPP 与 RCEP 两大机制并存，同时酝酿推动 FTAAP 的局面。然而，2017 年美国宣布退出 TPP，随后日本牵头签订 CPTPP，RCEP 谈判尚未结束，FTAAP 也未取得实质性进展，亚太区域经济合作走势充满不确定性。国内外学者对亚太区域经济合作机制变化给予了高度关注，相关研究大致可以归为以下几类问题：

（一）关于 APEC 相关问题的研究

学者们对 APEC 的研究主要集中在 APEC 发展历程、存在问题、未来发展展望等方面。Richard Feinberg（2008）[1]，刘晨阳、于晓燕（2009）[2]，Sung-Hoon Park、Jeong Yeon Lee（2009）[3]，陆建人（2010）[4]，Hu Weixing（2013）[5]，

---

[1] Feinberg，R. Voluntary Multilateralism and Institutional Modification：The First two Decades of Asia Pacific Economic Cooperation（APEC）[J]. Rev Int Org, 2008（3）：239-258.

[2] 刘晨阳、于晓燕. 亚太区域经济一体化问题研究［M］. 天津：南开大学出版社，2009：278-342.

[3] Park，S-H. & Jeong，Y. L. APEC at a Crossroads：Challenges and Opportunities［J］. Asian Perspective，2009，33：97-124.

[4] 陆建人. APEC20 年：回顾与展望. 国际贸易问题［J］.2010（1）：3-9.

[5] Weixing，H. Building Asia-Pacific Regional Institution：the Role of APEC［J］. Procedia-Social and Behavioral Sciences，2013（77）:65-73.

宫占奎、于晓燕（2014）[①]，宫占奎、黄春媛（2014）[②]，刘晨阳、袁燕（2015）[③]，刘晨阳、王晓燕（2018）[④]回顾了 APEC 的发展历程，肯定 APEC 为推动贸易投资自由化和便利化，促进经济技术合作所做出的贡献的同时，指出了 APEC 进行改革的必要性和未来发展方向。宫占奎、于晓燕（2009）回顾了 APEC 20 年来在推动贸易投资自由化过程中所取得的成就，同时分析了其存在的问题，展望了 APEC 贸易投资自由化的发展前景。[⑤]

　　APEC 在推动亚太区域经济一体化的过程中做出了巨大贡献，但是在运行过程中也存在一些问题，包括：APEC "软组织" 机制导致的机制化、制度化不强，运行效率低，发展进程缓慢等问题；所设定的茂物目标模糊，成员存在理解上的分歧；议题不断增多，由经济领域向非经济领域延伸[⑥]，加重了 APEC 的承受能力，降低了其运行效率；APEC 进程受阻，其成员转而投向 RTA/FTAs 建设，对 APEC 发展产生了消极影响。尽管 APEC 在发展中面临诸多挑战，步履艰难，深受诟病，但其仍然是推进亚太区域经济一体化进程的一个重要机制，它所发挥的作用是其他机制无法替代的。APEC 今后在推进亚太地区贸易投资自由化和便利化，促进经济合作上仍然有所作为。近年来，互联互通、全球价值链、创新增长、数字经济和互联网经济成为 APEC 重点合作领域。自 2014 年北京 APEC 后，推进 FTAAP 建设也成为其重要活动内容。

（二）"东盟 +N" 机制的相关研究

　　1997 年亚洲金融危机爆发后，东亚国家启动了东亚区域经济合作的进程，建立了以东盟为轴心的多个 "东盟 +N" 机制，包括 "10+1" "10+3" "10+6"。学者们对亚太区域经济合作机制的研究也随之转向 "东盟 +N" 机制。

① 宫占奎、于晓燕. APEC 演进轨迹与中国的角色定位 [J]. 改革，2014（11）：5-16.
② 宫占奎、黄春媛. APEC 进程 25 年：回顾与展望 [J]. 亚太经济，2014（2）：3-9.
③ 刘晨阳、袁燕. 面向未来的亚太伙伴关系与 2014 年后的 APEC 进程 [J]. 南开学报（哲学社会科学版），2015（2）：6-14.
④ 刘晨阳、王晓燕. "后茂物时代" 的 APEC 进程与 "一带一路" 建设 [J]. 亚太经济，2018（4）：5-11.
⑤ 宫占奎、于晓燕. APEC 贸易投资自由化 20 年：成就与展望 [J]. 当代亚太，2009（4）：97-109.
⑥ 赵江林. APEC 主题、议题变化与发展方向——兼议中国 APEC 政策主张的有效性 [J]. 亚太经济，2014（2）：14-20.

Eric Teo Chu Cheow（2005）提出了亚太地区"10+4"（东盟、中国、日本、韩国、印度）框架下经济合作的三种战略模式，即"10+3"框架下的自贸区网络、日本投资带动下的亚洲经济增长模式、中国/印度带动下的东亚经济增长模式。作者认为，这三种模式中的任何一种、二种或三种都能推动东亚经济增长。这三种模式下的东亚经济合作更多的是功能性合作，而不是制度性合作。"10+3"和"10+4"框架是推动亚洲经济合作的主要动力。然而，朝鲜问题、中日关系、中韩关系、日朝关系、日韩关系阻碍着亚洲经济合作的深化；市场因素推动着亚洲经济一体化逐步发展；中日韩经济一体化需要三国有"化干戈为玉帛"的政治意愿，需要增强东亚各国的地区认同感和归属感。①

Masahiro Kawai，Ganeshan Wignaraja（2007）研究了"10+3"和"10+6"机制。作者指出，东亚经济体所推行的外向型贸易、投资政策及FTA导向政策，促进了东亚一体化的发展，东亚一体化是一种市场驱动的一体化。作者从FTA的贸易覆盖范围、结构、地域、WTO通报情况、内容（"WTO-Plus"议题）、原产地规则等方面分析了东亚地区FTA的特点，包括：中国、日本、韩国、新加坡、泰国等东亚较大、较富国家带动了该地区FTA的发展；东盟对FTA的依赖度要高于东亚地区其他较大经济体；东亚地区既有双边FTA，也有诸边FTA。既有区域内部国家间签订的FTA，也有区域内部国家与外部国家签订的FTA；东亚FTA向WTO通报率逐渐提高；发达国家与发展中国家签订的FTA常常包含一些WTO-Plus议题；复杂的原产地规则导致企业交易成本上升。作者采用可计算一般均衡模型分别测度了东盟与中、日、韩FTA以及"10+3"FTA、"10+6"FTA的经济效应。结果显示，从这些FTA产生的世界收益看，"10+3"FTA、"10+6"FTA要高于东盟—中国、东盟—日本、东盟—韩国FTA，"10+6"FTA要高于"10+3"FTA，东盟—中国FTA要高于东盟—日本、东盟—韩国FTA；在"10+3"FTA、"10+6"FTA下，区域内国家的收益和区域外国家的损失都相对较小；从这些FTA产生的地区和国家收益看，中、日、韩三国在"10+6"FTA下获得收益较大，东盟从不同FTA中的收益

---

① Cheow，E. T. C. Strategic Relevance of Asian Economic Integrtaion［J］.Economic and Political Weekly，2005（9）：3960-3967.

按照从小到大的顺序排列依次为东盟—中国 FTA、"10+3" FTA、"10+6" FTA，印度、澳大利亚、新西兰在"10+3" FTA 下遭受损失，在"10+6"下获益。作者认为，东亚地区整合多个重叠的 FTA 有利于减弱原产地规则不同导致的"面条碗"效应。而"10+6"可以给东亚地区带来最大收益，同时给区域外国家造成最小损失。东盟需要发挥东亚地区"轴心国"作用，继续推进该地区一体化进程，中、日、韩三国需要更紧密地合作，印度需要进一步调整结构。同时，国际社会需要援助东盟贫穷国家提高供给能力包括开展贸易往来的基础设施建设等，使这些国家更好地利用一体化市场优势，缩小成员间的发展差距。此外，东亚国家还需要加强与欧美国家的贸易往来。[①]

董丹（2010）从经济角度和非经济角度对"10+3"与"10+6"两种模式下各经济体的收益进行了比较。从经济角度看，中国和东盟在"10+3"模式下获得的收益不如"10+6"模式下获得的收益。从非经济角度看，"10+3"模式较"10+6"模式带有更浓的东盟模式的色彩；中国和东盟在"10+3"模式下均有发挥主导作用的潜力，而"10+6"模式下日本的主导地位更明显；"10+3"模式下中国和日本是主要推动力量，而"10+6"模式下多国的推动作用更明显；"10+3"模式下美国的干涉更明显。因此，"10+6"模式会稀释中国的主导权，但中国可以获得比"10+3"模式下更大的收益，"10+6"模式对中国更有利。[②]而实际上，中国在选择竞争性方案的合作伙伴时更倾向通过以东盟为主导，以"10+3"为载体来推动东亚地区各种既有合作机制，最终实现"东亚共同体"。中国对具有遏制中国企图的"10+6"和"亚太共同体"并不感兴趣。[③]

胡庆江（2013）对东亚自由贸易区（East Asia Free Trade Area，EAFTA）路径选择进行了研究。作者认为，东亚自由贸易区的建设是一个长期渐进的过程，而中日自由贸易区建设是这一过程的关键。东亚自由贸易区建设应遵

① Kawai, M. & G. Wignaraja. ASEAN+3 or ASEAN+6：Which Way Forward? ［R］. ADBI Discussion Paper，2007，77.

② 董丹. 东亚自由贸易区："10+3"与"10+6"的收益比较［J］. 日本研究，2010（4）：18–21.

③ 盛斌. 亚太区域经济合作走向何方［M］// 张蕴岭、沈铭辉. 东亚、亚太区域合作模式与利益博弈. 北京：经济管理出版社，2010：334.

循利益分配均衡、小国集团主导、多边框架下对外开放、先易后难、建立汇率协调机制共 5 项原则。东亚应坚持集体单边贸易自由化和贸易投资便利化，推动区域内贸易进一步扩张，短期实现 3 个"10+1"FTA（东盟分别与中、日、韩自由贸易区）、韩国与东盟自由贸易区、日本与韩国自由贸易区，中期实现中日韩自由贸易区，远期在"10+3"框架下就东亚自由协定达成一致。① 然而，从中日韩三国双边 FTA 发展来看，中韩 FTA 已经签订并生效，日韩 FTA 处于搁置状态，中日韩 FTA 谈判正在进行中。

王玉主（2010）阐述了亚洲区域合作的主要路径"10+1""10+3""10+6"的形成过程，分析了这些路径之间的竞争以及中国参与区域合作的经济和战略利益诉求。作者认为，"10+3""10+6"模式背后体现了亚洲与非亚洲之争，美国控制亚洲与亚洲反控制，中日两国地区合作主导权之争，以及大国之间利益之争。中国参与亚太区域经济合作的目标在于保证稳定的出口市场，保证能源和原材料的供应，力图通过铺设双边 FTA 及推动亚太区域合作，维持对外贸易的稳定发展，同时加快国内产业调整，转向靠内需拉动经济发展，以便在更长时期内构建以中国为主或中国具有重要影响力的亚太生产网络。对中国而言，需要同时推进双边与多边合作，推动"10+3"框架下的东亚合作，适当关注"10+6"框架下的合作，加强与东盟的合作，巩固亚太合作的基础。②

"东盟 +N"机制的显著特点是"小马拉大车"即"小国主导，大国积极参与"。这种局面的形成与中、日的"10+3"和"10+6"路径之争，及其背后隐藏的两国对东亚区域经济合作主导权的争夺有着很大的关系。而东盟也借此采取"大国平衡"战略，扮演"斡旋者"的角色，在大国之间左右逢源，建立了其主导的一系列"东盟 +N"合作机制。

（三）TPP 的相关研究

2009 年美国加入 TPP 谈判，TPP 也因此声名鹊起，引起了学者们的广泛关注，研究涉及美国加入 TPP 谈判的原因、TPP 谈判问题、TPP 达成对中国

---

① 胡庆江. 东亚自由贸易区（EAFTA）路径选择研究［M］. 北京：北京大学出版社，2013.
② 王玉主. 亚洲区域合作的路径竞争及中国的战略选择［J］. 当代亚太，2010（4）：73-87.

的影响、TPP 协定文本内容等。

美国加入 TPP 的原因。学者们普遍认为，TPP 将助力美国促进经济发展，获取亚太区域经济合作主导权，掌控全球经贸规则制定权。全毅（2012）认为，美国主推 TPP 是为了借助这个工具，吸引更多的 APEC 成员加入，从而推动 FTAAP 的进程，主导亚太政治经济。美国通过 TPP 进一步加强与东亚各国之间的军事和经济关系，阻碍东亚区域经济一体化进程，试图将东亚纳入美国主导的亚太区域合作体系中。若日本、韩国、加拿大都加入 TPP，TPP 将成为世界最大的自由贸易区，其贸易转移和创造效应将很显著，会影响到亚太地区的贸易态势。TPP 若顺利扩容，其成员分布在东西半球和南北半球，覆盖亚洲、南美洲、大洋洲，成为超越区域性的广域经济一体化新模式。① 张海琦、李光辉（2013）也认为，美国主导的 TPP 是其实现经济复苏，获取亚太区域合作主导权有效工具，是美式 FTA 的范本，是美国打造全球经济治理格局的新平台。TPP 会扰乱亚洲的政治格局，恶化亚洲主要国家间的政治关系。美国通过 TPP 稀释东亚国家的凝聚力，阻碍该地区经济一体化进程。TPP 将打破东亚国家以地缘关系为纽带形成的区域经济合作模式，转向广域的经济一体化模式。②

TPP 谈判问题。陈淑梅、全毅（2013）分析了 TPP 谈判进程和议题，认为 TPP 实行全面市场准入，议题广泛，谈判程序严格。谈判分歧集中在通讯、技术性贸易壁垒、动植物检疫措施等方面，在知识产权、投资方与国家关系、劳工和环境法规、原产地规则等问题上也存在分歧，美国在谈判中的单边主义做法也阻碍了谈判的顺利进行，RCEP 和 TPP 一样有着促进贸易自由化和经济一体化的共同目标，前者对后者有一定的挑战。③

TPP 对中国影响的理论分析和实证分析。学者们从国际政治经济视角对 TPP 达成带给中国的影响进行了理论分析。徐刚（2015）研究了 TPP 达成对

① 全毅 . 亚太地区双边 FTA 新浪潮与中国的战略选择［J］. 东南学术，2003（4）：75—83.

② 张海琦，李光辉 . TPP 背景下中国参与东亚区域经济合作的建议［J］. 国际经济合作，2013（3）：24—27.

③ 陈淑梅，全毅 . TPP、RECP 谈判与亚太经济一体化进程［J］. 亚太经济，2013（2）：3—9.

中国经济的长短期影响。短期看，TPP生效尚需时日，中国作为世界第二大经济体，凭借其经济总量，较高的经济增长速度，与大多数TPP现有成员紧密的经贸关系以及FTA伙伴关系，能够抵挡住TPP的负面影响。长期看，TPP扩容将会使中国贸易损失增大，破坏中国的亚太区域经济合作战略布局，降低亚太国家对中国的经济依赖程度。TPP达成有可能引发连锁反应，致使中国在国际经贸谈判中陷入被动，在让步与不让步之间进行艰难抉择。TPP的贸易转移效应还将削弱中国在传统优势领域的竞争力，其制定的高标准使得中国产业升级艰难。[①] 宋国友（2016）认为，TPP对美国意义重大，对中国影响有限。TPP达成基本协议表明美国"亚太再平衡"战略阶段性胜利，增强了美国的战略调整信心。美国找到了介入东亚区域经济合作的有效平台，为其获取亚太区域经济合作主导权夯实了基础。然而，TPP对中国的影响有限，中国经济实力不断提升，抵御贸易转移效应的能力也在加强。中国提出"一带一路"倡议，拓展回旋空间。中国与多个TPP成员签订了FTA，在一定程度上缓冲了TPP的负面影响。[②] 学者们还运用可计算一般均衡模型分析了TPP带给中国的影响。万璐（2010）采用多国多部门可计算一般均衡模型（GTAP第六版数据库）测算了TPP对中国宏观经济和产业部门的影响。结果显示，TPP7及TPP7+日本对中国宏观经济会产生消极影响。TPP7+日本使中国纺织品、农林牧渔、加工食品、交通运输等部门出现贸易逆差。[③] Todsadee Areerat（2012）在万璐基础上采用多国多部门一般均衡模型（GTAP第七版数据库）测算了"TPP7、TPP7+日本、TPP7+韩国、TPP7+中国、TPP7+中日、TPP7+中韩、TPP7+日韩、TPP7+中日韩"8种方案下TPP对成员宏观经济和产业部门的影响。就中国而言，TPP7+中日韩方案下中国实际GDP增长最高，在该方案下，中国水稻、谷物、纺织品等产品产出增加，肉类、重工业品等产品产出减少。水稻、谷物、小麦、加工食品、纺织品出口增加，肉类、牲

① 徐刚. TPP协议达成对中国经济的长短期影响［J］. 中国银行业，2015（11）：59–61.
② 宋国友. TPP：地缘影响、中美博弈及中国选择［J］. 东北亚论坛，2016（2）：67–74.
③ 万璐. 美国TPP战略的经济效应研究——基于GTAP模拟的分析［J］. 当代亚太，2011（4）：60–73.

畜等出口减少。① 彭支伟、张伯伟（2013）也采用多国多部门可计算一般均衡模型（GTAP 第八版数据库）测算了 TPP 对中国产生的宏观经济效应和产业层面经济效应。结果显示，中国在加入 TPP 的情况下，其宏观经济收益较大，贸易条件转好，但贸易收支呈现逆差。而产业层面则有得有失，比如作为中国出口支柱产业的电子行业会受益，而机械行业会遭受冲击。②

　　TPP 协定文本内容。韩立余（2016）对 TPP 协定文本中的国有企业规则进行了研究。作者指出，TPP 国有企业规则的三个突出特点即非商业援助制度、透明度要求、法院对国有企业商业活动的管辖权。中国若加入 TPP，国有企业的非商业援助制度将会阻碍中国国有企业做大做强的目标的实现。另外，中国能否遵照透明度要求披露内容广泛而具体的信息是未知数。中国能否接受按照法院所在国法规处理外国企业的要求也是未知数。③ 龚红柳（2016）对 TPP 协定文本中的常规争端解决机制进行了研究。作者认为，TPP 常规争端解决机制是典型的国家间争端解决机制，但也涉及了私人主体间的国际商务纠纷。该机制并未完全覆盖所有章节，但却体现出对"非贸易价值取向"义务的维护。该机制采用简单的"一局终裁"的审理模式，但却赋予了较精细的法律技术操作。通过对比发现，中国常规争端解决机制与 TPP 差别不大，从这个角度看，中国加入 TPP 意义不大，而要制定具有中国特色、符合中国国情的区域争端解决机制。④ 石静霞、马兰（2016）对 TPP 协定文本中投资章节的核心规则即投资和投资者待遇、征收与补偿标准、不符措施、投资者——东道国争端解决机制进行了研究。分析得出，中国与其他国家已签订的双边投资协定中的条目仍处于 1.0 时代，中国与美国和欧盟的双边投资谈判采取"准入前国民待遇"和"负面清单"模式，标志着中国商谈的双边投资协定进

---

　　① Areerat, T. , Kameyama, H. , Ito, S. & Yamauchi, K. Tans Pacific Strategic Economic Partnership With Japan, South Korea and China Integrate: General Equilibrium Approach［J］. American Journal of Economics and Business Administration , 2012, 4（1）: 40–46.

　　② 彭支伟，张伯伟. TPP 和亚太自由贸易区的经济效应及中国的对策［J］. 国际贸易问题，2013（4）: 84–95.

　　③ 韩立余. TPP 国有企业规则及其影响［J］. 国家行政学院学报，2016（1）: 83–87.

　　④ 龚红柳. TPP 协定下的常规争端解决机制：文本评析与启示［J］. 国家行政学院学报，2016（1）: 88–92.

入 2.0 时代。中国应仔细研究 TPP 协定文本中的投资章节内容，为中美和中欧双边投资协定谈判提供参考。[①]

TPP 综合研究。C.L.Lim、DeborahKK.Elms、Patrick Low 等（2012）对 TPP 进行较全面的研究，内容涉及 TPP 的源起、TPP 相关谈判议题（市场准入、原产地规则、服务贸易、投资、知识产权、环境、劳工等）解析、地区和全球环境下的 TPP（TPP 与 FTAAP、TPP 与 APEC、TPP 与多边区域主义等）。[②] 唐国强等（2013）研究了 TPP 与亚太区域经济一体化，内容涉及 APEC 成员的 TPP 战略，TPP 对亚太地区经济、贸易、投资影响等内容。[③] 赵晋平（2013）研究了 TPP 对中国的经济影响及中国对策，内容涉及亚太区域经济合作新动向、TPP 总体框架及特点、TPP 谈判进展及前景、非成员方对 TPP 的态度及可能的对策、TPP 在亚太格局演变中的作用、TPP 对中国经济的影响、中国自贸区战略面临的挑战及对策等。[④] Jeffrey J.Schott、Barbara Kotschwar 和 Julia Muir（2013）介绍了 TPP 谈判参与方的相似之处、TPP 议题范围、TPP 谈判的关键问题、TPP 谈判参与方的扩大、TPP 与 FTAAP 等问题。[⑤] 刘中伟、沈家文、宋颖慧（2014）对 TPP 进行了较为系统的研究，内容涉及 TPP 研究前沿，TPP 谈判，东亚区域生产网络重构、TPP 与中美角色和竞争选择，美韩 FTA 及美国亚太战略，日本、澳大利亚加入 TPP 谈判动因，中国台湾地区寻求加入 TPP 谈判对《海峡两岸经济合作框架协议》（Economic Cooperation Framework Agreement，ECFA）实施的影响，TPP 未来发展趋势等。[⑥]

美国与 TPP12 个成员中的 7 个签订了双边 FTA，并享受到这些双边 FTA

---

① 石静霞，马兰.《跨太平洋伙伴关系协定》（TPP）投资章节核心规则解析［J］.国家行政学院学报，2016（1）：78-82.

② Lim，C.L.，D. K.，Elms et al. The Trans-Pacific Partnership：A Quest for a Twenty-first Century Trade Agreement［M］.Cambridge University Press，2012.

③ 唐国强.跨太平洋洋伙伴关系协定与亚太区域经济一体化研究［M］.北京：世界知识出版社，2013.

④ 赵晋平，等.跨太平洋伙伴关系协定：经济影响及对策［M］.中国财政经济出版社，2013.

⑤ Schott.，J. S. Understanding the Trans-Pacific Partnership［M］.Peterson Institute for International Economics Washington DC，2013.

⑥ 刘中伟，沈家文，宋颖慧.跨太平洋伙伴关系协议：中国与亚太区域合作的新机遇［M］.北京：经济管理出版社，2014.

所引发的贸易创造效应，实际上 TPP 带给美国的贸易增长相当有限。美国与日本货物贸易关税已经很低，TPP 刺激两国贸易增长程度有限。从这个层面看，美国加入 TPP 谈判更多的是出于政治考虑，而非纯粹的经济考虑。TPP 实为美国实现"亚太再平衡"战略的经济抓手。TPP 的出现打破了东亚既有的经济一体化进程，对亚太区域经济合作产生了深刻影响。

（四）CPTPP 相关研究

美国于 2017 年初退出 TPP 之后，日本并没有放弃 TPP，而是积极推动其他成员签订了 CPTPP，CPTPP 由此进入学者们的研究视野。研究内容涉及 CPTPP 建立动因、特点、影响、协定文本、经济效应等方面。

CPTPP 建立动因、特点。王孝松、武皖（2018）[①]、曹广伟（2018）[②]认为，日本积极推动建立 CPTPP 主要包括：促进本国 FTA 发展；推动本国经济发展；应对美国国际经贸领域的单边主义；提升亚太地区话语权，遏制中国崛起。樊莹（2018）[③]、袁波（2018）[④]总结了 CPTPP 的特点：较 TPP 内容有所减少，标准降低，但仍为高水平、高标准 FTA；成员覆盖亚太地区，经济投射力强；生效条件简单；扩容前景乐观。

CPTPP 的影响及中国对策。对国际经贸格局影响而言（樊莹；袁波；曹广伟），CPTPP 进一步加强国际经济一体化、集团化趋势；日本成为亚太经济一体化的"领头羊"；亚太区域经济合作"印太化"色彩加强；为发达国家重新制定全球经贸规则提供了平台。对中国影响而言（王孝松、武皖；袁波；樊莹；杨立强、余稳策 2018[⑤]），CPTPP 对中国经济有负面影响，但程度有限。随其成员不断扩大，这种负面影响将增强；稀释中国参与国际经贸规则制定的影响力；打乱中国推进亚太区域经济合作布局，削弱其地位。鉴此，中国应积极推

① 王孝松，武皖 . CPTPP 建立的影响及中国的应对策略探究［J］. 区域与全球发展，2018（3）：46–71.

② 曹广伟 . 亚太经济一体化视域下 CPTPP 的生成机理及其后续影响［J］. 商业研究，2018（12）：90–96.

③ 樊莹 . CPTPP 的特点、影响及中国的应对之策［J］. 当代世界，2018（9）：8–12.

④ 袁波 . CPTPP 的主要特点、影响及对策建议［J］. 国际经济合作，2018（12）：20–23.

⑤ 杨立强，余稳策 . 从 TPP 到 CPTPP：参与各方谈判动机与贸易利得变化分析［J］. 亚太经济，2018（5）：57–64.

进 RCEP 和中日韩 FTA 建设；深化改革开放，推进"一带一路"倡议；多措并举，参与国际经贸规则制定，推进 WTO 国际经贸规则体系改革；中国择时加入 CPTPP 谈判。

CPTPP 协定文本内容。CPTPP 协议文本在争端解决机制方面做出新的规定，引起学者们关注。张茜（2018）认为，较 WTO 争端解决机制，CPTPP 在争端解决效率和透明度等方面有所创新，在一定程度上弥补了 WTO 争端解决机制的不足。[①] 张生（2018）认为，与 TPP 相比，CPTPP 在投资争端解决机制方面有所变化，允许成员通过"冻结条款"和换文等方式进一步限制可以提交仲裁的争端范围。[②]

CPTPP 的经济效应。赵灵翡、郎丽华（2018）[③]，张珺、展金永（2018）[④]，杨立强、余稳策，王孝松、武晥使用可计算一般均衡模型对 CPTPP 的经济效应进行了分析。CPTPP 会使其成员国 GDP 增加，福利水平提升，贸易条件改善；CPTPP 会使中国 GDP 减少，福利水平降低，贸易条件恶化。中国各个产业产出受其影响因产业不同而有所差异。

（五）RCEP 相关研究

美国加入 TPP 谈判后，东盟为稀释 TPP 对其主导的东亚区域经济合作的冲击而提出 RCEP。学者们在对 TPP 投入大量研究精力之外，也对 RCEP 进行了研究。研究内容涉及东盟与 RCEP、TPP 与 RCEP 比较、RCEP 谈判及面临的挑战等问题。

东盟与 RCEP。毕世鸿（2013）分析了东盟力推 RCEP 的战略企图。东盟通过 RCEP 重构以其为轴心的东亚区域经济合作网络，巧用大国间矛盾，施展"大国平衡"外交，维护其在东亚区域经济合作中的主导权。[⑤] 王玉主

① 张茜，CPTPP 争端解决机制比较研究——以 WTO 争端解决机制改革为视角 [J]. 大连海事大学学报（社会科学版），2018（6）：16-24.
② 张生，CPTPP 投资争端解决机制的演进与中国的对策 [J]. 国际经贸探索，2018（12）：95-106.
③ 赵灵翡，郎丽华. 从 TPP 到 CPTPP：我国制造业国际化发展模拟研究——基于 GTAP 模型的分析 [J].《国际商务——对外经济贸易大学学报》，2018（5）：61-72.
④ 张珺，展金永. CPTPP 和 RCEP 对亚太主要经济体的经济效应差异研究——基于 GTAP 模型的比较分析 [J]. 亚太经济，2018（3）：12-20.
⑤ 毕世鸿. RCEP：东盟主导东亚地区经济合作的战略选择 [J]. 亚太经济，2013（5）：20.

（2013）也认为，RCEP 是东盟为维护其东亚区域经济合作中心地位而构造的一个合作框架。[①] 王金强（2013）指出，东盟力推 RCEP 的主要战略考量之一就是制衡 TPP，维护其在东亚区域经济合作中的主导作用。[②] 张建平（2014）认为，来自东亚内部和外部的压力促使东盟提出 RCEP，东亚内部中日韩自贸区谈判意向初露端倪，东亚外部 TPP 冲击着东盟在东亚区域经济合作中的核心地位。东盟力图通过 RCEP 维护其在东亚区域经济合作中的主导权。[③] 郑学党、庄芮（2014）认为，东盟提出 RCEP 一是为了平衡 TPP 冲击，二是为了对亚太地区现有的多种合作机制进行有效整合，降低"意大利面条碗"的负面效应。[④]

　　TPP 与 RCEP 的比较。汤婧（2013）分析了 RCEP 和 TPP 的异同。两者的不同点表现在：TPP 与 RCEP 谈判参与方不完全相同，而两者的部分成员重叠不利于东盟内部团结。从 GDP 总量看，TPP 略胜于 RCEP，但 RCEP 人口总数超过 TPP；TPP 对谈判内容与时间有具体明确规定，RCEP 尚未制定出详细谈判时间表。但是，RCEP 是在"东盟 +N"的基础上建立的，谈判基础比 TPP 有优势；TPP 涉及的谈判议题广而深，而 RECP 以传统议题为谈判重点。两者相同点表现在：两者都有利于亚太区域内贸易规则的统一，有利于提高本地区贸易便利化程度；两者都有利于各成员服务市场的开放，有利于各成员提升服务贸易竞争力；两者都有助于推进各成员内改革，完善相关法律制度。[⑤] Inkyo Cheong、Jose Tongzon（2013）使用动态可计算一般均衡模型比较了 TPP 和 RCEP 在 2013—2027 年所产生的经济影响。作者测量了 TPP9、TPP12、TPP12+ 中国（中国加入）三种方案下成员 GDP 的变化。结果显示，在这三种方案下，TPP 对参与方 GDP 的影响很小，甚至对部分参与方 GDP 产

　　① 王玉主.RCEP 倡议与东盟"中心地位"[J].国际问题研究，2015（3）：46.
　　② 王金强.TPP 对 RCEP：亚太地区合作背后的政治博弈[J].亚太经济，2013（3）：16.
　　③ 张建平.中国推进"区域全面经济伙伴关系"的战略考量[J].亚太经济，2014（2）：134.
　　④ 郑学党，庄芮.RCEP 的动因、内容、挑战及中国对策[J].东南亚研究，2014（1）：34.
　　⑤ 汤婧.TPP 与 RCEP：中国在亚太区域经济整合新秩序下的挑战与策略[J].全球化，2013（6）：63—72.

生负面影响。非 TPP 成员可能会因贸易转移效应遭受损失。在 TPP9 和 TPP12 方案下，世界经济将会遭受损失。若 TPP 扩容，各成员经济收益将会增加。而中国加入 TPP，则 TPP 对世界经济的影响将会很大。作者还测量了 RCEP、RCEP–中国（中国不加入 RCEP）、RCEP–日本（日本不加入 RCEP）三种方案下 RCEP 所产生的经济影响。在这三种方案下，世界经济都将遭受损失，非 RCEP 成员将遭受较大的贸易转移效应影响。RCEP 有可能激活东亚生产网络，因此有大量的累积经济影响。① 史本叶、王玉莹（2016）运用可计算一般均衡模型（GTAP 第八版数据库）对 TPP 和 RCEP 建成后所产生的宏观经济效应进行了对比分析，认为 RCEP 建成后能有效应对 TPP 给中国宏观经济带来的不利影响，中国应积极推进甚至主导 RCEP 建设。②

RCEP 谈判面临的挑战。王玉主、张建平、郑学党、庄芮、贺平、沈陈（2013）③，张彬、张菲（2016）④，刘均胜（2017）⑤，庄芮、林佳欣（2018）⑥ 研究了 RCEP 谈判面临的挑战。他们的观点可以归纳为以下几点：对 RCEP 成员间现存的 FTA/EPA 进行有效整合并不容易；东盟的部分成员也是 TPP 谈判参与方，东盟内部成员情况不一、战略考量各异等会影响其凝聚力；RCEP 谈判议题无法跟 TPP 相提并论，面临着来自 TPP 的规则竞争；东盟共同体能否建成关系到 RCEP 谈判成败，但东盟共同体难以在 2015 年建成；逆全球化现象集中升温，贸易保护主义势头不断增强，民粹主义兴起，影响着 RCEP 谈判的推进。Yoshifumi Fukunaga、Ikumo Isono（2013）通过研究东盟自贸区（ASEAN Free Trade Area，AFTA）、5 个 "10+1" FTA 得出，5 个 "10+1" FTA 对提升货物贸易和服务贸易自由化的程度不高，由它们可能引发的 "意大利面条碗"

① Cheong, I., J. Tongzon. Comparing the Economic Impact of the Trans–Pacific Partnership and the Regional Comprehensive Economic Partnership [J]. Asian Economic Paper，2013（12）: 2.
② 史本叶，王玉莹. RCEP 与 TPP 经济效应的比较研究——基于 GTAP 模型的实证分析 [J]. 经济视角，2016（6）: 92–99.
③ 贺平，沈陈. RCEP 与中国的亚太 FTA 战略 [J]. 国际问题研究，2013（3）: 50–53.
④ 张彬，张菲. RCEP 的进展、障碍及中国的策略选择 [J]. 南开学报（哲学社会科学版），2016（6）: 122–130.
⑤ 刘均胜. RCEP 谈判进程及挑战：从区域视角的评估 [J]. 国际经济合作，2017（8）: 37~44.
⑥ 庄芮，林佳欣. RCEP：进展、挑战与前景 [J]. 东南亚研究，2018（4）: 87–102.

效应会阻碍 FTA 的有效利用；中日韩 FTA、TPP 会挑战东盟的主导地位。作者认为，可以在 RCEP 谈判中采取以下措施来应对这些挑战：到 2015 年达成一个全面的、高水平的 RCEP；采取"常规减免"的方式设定 95% 的削减关税目标；削减主要的非关税壁垒；设定同等的原产地规则，设定通用的 RVC（40）或 CTH；制定切实可行的贸易便利化项目，解决 FTA 使用中遇到的问题；以更高水平开放服务贸易。[①]

（六）中日韩自贸区相关研究

学者们对中日韩自贸区的研究涉及中日韩自贸区的经济效应、谈判存在的障碍、推进谈判的方式等。

中日韩自贸区的经济效应。胡俊芳（2007）对中日韩自由贸易区的贸易效果进行了实证分析得出，中、日、韩三国在经济上具有很强的互补性，三国建立自由贸易区后贸易创造效应均为正，贸易额都将有所增长，并会出现显著的动态效应，尤其是直接投资效应。[②] 沈铭辉（2011）认为，中日韩自贸区将使三国获得传统经济收益，如促进区内贸易、投资自由化和便利化，带动三国经济增长等。此外，还会给三国带来一定的非传统收益，如推动东亚经济一体化，增进三国间政治互信，助力维护东北亚地区和平稳定等。[③] 敖丽红、赵儒煜（2013）认为，中日韩自贸区的建立对近期产业发展有利有弊，自贸区的建立有利于扩大三国相互间的利益，但是对我国靠投资带动经济增长的经济发展模式、产业结构升级构成极大威胁。[④] 赵亮、陈淑梅（2015）运用可计算一般均衡模型（GTAP 第八版数据库）分析得出，中日韩 FTA 会产生积极地宏观经济效应，能促进各成员经济总量增长，对外贸易发展，福利水平提高。[⑤] 钱进、汪庭东（2017）在此基础上进一步分析中日韩 FTA 对

---

①　Fukunaga，Y.，I.，Isono. Taking ASEAN+1 FTAs towards the RCEP: A Mapping Study［R］，ERIA Discussion Paper Series，2013（2）.

②　胡俊芳.中日韩自由贸易区贸易效果的实证分析［J］.上海：复旦大学出版社，2007.

③　沈铭辉.中日韩自由贸易区的经济学分析［J］.国际经济合作，2011（3）：39~40.

④　敖丽红，赵儒煜.关于中日韩自贸区建设的理论与实证分析［J］.东北亚论坛，2013（4）：73~75.

⑤　赵亮，陈淑梅.经济增长的"自贸区驱动"——中韩自贸、中日韩自贸区与 RCEP 的比较研究"［J］.经济评论，2015（1）：92–101.

产业产出的影响，认为中国的劳动密集型产业与日韩技术、资本密集型产业形成优势互补。中国的畜牧业及肉制品、加工食品等产业以及日韩的重工业会受到明显影响，三国将从公共事业与建设中实现互利共赢。①

三国的谈判存在的障碍。沈铭辉（2011）认为，三国在农产品市场和制造业市场开放、投资协议、自贸区战略认知等问题上的分歧较大。② 宫占奎（2011）则认为，阻碍三国建立自贸区的因素都是非经济因素，包括政治缺乏互信、历史因素、领土争端以及美国因素。③ 此外，中日韩 FTA 会加剧三国经济竞争，中日争夺主导权，不利于三国自贸区建设（于洋、于国政，2018）④；美国退出 TPP 后，日本不会因此轻易放弃 TPP，有可能将 TPP 中的某些标准用于中日韩 FTA 谈判中，增加谈判难度（李天国，2018）。⑤

就中国如何应对这些障碍，王金波（2012）认为，中国应在"10+3"框架下，尽快促成中日、中韩和中日韩自贸区谈判；积极推动多哈回合谈判和 APEC 合作进程；深化东亚合作，增强三国互信，扩大三国共同利益，增强亚洲共同体意识；理性、妥善、灵活处理谈判中存在的分歧。⑥ 崔日明、包艳（2007）提出了建立中日韩三国自贸区的四条路径：三国共同签订自贸协定；三国中任何两国（中日、中韩、日韩）先签订自贸协定，而后另一国加入，最后向三边自由贸易协定过渡。其中，中、日、韩三国共同签订自由贸易协定是最优理论路径。然而，受三国之间的政治分歧、经济发展水平差异、农业因素、大国因素的影响，这种最优理论路径不可行。作者认为，中日建立自贸区存在障碍，日韩建立自贸区的建议被搁浅，相比之下，中韩之间建立自贸区的可能性最大。沈铭辉也认为，中韩自贸区先行建立，以推动日本以更为积极的态度参与中日韩自贸区进程的方式将为中日韩自贸区的实现提供新的路径选择。⑦

---

① 钱进，王庭东. 中日韩自贸区对区域宏观经济及产业产出的影响评估——基于 GTAP 模型的模拟分析［J］. 现代日本经济，2017（3）：1–12.

② 沈铭辉. 中日韩自由贸易区的经济学分析［J］. 国际经济合作，2011（3）：38.

③ 宫占奎. 中日韩自由贸易区发展进程分析［J］. 创新，2011（6）：48.

④ 于洋，于国政. 中日韩自贸区建设探析［J］. 东北亚经济研究，2018（2）：46–55.

⑤ 李天国. 后 TPP 时代中日韩 FTA 的机遇与挑战［J］. 东北亚学刊，2018（2）：48–54.

⑥ 王金波. 中日韩自贸区：三年内难修"正果"［J］. 经济，2012（2）：79–80.

⑦ 沈铭辉. 中日韩自由贸易区的经济学分析［J］. 国际经济合作，2011（3）：38.

（七）FTAAP 相关研究

APEC 北京领导人非正式会议重新将 FTAAP 提上议程，决定对 FTAAP 进行联合战略研究。学者们对 FTAAP 的研究升温，研究内容涉及 FTAAP 的可行性、FTAAP 的推进方式及面临的挑战、FTAAP 构建路径、FTAAP 的经济影响等。

FTAAP 的可行性。建立 FTAAP 的可行性曾一度遭受质疑。2006 年，ABAC 和 PECC 组织多国专家对建立 FTAAP 可行性研究，并撰写了题为《APEC 的一个贸易议程？ FTAAP 的政治经济分析》的研究报告。专家们对建立 FTAAP 可行性的看法不尽一致，有的赞成，有的反对。[①] APEC 成员和学术界怀疑 FTAAP 建立的可行性的理由主要有：一是 APEC 成员差异性大，其中大国之间的博弈复杂难料；二是 APEC 是一个松散的论坛性组织，无法为 FTAAP 谈判提供有效机制保证；三是 APEC 成员一致认为实现 FTAAP 的过程漫长，至少准备 3 年才能真正启动谈判。此外，即便在货物贸易领域达成一致，成员经济发展程度的差异性也会带来履行期限的问题。[②] 美国加入 TPP 后，东亚国家 APEC 领导人开始对推进 FTAAP 变得积极起来。2010 年 APEC 日本领导人非正式会议发布了《亚太自由贸易区实现的途径》的文件，2014 年 APEC 北京领导人非正式会议上中美两国共同提出启动 FTAAP 进程，APEC 成员对推进 FTAAP 达成了一致看法。

FTAAP 的推进方式及面临的挑战。C.Fred Bergsten，Marcus Noland，Jeffrey J.Schott（2011）指出，为实现 FTAAP，美国和其他主要的 APEC 成员尤其是中国和日本需要更有远见。对于中美而言，两国应在更广范围的、政治色彩不强的 WTO 框架和 / 或地区框架（APEC、FTAAP）下处理双边关系，减少双边贸易分歧。[③] 全毅（2014）提出了实现 FTAAP 的可能方式：将茂务目标实现的 2020 年设为达成 FTAAP 协议的最后期限；通过推进次区域经济

① ABAC & PECC. An APEC Trade Agenda?The Political Economy of a Free Trade Area of the Asia Pacific［R］. 2006.

② 金佑炯，黄鹏. 亚太自由贸易区（FTAAP）可行性及韩国的应对［J］. 国际商务研究，2011（5）：59.

③ Bergsten，C. F. et al. The Free Trade Area of the Asia Pacific：A Constructive Approach to Multilateralizing Asian Regionalism［R］. ADBI Working Paper，2011（336）：1-23.

合作进程促进 FTAAP 建设；加强 APEC 成员的能力建设、经济技术合作、基础设施建设，推进互联互通。① APEC 北京领导人非正式会议确定了 APEC 与 FTAAP 平行推进的模式。宫占奎（2015）通过分析北京路线图的承诺后认为，FTAAP 建设应在 WTO 原则指导下进行；在 TPP 和 RCEP 的基础上将 FTAAP 建成为全面、高标准的 RTA；应将"下一代"贸易投资议题纳入 FTAAP 谈判中。② 盛斌（2014）提出了推进 FTAAP 过程中应关注的几个问题：在成员、协议、部门范围内对次区域 FTA 进行有效整合；合理制定 FTAAP 推进时间表；处理好 FTAAP 与现存区域经济合作安排的关系，协调好谈判相关方的合作等。他认为推进 FTAAP 的困难主要有：美国执意 FTAAP 建设在 TPP 的基础上进行，而不想让其他大国插手过多，TPP 的高标准也让包括中国在内的发展中国家望而却步；如何处理好 TPP、RCEP 和 FTAAP 的关系；受成员发展水平影响，FTAAP 能否按照全面的、高标准 FTA 尚不可知。③ 唐国强、王震宇（2015）指出，FTAAP 成员发展水平参差不齐，利益诉求差别较大，谈判过程并非一帆风顺；美国忙于 TPP，无暇顾及 FTAAP，态度不是很积极；APEC 是当前推进 FTAAP 的主渠道，这在一定程度上限制了非 APEC 成员但又是 FTAAP 的潜在成员的参与；随着新的区域合作方案的不断出台如"太平洋经济伙伴关系"等，FTAAP 存在被替代的可能性；APEC 制度的缺陷在一定程度上制约着 FTAAP 的发展。④

FTAAP 的构建路径。学者们对 FTAAP 的实现路径看法不一。Jeffery Schott（2010）认为，若中国加入 TPP，则 TPP 将是通向 FTAAP 的主要路径。⑤ 陆建人（2014）对比分析了实现 FTAAP 的五种路径包括 TPP 路径、RCEP 路径、TPP+RCEP 路径、APEC 内部 RTA 路径、与茂物目标相结合分阶段实现路径。

---

① 全毅 . TPP 和 RCEP 博弈背景下的亚太自贸区前景［J］. 和平与发展，2014（5）：87-89.
② 宫占奎 . APEC 与 FTAAP 平行推进问题研究［J］. 南开学报（哲学社会科学版），2015（2）：25.
③ 盛斌 . 亚太自由贸易区：亚太区域经济一体化的新选择［J］. 2014（11）：10-11.
④ 唐国强，王震宇 . 亚太自由贸易区：路线图与优先任务［J］. 国际问题研究，2015（1）：82-84.
⑤ Schott，J. Getting to the FTAAP via the TPP Turnpike［R/OL］.（2010-10）［2015-07-04］.

作者认为，上述五种路径都不可行，实现 FTAAP 需通过 APEC 按照自愿原则分低、中、高三个阶段进行，其中，高级阶段可以作为"后茂物目标"实现。[①] Peter A.Petri and Ali Abdul-Raheem（2014）检验和比较了 TPP、RCEP 的不同收益。结果表明，以高标准来加强 RCEP 和 TPP 将获益最大。而 FTAAP 恰如一个"雨伞协定"（Umbrella agreement），可以设定相对高的标准，促进亚太地区的自由化，为发展阶段不同的经济体提供不同水平的规则。尽管对 TPP 和 RCEP 进行整合难度之大，需要一个更加有利的地缘政治环境，但是实现 FTAAP 仍然存在着巨大的机遇。[②] 刘阿明（2015）对比分析了实现 FTAAP 的几种路径包括 APEC、"10+3"、TPP、RCEP，认为 APEC 和"10+3"无法担当建设 FTAAP 的重任，TPP 浓厚的美国政治、战略色彩及严格的高标准使其充满变数。而 RCEP 在成员范围、规则约束性与灵活性找到了恰当的平衡，有望成为实现 FTAAP 最为现实可行的路径。[③] 唐国强、王震宇（2015）认为，RCEP 和 TPP 同为实现 FTAAP 的两条可行路径，在 FTAAP 框架下对二者进行整合对于亚太地区而言是最理性的选择。[④] 刘东旭（2016）测算了亚太地区各经济体对 TPP、RCEP 和 FTAAP 三个组织所形成生产网络的参与程度和影响力，认为在推进 FTAAP 建设中各经济体应选择与自身有密切经贸依赖关系的经济体作为区域经济合作伙伴，处于同一区域价值链和生产网络中的经济体应优先建立区域经济合作安排。[⑤] FTAAP 建设考验的是亚太经济体的政治智慧和勇气，中美两国态度将发挥重要影响。

　　FTAAP 的经济影响。C.Fred Bergsten，Marcus Noland、Jeffrey J.Schott（2011）归纳总结了 2010 年前学者们对 FTAAP 经济影响的一般均衡模型分析结果，

---

① 陆建人．简析实现亚太自由贸易区的五条路径［J］．广西大学学报（哲学社会科学版），2014（5）：37-38.

② Peter A. Petri and Ali Abdul-Raheem. Can RCEP and the TPP be pathway to FTAAP？［EB/OL］．Chapter 2，State of the Region，PECC，Oct. 2014.中国太平洋经济合作全国委员会官方网站。

③ 刘阿明．亚太自由贸易区构建路径的比较分析——兼论中国的战略选择［J］．世界经济与政治论坛，2015（2）：41-53.

④ 唐国强，王震宇．亚太自由贸易区：路线图与优先任务［J］．国际问题研究，2015（1）：86.

⑤ 刘东旭．区域价值链视角下的 FTAAP 实现路径分析［J］．亚太经济，2016（5）：42-49.

认为 FTAAP 所蕴含的深度贸易自由化能够给成员带来巨大收益。[①] Kenichi Kawasaki（2010）使用可计算一般均衡模型测算得出，FTAAP 通过贸易自由化措施可使所有 APEC 成员实际 GDP 增长 1.9%，通过贸易便利化措施可使所有 APEC 成员实际 GDP 增长 0.4%。[②] 彭支伟和张伯伟（2013）的测算结果表明，覆盖整个亚太的 FTAAP 将为成员带来积极的经济影响。[③] Peter A.Petri、Ali Abdul-Raheem（2014）在 Peter A.Petri、Michael G.Plummer、Fan Zhai（2012）[④]可计算一般均衡模型测算结果的基础上得出，在经 TPP 扩容后建立的包括 21 个成员的 FTAAP 框架下，世界 GDP 增值最大，为 2358.5 亿美元，增长 2.3%。[⑤] 郑昭阳、孟猛（2017）运用可计算一般均衡模型（GTAP 第九版数据库）对比分析了 RCEP、TPP 和 FTAAP 的经济效应，并测评了 FTAAP 深化商品贸易和服务贸易自由化所产生的经济效应，认为 FTAAP 在商品贸易自由化方面比 RCEP 和 TPP 更能促进中美两国和亚太地区广大国家经济增长和福利水平提升。以美国为代表的发达国家在深化商品贸易和服务贸易自由化以及实施各种国际贸易和国际投资新议题时的所获额外收益要高于以中国为代表的发展中国家。[⑥] 宋鹏等（2017）运用可计算一般均衡模型（GTAP 第九版数据库）分析了 FTAAP 的经济效应和环境效应，认为 FTAAP 能够促使多数成员贸易额增长，GDP 增加，福利水平提高。规模效应主导 FTAAP 对中国环境的影响，总体而言会增加污染排放，但在但削减 NTMs 方案情景和自由化中等方案情

① Bergsten, C. F. et al. The Free Trade Area of the Asia Pacific：A Constructive Approach to Multilateralizing Asian Regionalism［R］. ADBI Working Paper, 2011（336）：1-23.

② Kawasaki, K. The Macro and Sectoral Significance of an FTAAP［M］. Economic and Social Research Institute, 2012：3-12.

③ 彭支伟, 张伯伟. TPP 和亚太自由贸易区的经济效应及中国的对策［J］. 国际贸易问题, 2013（4）：94.

④ Petri, P., A. etal. The TPP and Asia-Pacific Integration：A Quantitative Assessment［M］. Peterson Institute for International Economics, East-West Center, Washington, DC, 2012.

⑤ Petri, P., Abdul-Raheem, A. Can RCEP and the TPP be pathway to FTAAP？［R/OL］// PECC. Chapter 2, State of the Region.（2014-10）［2015-08-01］, 中国太平洋经济合作全国委员会官方网站.

⑥ 郑昭阳, 孟猛. 亚太自由贸易区的经济效应分析［J］. 国际经济合作, 2017（7）：28-33.

景下的结构效应有助于促进中国行业结构优化，从而缓解污染排放。①

（八）亚太区域经济合作路径整合的相关研究

Shintaro Hamanaka（2012）认为，通过整合"10+1"FTA 而形成区域性 FTA 的可能性不大，TPP 具备发展成为区域性 FTA 的基础，APTA 只能够发展成为发展中国家参与的地区性 FTA。②宫占奎（2013）认为，亚太区域经济可能的整合路径有包括：APEC 成员整合内部 FTA，建立亚太自由贸易区；RCEP 与 TPP 合并；TPP 进一步扩展，建立亚太自由贸易区；APEC 内部完成各领域自由化进程，最终建立统一 FTA。③盛斌、果婷（2014）研究了亚太经济一体化格局的特点，对比分析了 TPP 和 RCEP 各经济体的传统贸易关系、价值链贸易关系、传统贸易政策、贸易新规则接受与执行情况，得出 TPP、RCEP、FTAAP 存在整合、趋同、互补、竞争等四种可能。④美国退出 TPP 后，TPP 作为实现 FTAAP 的一条可行路径被阻断。Schott 等（2017）认为，若 RCEP 谈判参与方不提高该协定的标准，那么 RCEP 并不能成为实现 FTAAP 的可行道路。⑤张珺、展金永认为，CPTPP 出现后，实现 FTAAP 的三条路径包括：由 CPTPP 扩张成 FTAAP；由 RCEP 扩张成 FTAAP；通过 CPTPP 和 RCEP 融合实现 FTAAP。刘翔峰（2018）认为，"一带一路"倡议将为亚太区域合作奠定坚实的基础，并提供一种有效的方案选择。⑥

二、简要评述

综观上述研究成果，国内外学者对亚太区域经济合作机制的研究主要集中在单项机制和不同合作路径整合方式上，研究成果较丰富，为本书的研究

①　宋鹏，等．亚太自由贸易区的经济与环境效应及中国的策略选择［J］．国际贸易问题，2017（9）：59-70.
②　Hamanaka, S. Evolutionary Paths Toward a Region-wide Economic Agreement in Asia［J］. Journal of Asian Economics，2012（23）：383-394.
③　宫占奎．亚太地区 FTA 整合问题研究［J］．南开学报（哲学社会科学版），2013（4）：56-63.
④　盛斌，果婷．亚太区域经济一体化博弈与中国的策略选择［J］．世界经济与政治，2014（10）：4-21.
⑤　Schott, J.，陆之瑶．TPP 之后的亚太区域主义［J］．新金融评论，2017（3）：156-170.
⑥　刘翔峰．"一带一路"倡议下的亚太区域经济合作［J］．亚太经济，2018（3）：5-10.

提供重要参考。但从目前看，现有研究仍存在以下几个问题：

首先，已有文献在系统梳理并综合研究亚太区域经济合作机制变迁方面着墨不多；

其次，现有成果主要从经济学角度去研究，表现了较强的学科独立性，而交叉运用经济学、国际关系学等多种学科，从政治、经济等多种视角进行研究的文献尚显不足。

鉴于以上不足，本书在已有文献的基础上，立足交叉学科，即综合运用经济学、国际关系学等方法，对亚太区域经济合作机制的变迁及中国对策进行了更深入的研究。

第三节　研究思路、研究结构和研究方法

一、研究思路

本书以亚太区域经济合作机制变迁为研究对象，首先概述亚太区域经济合作机制的形成、发展、特征，然后结合经济学和国际关系相关理论，阐述亚太区域经济合作机制的变迁。在此基础上，进一步研究亚太区域经济合作主要参与方的利益博弈及未来发展趋势，从而对中国参与亚太区域经济合作提出策略建议。

二、研究结构

全书分为八章，各章主要内容如下：

第一章：导论。介绍研究背景及意义，国内外研究现状述评，研究思路、研究结构和研究方法，主要创新点和需要进一步研究的问题，有关研究概念的界定。

第二章：亚太区域经济合作机制变迁的理论分析。本章运用经济学和国际关系理论，结合亚太区域经济合作机制的整体演变，对亚太区域经济合作机制形成及变迁进行理论分析。

第三章：TPP 与亚太区域经济合作机制变迁。本章集中分析了 TPP 的发展演变及其对亚太区域经济合作机制变迁的影响。

　　第四章：RCEP 与亚太区域经济合作机制变迁。本章专门分析了 RCEP 的形成发展及其对亚太区域经济合作机制变迁的影响。

　　第五章：CPTPP 与亚太区域经济合作机制变迁。本章分析了 CPTPP 的提出、签订背景及其对亚太区域经济合作机制变迁的影响。

　　第六章：APEC/FTAAP 与亚太区域经济合作机制变迁。本章分析了 APEC 的发展历程、FTAAP 的提出及发展，得出 APEC/FTAAP 对亚太区域经济合作机制变迁的影响。

　　第七章：亚太区域经济合作主要参与方的利益博弈及未来趋势。本章在第三至第六章的基础上，结合主要参与方的亚太战略探讨它们之间的利益博弈，判断亚太区域经济合作的未来发展趋势。

　　第八章：中国参与亚太区域经济合作的策略建议。本章阐述了中国参与亚太区域经济合作的现状及其亚太区域经济合作战略，结合亚太区域经济合作机制变迁情况及实证分析结果，提出中国参与亚太区域经济合作的策略。

三、研究方法

　　本书主要采用以下几种研究方法：

　　第一，国际政治经济分析法。立足交叉学科，结合经济学和国际关系学相关理论对第二章至第七章内容进行分析。

　　第二，文献梳理法。分别从 APEC、"东盟 +N" 机制、TPP、CPTPP、RCEP、中日韩 FTA、FTAAP，以及亚太区域经济合作路径整合等方面系统梳理国内外关于亚太区域经济合作机制的相关文献。

　　第三，定量分析与定性分析相结合的分析方法。第八章对中国区域经济合作战略进行定性分析，同时结合必要的定量分析，如指数分析结果和一般均衡模型分析结果等，用数据说明问题，增强说服力。

　　第四，专家访谈法。就中国参与亚太区域经济合作的对策请教国内外专家。

四、技术路径

　　本书研究技术路径如图 1.1。

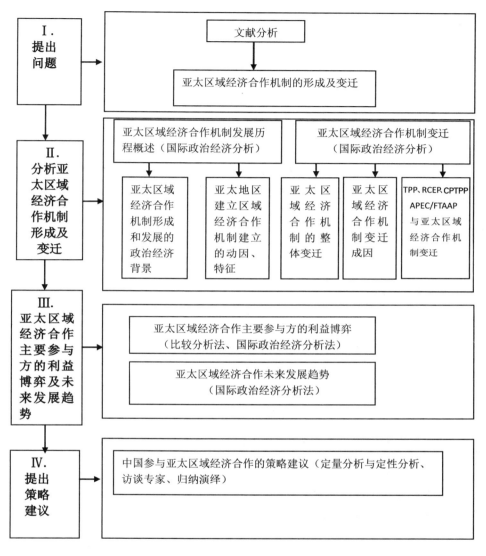

图1.1 技术路径

第四节 主要创新点和需要进一步研究的问题

一、主要创新点

一是研究方法的创新。

现有的文献主要使用经济学方法对亚太区域经济合作问题进行研究。本书立足交叉学科，结合国际政治和世界经济专业背景，综合运用经济学和国际关系学研究方法，进行国际政治经济分析，在研究方法上有一定创新。

本书运用综合贸易份额指数、拓展后的贸易密集指数、HM 指数分析了中国与亚太区域经济合作主要参与方的绝对贸易依存度、相对贸易依存度和贸易对称度，同时结合现有研究成果中关于 TPP、CPTPP、RCEP、FTAAP 对中国经济影响的 CGE 模型测量结果，从推进东亚区域经济合作进程，构建周边大市场、"一带一路"倡议中的大市场、新兴经济体大市场，推进自贸协定深度一体化，妥善处理中美关系等层面提出了中国参与亚太区域经济合作的对策。

二是研究内容和观点力求创新。

首先，目前关于亚太区域经济合作机制的研究主要集中在各单项机制的研究上，而本书纵观亚太区域经济合作机制的整个历史进程，在系统梳理了亚太区域经济合作机制的变迁的基础上，综合运用经济学和国际关系学相关理论，结合亚太区域经济合作主要参与方的亚太战略分析它们之间的利益博弈以及亚太区域经济合作的未来发展趋势。

其次，从理论和实际两方面深入分析了亚太区域经济合作机制建立的动因和亚太区域经济合作机制变迁的诱因。这部分内容在现有的研究成果中涉及不多。

再次，根据中国新近发布的首份关于自贸区建设的文件和中国自贸区建设最新进展分析了中国的亚太区域经济合作战略。

最后，使用 Henrik Horn，Petros C.Mavroidis、André Sapir 提出的分析区域贸易协定深度一体化的方法（HMS 方法），选取分析了中国已签订的 12 个自贸协定的深度一体化，现有研究成果对此鲜有提及，故而有一定新意。

二、需要进一步研究的问题

首先，囿于笔者之前所学专业的限制，计量分析方法应用不足，导致部分研究内容更偏向理论分析，这是笔者今后需要努力改进和提高的地方。其次，由于亚太区域经济合作机制变迁是个动态过程，本书结合其过去和当前发展状况得出的一些结论，可能随着其今后的发展会出现偏差，今后需要不断跟进研究。

第五节 有关研究概念的界定

一、亚太地区

学界对亚太地区的界定分为广义和狭义两种，广义上的亚太地区包括整个环太平洋地区，即包括加拿大、美国、墨西哥、秘鲁、智利等南北美洲的国家和太平洋西岸的俄罗斯远东地区、日本、韩国、中国大陆、中国台湾地区和香港特区、东盟各国和大洋洲的澳大利亚、新西兰等国家和地区。狭义的亚太地区主要指西太平洋地区，即包括东亚的中国（含港澳台地区）、日本、俄罗斯远东地区和东南亚国家，有时还延伸到大洋洲的澳大利亚和新西兰等国。

本书所指的亚太地区采用广义概念，即包括整个亚洲及环太平洋地区。

二、亚太区域经济合作机制

亚太区域经济合作机制是指亚太地区各经济体为促进彼此之间货物、服务、资本等要素自由流动，通过商谈并签署区域贸易协定的方式，相互取消贸易投资壁垒，从而实现地区经济一体化所形成的制度约束。

第二章　亚太区域经济合作机制变迁概述

自 1989 年 APEC 成立以来，亚太区域经济合作经历了 20 多年的发展历程。在此过程中，亚太区域经济合作机制先后发生了两次变迁：第一次从 APEC 到"东盟 +N"；第二次从"东盟 +N"到 TPP 和 RCEP 两大机制并存，同时酝酿推动 FTAAP。美国退出 TPP 之后，CPTPP 签订并生效，亚太区域经济合作再添变数。亚太区域经济合作机制的发展演变有着深刻的国际政治经济背景，与亚太区域经济合作主要参与方的利益诉求和博弈紧密相关。本章结合经济学和国际关系学相关理论对亚太区域经济合作机制形成、发展及变迁进行了国际政治经济分析。

第一节　亚太区域经济合作机制的形成和发展

一、亚太区域经济合作机制发展历程概述

随着亚洲各国经济的腾飞，经济相互依赖性的增强，亚太地区经济合作迅速发展，成为亚洲经济发展的一大亮点。亚太区域经济合作的想法源于 20 世纪 60 年代初，一些有识之士提出了太平洋经济合作的构想并推动组建了相关团体。1967 年，太平洋盆地经济理事会（Pacific Basin Economic Council，PBEC）成立。次年，太平洋贸易发展会议（Pacific Trade and Development Conference，PAFTAD）成立。受 1973—1975 年第一次石油危机的影响，亚太地区经济合作陷入停滞状态。到了 20 世纪 70 年代末，随着亚太尤其东亚地区成员的经济迅速发展，世界经济增长中心向亚太地区的转移，亚太地区

经济合作复苏。1980 年，太平洋合作委员会（Pacific Cooperation Committee，PCC）成立，该组织于 1983 年改名为太平洋经济合作会议（Pacific Economic Cooperation Conference，PECC），于 1992 年又改名为太平洋经济合作理事会（Pacific Economic Cooperation Council，PECC）。但是，亚太区域经济合作并没有实质性进展。进入 20 世纪 80 年代后期，亚太地区贸易和投资活跃，各国经济相互依赖程度加深，亚太经济合作框架日益成熟。"太平洋经济共同体""环亚太经济圈"等概念和倡议应运而生。PBEC 和 PECC 等论坛的讨论和合作活动推动了亚太区域经济合作。1988 年 7 月，澳大利亚、新西兰签署《澳新紧密经济关系协定》（the Australia–New Zealand Closer Economic Relations Trade Agreement，ANZCERTA）。1989 年 11 月，第一届亚太地区部长级会议举行，亚太地区 12 个国家的外交、经贸部长出席了会议，APEC 由此诞生。此后，每年召开一次由各成员外交部长和经贸部长参加的会议。1992 年 1 月，东盟国家决定自 1993 年 1 月起用 15 年时间组建"东盟自由贸易区"（ASEAN Free Trade Area，AFTA）。1992 年 8 月，美国、加拿大、墨西哥同意联合建立"北美自由贸易区"（North American Free Trade Area，NAFTA）。1993 年 11 月，APEC 第五届部长级会议和第一次领导人非正式会议召开，提出了"构筑亚洲太平洋经济共同体"的设想。1994 年 11 月，APEC 第六届部长级会议和第二次领导人非正式会议召开，通过了《茂物宣言》，提出茂物目标即 APEC 发达成员在 2010 年，发展中成员在 2020 年实现贸易和投资自由化。到目前为止，APEC 已有 21 个成员，是亚太地区一个重要的经济合作论坛，以推动多边自由贸易和投资、促进区域经济增长为宗旨，奉行自主自愿、协商一致的合作原则，成为连接太平洋两岸国家和地区的一条重要纽带，推动着亚太地区经济发展合作和共同繁荣。

亚洲金融危机之后，随着国际形势的变化，亚太经济体参与区域经济合作的积极性日益高涨。亚太地区的各种 FTA 交叉重叠，呈现"意大利面条碗"格局。至今，除了各经济体分别对外签署的诸多双边 FTA 之外，参照成员范围，亚太区域经济合作路径可以被分为亚太轨道和东亚轨道。前者成员范围更广，辐射整个亚太地区，后者成员主要集中在东亚地区。

（一）亚太轨道

（1）APEC/FTAAP

APEC 是亚太地区一个重要的经济合作论坛，以推动多边自由贸易和投资，促进经济增长为宗旨，奉行自主自愿、协商一致、灵活渐进、开放的地区主义的合作原则。APEC 历经 20 多年发展，在"贸易投资自由化、便利化"和"经济技术合作"方面做出了重要的贡献。然而，随着世界政治经济形势的变化，APEC 面临巨大挑战。多边贸易谈判受阻，茂物目标第一阶段任务计划未能如期实现，建立次区域和双边 RTA/FTAs 成为成员的选择。而这些 RTA/FTAs 对 APEC 的影响是双重的，一方面有可能促进其发展，另一方面也使区域贸易投资环境更为复杂，使 APEC 贸易投资自由化付出更高代价。

随着 APEC 内部 RTA/FTAs 的增多，各成员贸易和投资自由化程度不断提高，这为 APEC 整体自由化奠定了基础。另外，当各种 RTA/FTAs 的成员拓展而叠加到一定程度时，也会进行整合，少数未加入的成员受区域经济一体化的影响也会加入，APEC 朝自由贸易区方向发展。在这种背景下，FTAAP 构想于 2004 年 5 月被提出，旨在达成一个高质量、全面的多边自由贸易协定，用约束性机制把 APEC 成员紧密联系起来。由于各成员持不同态度，FTAAP 曾一度被搁置，2014 年北京 APEC 会议将 FTAAP 重新列入议程，并决定启动 FTAAP 联合战略研究。2016 年 APEC 利马领导人非正式会议通过《实现 FTAAP 有关问题的战略研究报告》。

（2）TPP

"跨太平洋战略经济伙伴协议"（Trans-Pacific Strategic Economic Partnership Agreement, TPSEP）是一个多边 FTA，由文莱、智利、新西兰、新加坡 4 国于 2005 年 6 月 3 日签署，于 2006 年 5 月 28 日生效，也称"P4"。2009 年，美国加入，并将其改名为 TPP，其后一直力推 TPP。继美国之后，澳大利亚、秘鲁也加入了 TPP 谈判，马来西亚、越南于 2010 年加入谈判。2012 年，墨西哥、加拿大加入 TPP 谈判。2013 年，日本加入 TPP 谈判。至此，TPP 由最初的"P4"发展为"P12"。2016 年 2 月，TPP 谈判方正式签订协定，进入各成员国内审批阶段。

（3）CPTPP

美国于 2017 年初宣布退出 TPP。此后，在日本积极推动下，剩余成员将 TPP 改名为 CPTPP，并启动谈判。相关方经过近四个月谈判，于 2018 年 3 月签订 CPTPP 协定，该协定于 2018 年 12 月 30 日生效。

（二）东亚轨道

（1）5 个"10+1"FTA

东盟作为一个整体积极参与区域经济合作，与中国、日本、印度、韩国、澳大利亚和新西兰签署了 FTA，形成了 5 个"10+1"FTA（见表 2.1）。

表 2.1　5 个"10+1"FTA 基本情况

名称	生效日期	备注
东盟 – 中国 FTA	2005 年 1 月 1 日《货物贸易协议》生效 2007 年 7 月 1 日《服务贸易协议》生效	2009 年底已基本建成
东盟 – 日本 FTA	2008 年 12 月 1 日生效	仅涵盖货物贸易
东盟 – 韩国 FTA	2010 年 1 月 1 日《货物贸易协议》生效 2009 年 5 月 1 日《服务贸易协议》生效	涵盖货物贸易和服务贸易
东盟 – 印度 FTA	2010 年 1 月 1 日《货物贸易协议》生效 2015 年 7 月 1 日《服务贸易协议》生效	涵盖货物贸易和服务贸易
东盟 – 澳大利亚 – 新西兰 FTA	2010 年 1 月 1 日生效	涵盖货物贸易和服务贸易

资料来源：笔者根据 WTO RTA Database 数据库资料整理得出。

（2）"10+3"框架

1997 年底爆发的亚洲金融危机为东亚各国合作提供了一个契机。时年 12 月，东盟、中、日、韩领导人举行会晤，东亚合作进入实质启动阶段，"10+3"领导人会晤机制正式制度化。2001 年 3 月，"东亚研究小组"（East Asian Study Group）成立，负责研究推动东亚地区合作进程问题。该小组于 2002 年 11 月在第六次"10+3"领导人会议上提交了《东亚研究小组最终报告》，将建成东亚自由贸易区（East Asia Free Trade Area，EAFTA）列为 26 项值得高度重视的可行措施中。2004 年，EAFTA 可行性研究专家组成立。此后，在中、韩两国牵头下完成了第一期和第二期研究，并向"10+3"经济部长会议和领导人会议提交了报告，建议以"10+3"为基础建立 EAFTA。但是，由于日本的反对，EAFTA 迄今无果。"10+3"领导人会议每年举行一次。目前，该合作机制以经济合作为重点，逐步扩展至政治、文化、安全等领域，是东亚地区合作的主要渠道和阵地。

（3）"10+6"（东亚峰会）

在"10+3"合作框架下，1999 年 10 月，由 13 国专家组成的"东亚展望小组"（East Asian Vision Group）成立，负责研究将东亚培育成一个单一合作共同体的具体路径。2001 年，该小组在"10+3"第五次领导人会议上提交了题为"迈向东亚共同体"的报告，提出将"10+3"领导人会议演化为"东亚峰会"（East Asia Summit，EAS）。2005 年 12 月，第一届东亚峰会召开，东盟十国、中、日、韩、印度、澳大利亚、新西兰十六国领导人出席了会议，标志东亚地区一个新的合作机制产生。2006 年，日本提议在"10+3"的基础上引入印度、澳大利亚、新西兰建立"东亚全面经济伙伴关系"（Comprehensive Economic Partnership in East Asia，CEPEA），进而建成 EAFTA。东亚地区因此出现了中国支持的"10+3"路径和日本支持的"10+6"路径之争。而 RCEP 的提出是基于这两种路径的一种妥协方案。

（4）中日韩自贸区

2002 年，中日韩三国领导人峰会提出建立中日韩自贸区的设想。2010 年 5 月—2011 年 12 月，中日韩共举行 7 次自贸区官产学联合研究，对货物贸易、服务贸易与投资领域的有关议题进行了磋商。2012 年 5 月，中日韩三国签署《中华人民共和国政府、日本国政府及大韩民国政府关于促进、便利和保护投资的协定》。时年 11 月，三国宣布启动自贸区谈判。2013 年 3 月，三国举行第一轮自贸区谈判，讨论了自贸区的机制安排、谈判领域及谈判方式等议题。截至 2018 年底，三国举行了 14 轮谈判。

（5）RCEP

2012 年 11 月，东亚峰会宣布启动 RCEP，由东盟 10 国、中国、日本、韩国、印度、澳大利亚、新西兰组成，旨在建立一个现代的、综合的，高质量的、互惠的经济伙伴关系协定，在本地区创造一个便于地区贸易和投资拓展的开放环境，为全球经济增长和发展做出贡献。[①] RCEP 是由东盟提出并由其主导的区域经济合作安排。东盟通过 RCEP 一方面可以整合并优化现存的 5 个"10+1"FTA，统一规则，便于操作。另一方面可以进一步确保在东亚区域经济合作中的主导地位，制衡来自 TPP 和中日韩自贸区谈判的冲击。RCEP 谈判于 2013 年 5 月启动，截至 2018 年 10 月已完成 24 轮谈判。

二、亚太区域经济合作机制形成和发展的国际政治经济背景

亚太区域经济合作机制的发展演进与 20 世纪 80 年代中期以来世界政治经济形势紧密相关。

第一，亚太地区经济体之间产业结构互补性扩大，出现了三次产业转移，工业生产率提升，不同经济体之间的经济联系得以加强，推动了该地区的经济发展。20 世纪 50~60 年代，美国将钢铁、纺织等传统产业向日本转移，日本成为继英国、美国之后的第三个"世界工厂"。20 世纪 70~80 年代，日本向"四小龙"投资和转让技术，助推了"四小龙"经济高速发展，东亚地区形成了以日本为"雁首"的"雁行"增长带。20 世纪 90 年代以后，日本、"四小龙"、美国向中国大陆和东盟投资，中国成为世界制造业大国。亚太地区的经济发展扩大了区域内贸易，增强了区域内各经济体之间的贸易往来，为地区经济合作提供了驱动力。亚太地区内部贸易比例维持较高水平，以 APEC 为例，1989—2016 年，区域内部进口及出口占总额的比重均在 70% 左右的较高水平。[②] 同时，亚太各成员在区域内贸易额占其对外贸易总额的比重较高。拿中国和美国来说，2017 年，美国前十大进出口贸易伙伴有 5 个在亚太地区，包括中国、加拿大、墨西哥、日本、韩国。[③] 中国大陆地区的十大进出口贸易伙伴包括美国、东盟、日本、韩国、澳大利亚等亚太地区成员。[④] 亚太地区经济的发展，区域内贸易联系加强，在一定程度上促进了地区经济合作。

第二，世界范围内区域经济一体化的发展和 RTA/FTAs 全球范围内的兴

---

① 日本外务省官网.

② 根据 UNCTAD STAT1989-2016 年间相关数据计算得出.

③ 美国商务部经济统计局官网.

④ 中国海关信息网.2017 年我国经济形势综述及进出口贸易形势分析报告［EB/OL］.

起推动了亚太区域经济合作。自 1951 年欧洲煤钢共同体成立到 2009 年底《里斯本条约》的签署 50 多年时间里，欧洲先后实现了关税同盟、统一大市场、经济与货币联盟、政治联盟。欧洲区域一体化如火如荼地进行成为促进亚太区域经济合作的外部动力。北美区域经济一体化也取得了显著成绩，1994 年 1 月 1 日，《北美自由贸易协定》正式生效。NAFTA 的成立对区内成员的经济发展产生了巨大的影响，对区外的经济体和合作伙伴国产生了积极的示范效应。此外，20 世纪 90 年代后，世界各国积极构建自己的 FTA 体系，各种类型 RTA/FTAs 在世界范围内兴起。在这种背景下，亚太地区重要成员为了顺应形势发展一方面积极推动本地区经济合作，另一方面积极铺设自己的 FTA 网络，以减轻对欧美市场严重依赖造成的巨大冲击力，亚太区域经济合作也因此得到发展。

第三，多边贸易体制进程受阻促使亚太各成员寻求区域经济合作。二战后，世界经济一体化与区域经济一体化平行发展，两者相互促进，又相互制约。一般而言，当世界经济一体化发展顺利时，世界各国都热衷参与其中。然而，当世界经济一体化进程受阻，停滞不前时，世界各国又把视线转移到区域经济一体化上，积极投身于区域经济合作。近年来，WTO 为主导的多边贸易谈判步履维艰。2001 年 11 月 14 日，WTO 启动第一轮多边贸易谈判——多哈回合谈判。由于谈判各国在农业补贴和非农产品市场准入上存在巨大分歧，难以达成共识。谈判主要成员受制于国内巨大压力，缺乏做出重大贸易开放承诺的能力，谈判以失败告终。与多边贸易谈判相比，区域经济合作谈判涉及的成员较少，敏感问题也相对集中，谈判更容易成功。因此，WTO 各成员开始转向区域经济合作领域。具体到亚太地区，多边贸易谈判失败和 APEC 茂物目标未能如期实现导致各成员投身到区域合作领域，积极构建区域经济合作体系。

第四，亚太地区主要经济体的战略决策影响着亚太区域经济合作的走向。20 世纪 80~90 年代，美国、日本、澳大利亚从自身利益出发，共同推动了 APEC 的建立和发展。美国为巩固其在北美地区的地位，制衡欧盟，积极推动 NAFTA 的建立，同时还努力推进美洲自由贸易区的谈判（Free Trade Area of Americas，FTAA）。进入 21 世纪后，中国、东盟、日本调整了各自区域经济合作战略推动了东亚区域经济一体化的发展，"10+1""10+3""10+6"等东亚机制形成。同时，美国为稀释中国在亚太区域的经济影响力，获取亚太区域经济合作的主导权，高调加入 TPP 谈判。之后，东盟为了平衡 TPP 的冲击，维护其在亚太区域经济合作中的主导地位，推动成立了 RCEP。2017 年，美国宣布退出 TPP，将注意力转向商签所谓的"高标准、公平的"双边 FTA。此后，日本为了获取亚太区域经济合作主导权，极力推动原 TPP 剩余成员签订 CPTPP。亚太区域经济合作主要参与方在积极投身本地区经济合作的同时，也纷纷进行双边 FTA 谈判，配合本国战略的实施。

第五，亚太地区成员间的非经济领域合作加强，促进了地区经济合作的发展。在政治领域，日本、韩国、菲律宾、泰国、澳大利亚都是美国的盟友，这些国家间有着紧密的政治合作关系，政治领域中的共同利益促进了这些国家的经济合作。中国经过四十年的改革开放，综合国力显著增强，在亚太地区的政治影响力不断增强，逐步树立了负责任大国的形象。例如，在亚洲金融危机中，中国坚持人民币不贬值，并向东南亚国家提供援助，展现了大国风范，赢得了周边国家的好评，增强了周边国家与其进行经济合作的信心。在全球金融危机中，中国同样保持人民币汇率稳定，派出赴欧采购团，向发展中国家提供援助，赢得国际一致好评。在安全领域里，亚太地区存在东盟地区论坛、亚太安全合作理事会等多边安全合作机制。此外，政府间多边合作机制中也涉及安全问题，如"10+1""10+3"、东亚峰会、APEC、亚欧会议。亚太地区国家间的安全合作有利于相互间建立政治信任，增进了解，有利于构建有利的经济合作环境。

三、亚太区域经济合作机制建立的动因

（一）弥补市场机制缺陷

制度变迁理论认为，市场制度的内在缺陷而导致制度发生变迁。由于市场机制不完善，亚太地区贸易国之间信息交流不畅通，无法建立信誉。各国相互提防，贸易保护主义盛行，区域市场被分为几个孤立分散的、缺乏联系的封闭市场，限制了产品和要素的自由流动。在这种市场里，企业间缺乏竞争，企业没有活力，商品价格高，销量不高，资本周转率低，陷入了高利润、高

价格、低资本周转率、狭小市场的恶性循环。

而亚太地区国家通过区域经济一体化建立的大市场能够带动以下效应：促使资本、劳动力、技术、自然资源等生产要素的聚集、扩散、升级替换，资源得到重新整合，产品边际成本降低，获得外部规模经济效应；对非成员形成统一的关税和非关税壁垒，非成员企业处于不利的竞争地位，为了排除不利影响，这些企业考虑到成员内部直接投资设厂。这对成员而言，增加了来自非成员直接投资；贸易和生产要素实现自由流动，各成员企业面临的市场扩大，竞争变得更加激烈。在激烈的竞争中，企业不得不更新技术设备，提高劳动生产率，降低生产成本，想方设法降低商品价格，提高大众购买力。随着竞争的不断升级，只有具备较强竞争实力的大企业才能存活。这就形成以规模经济为主导的市场扩大，企业间竞争激化，生产成本和商品价格下降，大众消费增加，市场进一步扩大的良性循环。

因市场机制不完善而导致的缺陷以及区域经济一体化下大市场带来的规模经济效应、引资效应、竞争效应在某种程度上使亚太各国意识到通过制度来进一步规范经济合作的必要性。这成为亚太区域经济合作机制得以建立的诱因之一。

（二）降低交易成本

根据制度变迁理论，个人、团体或政府都是从自身利益出发基于成本—收益计算来推动制度变迁。制度变迁的主体期望潜在利润最大化，当这种期望无法在现有的安排结构内实现时，新的制度安排得以形成。制度变迁的过程实际是参与主体结合相对价格或偏好的变化情况，为实现财富或效用最大化而进行重新谈判，废除旧制度，建立新制度的过程。

亚太区域经济合作能够使成员降低交易成本，提高经济福利。当建立亚太区域经济合作机制带来的潜在外部利润要高于其所需的成本时，各种合作机制就会产生。首先，在建立区域一体化组织之前，亚太各主权国家市场分割，各国实行不同的关税和非关税限制政策，阻碍了产品和要素在区内各国间的流动。这种制度性障碍造成市场失灵，增加了企业进行跨国交易的成本，经济运行效率不能最大化。在这种情况下，一些国家开始意识到若建立区域经济一体化组织可以绕开各种贸易壁垒，实现贸易自由化，降低交易成本。于是，各国通过谈判达成区域经济合作协议，协商一致制定对外贸易政策，通过新的制度安排达到减低生产和交易成本的目的。而区域经济合作还使国际分工与协作转变为企业内部的分工与协作，加快产业间的整合和重组，形成产业集群，提高资源利用率，降低企业间的交易费用。因此，亚太区域经济合作开展的内因是使交易成本最优化。当区域经济合作双方或多方获得的收益大于创造这种制度的成本时，新的区域经济合作机制就会产生。其次，相对于全球多边贸易谈判，区域经济合作谈判难度小、成本低、效率高。在多边贸易谈判步履艰难，进展缓慢的情况下，区域经济合作成为各国推动国际贸易和经济发展的首选。不难看出，降低制度创新的成本是各国选择参与区域经济合作动因之一。最后，通过签署区域经济合作协议，各成员制定新的制度，削减关税和非关税壁垒，地区内贸易流量会因此增加，各成员的消费者和生产者剩余都会提高，若两者之和能够抵消因关税下降而导致的政府收入减少，则各成员的经济福利也会增加，亚太地区整体经济实现增长。

（三）追逐经济福利

区域经济一体化是"二战"后世界经济发展的一大趋势之一。"二战"后，区域经济一体化先后出现两次发展高潮，第一次高潮出现在 20 世纪 40 年代末至 70 年代，第二次高潮出现在 20 世纪 80 年代中期以来。近年来，随着 WTO 各成员把注意力从推动多边贸易谈判上转向区域和双边自由贸易谈判上，区域经济一体化愈演愈烈。目前，世界已经形成欧盟、NAFTA、中国—东盟三大自由贸易区。据 WTO 官网统计，截至 2019 年 1 月，GATT/WTO 已经收到 683 个 RTAs 成立的通知。其中，469 个已经生效。[①] 在这种情况下，世界绝大多数国家都从本国利益出发，积极参与区域经济合作，努力追赶区域经济一体化潮流。当然，亚太地区国家也不例外，纷纷抢占先机，选择加入不同的区域经济合作机制建设当中。

亚太地区经济体参与本地区经济合作可以得到诸多好处，因此表现出浓厚兴趣。首先，亚太地区开展区域经济合作能提高贸易投资自由化和便利化的水平。亚太地区各国通过合作降低关税和非关税壁垒在一定程度上提高本

---

① WTO 官网.

地区贸易自由化水平。各参与方通过投资合作，签署协定促进和保护投资，为来自彼此的投资者创造良好的投资环境，享受国民待遇。其次，根据瓦伊纳的关税同盟理论，追逐贸易创造效应和经济福利是各国积极参与区域经济合作的主要动力之一。各种亚太区域经济合作机制都将促进区域贸易发展，提高成员经济福利设为首要目标。与此同时，各参与方也在参与区域经济合作之前，对可能带来的经济效应进行充分评估，选择对本国更为有利的合作机制。因此，亚太地区经济体通过参与区域经济合作增加贸易创造效应和提高经济福利成为水到渠成之事。再次，根据国际合作论，合作在一定的条件下能在利益互补的基础上发展起来，各国只有通过合作才能实现共同利益。随着亚太地区各国对外开放程度的不断提高，对外经贸往来的日益深化，通过参与区域经济合作，充分发挥集体凝聚力，提高本地区在国际经济领域中的地位，成为各国共识。随着国际经济竞争日益激烈，贸易保护主义日益盛行，单一国家的力量变得越发单薄。相比之下，区域经济合作组织为成员更为有效地参与区域经济合作谈判提供了一个平台，参与方可以将本国意见反映给区域经济合作组织。这样，意见更容易被采纳并可以通过组织在全球范围的谈判中得以体现。

共同利益是合作的基础。亚太区域经济合作能够为各参与方提供诸多好处，正是这些共同利益使得亚太地区各经济体进行合作。国际合作论认为，为确保合作长期、稳定、有序、健康运行下去，合作必须遵循一定的规则。而区域经济合作机制正是为区域合作提供了所需要的准则、原则和规则。因此，随着亚太区域经济合作的开展，建立区域经济合作机制势在必行。

（四）获取非经济利益

新区域主义认为，区域经济合作范围已经由狭义的经济一体化扩展到广义的经济一体化，合作内容除了传统的关税和非关税壁垒削减外，还涉及政治、安全、文化、社会等领域。纵观亚太区域经济合作机制的议题，除了贸易和投资自由化以及经济技术合作外，劳动、环保、政府采购、知识产权等议题也被纳入进来（见表2.2）。

区域经济合作利益也由传统领域逐渐渗透到非传统领域，除了经济目标，还逐渐扩展至政治、安全、外交、文化等目标（见表2.2）。新区域主义认为，大国和小国在市场规模、产业结构、消费者水平与偏好、发展战略、谈判交易能力等方面存在巨大差异。大国和小国参与区域经济合作的经济利益和非经济利益的关注点存在差异。具体到亚太地区，对大国如美国而言，其参与区域经济合作所追求的经济利益除小国提供的单方支付（side-payment）外，还包括提高贸易报复和谈判能力，左右多边贸易谈判，获取国际经济规则制定权等。其所追求的非经济利益包括获得亚太区域经济合作主导权，推行美国民主和价值观，稳固全球霸主地位等。对小国如东盟国家而言，参与区域经济合作经济利益主要是获得市场准入，避免被边缘化。非经济利益包括增强谈判能力，在大国家搞平衡外交，获得稳定的区域性公共产品供给等。

表 2.2　不同经济体参与 RTAs 的收益目标

类别	大国	小国
经济利益	1. 传统的贸易收益 2. 稳定的区域市场 3. 增加在多边贸易谈判中的筹码 4. 提升贸易报复能力	1. 传统的贸易收益 2. 获得投资与促进经济增长 3. 进入大型经济体市场的保险
非经济利益	1. 获得区域主导权 2. 推进意识形态渗透和政治制度扩张 3. 巩固周边战略安全 4. 谋求全球霸权	1. 提高政府荣誉 2. 信息传递作用 3. 增强谈判能力，降低谈判成本 4. 建立机制促进区域协调发展 5. 获得稳定的区域性公共产品供给（安全、能源、外交等）

资料来源：杨勇. 亚太区域一体化新特征与中国的策略选择［J］. 亚太经济，2012（5）：19-24.

四、亚太区域经济合作机制的特征

纵观亚太地区经济合作机制的形成和发展，特别是近几年发生的新变化，其呈现出以下特征。

（一）起步慢，但发展迅速

亚太区域经济合作机制在 20 世纪 80 年代末才逐步搭建起来，其开启标志为 1989 年 APEC 的成立。相比之下，落后于世界其他地区。在欧洲，1991年欧共体第 46 次会议通过了《欧洲联盟条约》，设定了欧共体实现经济货币联盟和政治联盟的目标，将欧共体由一个经贸集团建成一个具有强大经济实力并执行共同外交和安全政策的政治实体。在美洲，1994 年美洲 34 国首脑会议提出建立 FTAA 的设想。在大洋洲地区，澳新于 1983 年签订的 ANZCERTA 在 1989 年又扩展至服务贸易领域。

　　进入 20 世纪 90 年代，亚太区域经济合作机制发展快、势头迅猛。至今，亚太区域经济合作的主要机制（见表 2.3）有：APEC、TPP、RCEP、CPTPP、东盟主导的"东盟 +N"机制（"10+1""10+3""10+6"）、中日韩 FTA。

表 2.3　亚太区域主要经济合作机制

名称	成立/提出时间	成员	议题	合作方式	性质	制度框架
APEC	1989 年	环太平洋 21 个经济体	以贸易与投资自由化和经济技术合作相关议题为主，还涉及人类安全、反腐、减灾、文化交流等	灵活、渐进；自主自愿、协商一致；开放的地区主义	经济合作论坛	各成员自主的单边行动；成员的集体行动；比较和评审机制
"10+1"	1997 年	东盟分别与中、日、韩、印、澳、新	以经贸和经济技术合作相关议题为主，还涉及地区和双边热点问题	双边磋商与对话	东盟为主导的地区论坛	领导人定期会晤
"10+3"	1997 年	东盟 + 中日韩	以经贸和经济技术合作相关议题为主，还涉及地区热点问题	协商一致、循序渐进、照顾各方舒适度、平等互利、相互尊重、求同存异	东盟为主导的地区论坛	领导人定期会晤

续表

名称	成立/提出时间	成员	议题	合作方式	性质	制度框架
"10+6"	2005年	东盟＋中、日、韩、印、澳、新	共同感兴趣和关切的全球和地区重大问题	平等、自愿、协商一致	开放、包容、透明和具有前瞻性的地区论坛	东亚峰会
中日韩自贸区	2002年	中日韩	以经贸合作为主，也涉及环保、文化、全球和地区重大问题	三边磋商与对话	经济一体化组织	通过谈判达成自由贸易协定
TPP	2006年	文莱、智利、新西兰、新加坡、美国、澳大利亚、越南、秘鲁、马来西亚、墨西哥、加拿大、日本	内容涵盖贸易、投资、原产地规则、SPS、TBT、金融、商务人员临时入境、电信、电子商务、政府采购、竞争政策、国有企业和指定垄断、知识产权、劳工、环境、发展、中小企业、监管一致性、反腐败等诸多领域	制定多边贸易谈判规则	经济一体化组织	通过谈判达成高标准、充分确保共享利益和关系的自由贸易协定
CPTPP	2017年	文莱、智利、新西兰、新加坡、澳大利亚、越南、秘鲁、马来西亚、墨西哥、加拿大、日本	基本沿用TPP内容框架，仅冻结或修改20余项条款	制定多边贸易谈判规则	经济一体化组织	通过谈判达成一个全面、高标准、平衡的自由贸易协定

续表

名称	成立 / 提出时间	成员	议题	合作方式	性质	制度框架
RCEP	2012 年	东盟 + 中、日、韩、印、澳、新	货物贸易、服务贸易、投资、经济科技合作、知识产权、竞争政策、争端解决、其他问题等	多边磋商与对话	经济一体化组织	通过谈判达成一个现代的、综合的、高质量的、互惠的经济伙伴关系协定

资料来源：笔者据相关资料整理而成。

（二）呈现多层次、多形式、多领域

经过 20 多年的发展，亚太区域经济合作在形成和发展过程中呈现出"三多"特征即多层次、多形式、多领域。

多层次是指亚太区域经济合作路径既包括亚太轨道如 APEC/FTAAP、TPP、CPTPP，又包括东亚轨道如"10+1""10+3""10+6"、中日韩自由贸易区、RCEP，还包括亚太国家间签订的各种双边 FTA。

多形式是指亚太区域经济合作机制既包括功能性合作机制，又包括制度性合作机制。既有开放性合作机制，又有封闭性合作机制。功能性合作机制属于软合作机制，成员采用协商一致的方式进行合作，通过发布领导人宣言等方式表达各自意愿，而不签署协定或承诺，不具强制性，约束力较弱。"10+3""10+6"属于功能性合作机制，主要出于亚太和东亚地区各经济体之间存在较大的差异性，利益矛盾较多，采用功能性合作方式便于实现求同存异，共同发展。制度性合作机制属于硬合作机制，各成员通过签署协定，对各自应承担的责任和履行的义务做出明确规定，具有较强的约束力。中日韩自贸区、TPP、CPTPP、RCEP 属于这种类型。开放性合作机制是指各成员所达成的贸易、投资自由化及便利化措施不仅适用于成员之间，还适用于非成员，如 APEC。封闭性合作机制恰恰相反，是指各成员所达成的贸易、投资自由化及便利化措施只惠及成员，非成员被排除之外，如 TPP、CPTPP、RCEP 等。

多领域是指亚太区域经济合作机制内容所涉及的领域广泛。TPP 内容涵盖贸易、投资、原产地规则、SPS、TBT、金融、商务人员临时入境、电信、电子商务、政府采购、竞争政策、国有企业和指定垄断、知识产权、劳工、环境、发展、中小企业、监管一致性、反腐败等诸多领域，而且只要成员同意，还可进一步拓宽领域。"东盟 +N"除了经贸问题，还涉及本地区和全球热点问题。

（三）成员交叉重叠，关系错综复杂

亚太区域经济合作机制呈现多层次，各经济体可以同时参与不同的合作机制。因此，不同机制间成员交叉重叠现象普遍（如图 2.1 所示）。亚太区域经济合作机制成员交叉叠加现象的出现有着特定的政治经济原因。亚太地区范围广，地域分散，各国自然条件千差万别，经济发展不平衡，历史和文化各具特色。在这种情况下，该地区很难形成一个统一有约束力的制度性经济合作机制来实现贸易投资自由化。近年来，多边贸易体制受阻，APEC 停滞不前，亚太地区各经济体开始寻求其他推进贸易投资自由化进程的经济合作机制。于是，各种各样的区域经济合作机制应运而生。参与亚太地区经济合作机制构建的主要经济体如美国、中国、日本和东盟国家之间的相互竞争，使区域合作局势错综复杂。亚太地区多种区域经济合作机制相互重叠的现象给相关成员带来了一定的不便。不同的经济合作机制的规定不同，同为几个经济合作机制成员的经济体在实际贸易活动中需要熟悉不同机制中的不同规定，避免发生"打架"现象。往往某一经济体在同一领域依据不同合作机制做出不同承诺，这无形中增加了政策执行难度和协调成本。随着，亚太区域经济一体化进程的深入发展，不同的经济合作机制间势必随之发生整合，相关成员不可避免地要承担一定的调整成本。

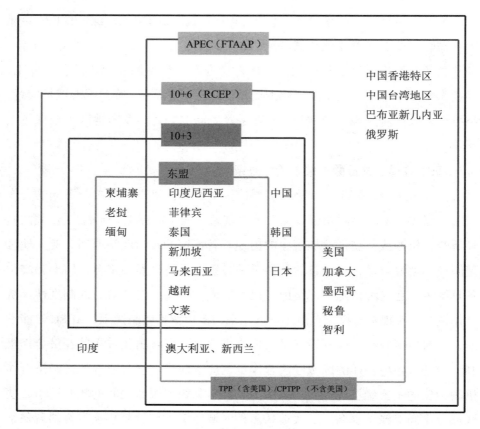

图 2.1　亚太区域经济合作机制

第二节　亚太区域经济合作机制的变迁

一、亚太区域经济合作机制的整体变迁

若把 1989 年 APEC 成立看作亚太区域经济合作的开始，至今，该地区经济合作机制经历了三个阶段：第一阶段（1989—1997 年）以 APEC 为主导；第二阶段（1997—2008 年）以东盟为主导；第三阶段（2008 年至今），亚太地区形成了 TPP 与 RCEP 两大机制并存，同时酝酿推动 FTAAP 的局面。然而，特朗普上台后，宣布退出 TPP，转向双边 FTA 谈判，对推动亚太区域经济合作的兴趣降低。日本积极推动签订 CPTPP，与此同时 RCEP 谈判尚未结束，

FTAAP 未取得实质性进展，美国也声称有可能重返 TPP，亚太区域经济合作再添变数。这期间，亚太区域经济合作机制发生了两次变迁，第一次从 APEC 到"东盟 +N"机制；第二次从"东盟 +N"机制到 TPP 和 RCEP 两大机制并存，同时酝酿推动 FTAAP。美国退出 TPP 之后，CPTPP 签订并生效，亚太区域经济合作再添变数。

（一）APEC

APEC 是 20 世纪 90 年代亚太区域经济合作的主要机制，以开放的地区主义为指导思想。1991 年 APEC 汉城部长会议宣言指出，APEC 的目的是促进地区发展、推进和加强多边贸易。宣言对开放的地区主义给予正式认可，强调以平等、协商、渐进方式推动地区经济合作。[①] 开放的地区主义主张坚持非歧视原则，不搞封闭、排外的传统区域经济合作，不歧视其他地区的经济一体化，其成果对本区域内外组织或国家均开放。

APEC 作为一种无歧视性和排他性的区域经济合作组织在实践中逐步形成了一套独特的运行机制，被称为"APEC方式"。这种机制具有以下特点。第一，开放性。APEC 对本地区经济体一视同仁，不论其政治、经济、历史、文化状况如何，只要其申请加入，都予以平等接纳。APEC 不同于传统封闭排外的区域经济集团，其贸易和投资自由化成果既适用于成员，也适用于非成员。第二，尊重成员的多样性，采取区别对待的原则。从政治上看，包括社会主义成员，也包括资本主义成员，政治体制呈现多元化，国际地位和影响力各不相同。从经济上，有发达经济体，也有发展中经济体，经济发展水平参差不齐，经济发展方式各具特色，产业结构也相差很大。从历史文化上看，西方历史文化和东方历史文化并存，相互碰撞。鉴于此，APEC 考虑到成员之间的差异性，尊重各成员的各自情况，在贸易投资自由化进程的安排上实行区别对待，照顾到各成员的承受能力。APEC 在实践中避免一刀切，允许各成员确定自身开放速度，分步、逐渐地实现最终目标。第三，自主自愿，协商一致。APEC 在制定决策的过程中采取"自主自愿，协商一致"的原则。APEC 任何重大决

---

① APEC. Joint Statement［EB/OL］.（1991–11–12）［2015–11–09］. 中国太平洋经济合作全国委员会官方网站.

策都通过高级官员会议、部长级会议、领导人非正式会议三个层次进行协商，达成一致。这种协商结果不具有法律约束力，只具有道义上的约束性。"自主自愿，协商一致"的原则充分尊重了成员的差异性，各成员在协议履行过程中采取"协调的单边主义"，即可以根据自身的实际情况履行协议，并就出现的问题适时调整，体现了自主自愿的单边行动和协调的集体行动相结合的特点。

APEC 方式迎合了各成员多元化发展需求，推动了 APEC 的发展进程。但是，在具体实践中也暴露出一些固有的缺陷。首先，APEC 在接受成员上没有严格的条件限制，随着成员的增多，内部多样性更为明显，组织变得更为松散。开放性还使得外部市场可以进入区内市场，非成员可以以很低成本，甚至是零成本获取一些利益，出现免费搭车的现象。开放性在一定程度上造成了茂物目标（发达国家／地区在 2010 年，发展中国家／地区在 2020 年实现贸易投资自由化）的实现遥遥无期以及"先期自愿部门自由化"（Early Voluntary Sectoral Liberalization，EVSL）计划（9 个部门在 2010—2020 年之前提前实现自由化）的破产。其原因之一是成员数量的增多加大了茂物目标和 EVSL 计划实现的难度，以及发达国家对免费搭车带来的不利影响的担心。其次，APEC 是一个松散的地区性论坛，属于"软组织"机制，采取自上而下的运作方式，通过协调的单边主义促进目标的实现，不具有强制约束性。APEC 所有问题都需要成员一致同意，这就无法避免一些成员出于本国利益考虑，故意拖延以等待其他国家做出让步，造成协议达成的低效率。而共同通过的协议也只是领导人的口头承诺。这些承诺的兑现得不到足够的保证。APEC 的"弱机制化"产生的软弱性在推进茂物目标和应对 1997 年亚洲金融危机过程中表现明显。APEC 无法应对茂物目标实施过程中出现的问题，更无法应付日益增加的各种议题。APEC 在亚洲金融危机中的表现不尽人意，无法发挥有效的组织协调作用，未能给予遭受危机影响的国家实质性的支持和帮助。APEC 方式在实际运行中的弊端使得发达成员和发展中成员对其兴趣和信心逐渐减弱，纷纷转向区域外或区域内的次区域发展。这为"东盟 +N"机制的兴起埋下了伏笔。

（二）第一次变迁：从 APEC 到"东盟 +N"机制

1997 年爆发的亚洲金融危机使东亚国家遭受严重损失，而 APEC 在危机中的表现也让东亚国家大为失望。国际货币基金组织虽然给予了一定的援助，但是作用有限且附带一些苛刻条件。在这种情况下，东亚国家深深意识到联合自强的必要性。东盟与中、日、韩围绕经济合作展开了深层次合作。1997年12月，东盟与中、日、韩三国领导人在马来西亚吉隆坡举行非正式会议，启动"10+3"合作机制。这是以东盟为轴心的第一个区域经济合作机制。之后，东盟与中、日、韩三国合作关系在"10+3"机制下发生质变。21世纪初，东盟与三国分别建立了"10+1"合作机制。此外，东盟还在"10+3"基础上纳入印度、新西兰、澳大利亚，搭建了"10+6"东亚峰会机制。

东盟以自己独创的"东盟方式"分别构建了多个以其为轴心的区域经济合作机制。"东盟方式"是以互不干涉为核心，坚持主权的不可侵犯和国家间的绝对平等，以非正式的、非强制性的松散安排和和平方式避免、解决分歧或争端，谨慎、渐进地发展区域合作。[①]"东盟方式"是一种软机制主义，其特点为：承认成员在政治、经济、历史文化上的多样性，接纳具有不同社会制度和经济发展水平的国家；具有灵活、渐进、务实性，照顾到各成员和地区发展水平的参差不齐；各成员在平等的基础上协商达成一致；决策强调非正式性和非约束性，不存在超决策以及国家管理权力的让渡。"东盟方式"的特点决定了东盟建立的以自身为主体的"10+1""10+3""10+6"合作机制的性质为非约束性的地区合作论坛。

"东盟方式"使东盟能够在复杂多样的东亚政治、经济、政治、文化环境中成功建立了多种区域经济合作机制。但是，随着东亚区域经济一体化的深入发展，这种方式在一定程度上又限制了不同机制的整合。正如"APEC方式"一样，"东盟方式"的协商一致导致成员间合作效率低下，缺乏约束性，很多决策得不到有效落实，久而久之合作机制流于形式，难以取得实质性进展。此外，东盟为主体的不同合作机制中的成员受经济发展水平、社会制度、意识形态、历史问题等因素的制约，各成员有着不同的战略意图和行为偏好，而"东盟方式"的软机制无法规范各成员的经济合作，不同成员之间无法形成统一步调，这在一定程度上降低了成员对合作组织的依赖性，部分成员会因此转向其他区域经济合作机制，削弱了东盟在区域经济合作中的主导地位。

①　喻常林，等.当代亚太多级关系与地区合作［J］.广州：中山大学出版社，2008：142.

受"东盟方式"的局限，东盟很难将上述几种机制整合为一个能够满足各成员需求的合作机制，将会在很长一段时期内在这种低水平、多元化阶段徘徊。多种机制在一定程度上可以兼顾各国利益，维持合作大局。但是，由于缺乏统一、稳定的机制，各成员凝聚力不强，无法达成共同的经济合作目标。这一方面使东亚区域经济合作落后于欧洲和北美地区，甚至存在被边缘化的可能。另一方面，在一定程度上给一些别有用心国家搞分化提供了可乘之机。在这种情况下，东亚地区经过十多年的经济合作取得了一定的成绩，以东盟为中心的 5 个"10+1"自贸区建设全面展开，中日韩自贸区和多个双边自贸区也在全面推进。但是，涵盖东亚更广范围的"东盟 +N"自贸区一直进展缓慢。

（三）第二次变迁：从"东盟 +N"机制到 TPP 和 RCEP 并存，同时酝酿推动 FTAAP

2001 年，"9·11"事件爆发。美国随之将注意力转向中东和阿富汗地区，集中精力反对恐怖主义，对亚太地区的关注度有所降低。而同时期，东亚区域经济一体化如火如荼地进行着，东盟搭建了以自己为主体的"东盟 +N"合作机制。美国不甘被排除之外，对进展迅速的东亚一体化进程保持高度警惕。2006 年，美国在 APEC 领导人非正式会议上提议建立 FTAAP，试图以此推动其主导的 APEC 向前发展，避免 APEC 内部成员分化成东西两股势力。2010 年，APEC 领导人非正式会议将建立 FTAAP 作为 APEC 框架下推进区域一体化的主要目标。然而，由于各成员及美国国内对 FTAAP 持有不同意见，致使其停留在探索阶段。美国并没有因此放弃介入东亚区域经济一体化，将由文莱、智利、新西兰、新加坡于 2006 年 5 月签署的 TPP 作为其介入工具。2009 年，美国加入 TPP 谈判，并凭借超级强国的身份积极推动其进展。TPP 也因此作为实践 FTAAP 构想的可能路径之一被写入 2010 年 APEC 官方文件中。TPP 的出现严重冲击了东亚一体化进程。东盟为保持其在东亚区域经济一体化中的主体地位于 2011 年提出 RCEP。TPP 和 RCEP 的出现在一定程度上使亚太地区 RTA/FTAs 泛滥之势呈现收敛。TPP 的深入发展势必会对成员之间已有的 FTA 起到整合的作用，而 RCEP 的深入发展也会整合多个"10+1"FTA。

美国试图通过 TPP 夺取亚太区域经济合作的主导权，掌控国际经贸新规则的制定权。东盟试图通过 RCEP 维持其在东亚地区经济合作的主体地位，稀释 TPP 对其产生的影响。TPP 标榜高水平、全面的、面向 21 世纪的 FTA 新标准，门槛高，更适合以服务业为主，在经济经济制度、科技创新、知识产权等方面具有优势的发达经济体。RECP 则侧重以市场准入为核心的传统贸易规则，门槛低，更适合以制造业为主、出口导向型的新兴发展中经济体。两者不同的制度安排和利益诉求决定了它们难以融合到一起。两大机制都没有同时纳入世界第一和第二大经济体的美国和中国，所能发挥的作用势必有限。

2014 年 11 月，中国将推动亚太区域经济进程和 FTAAP 建设列入 APEC 北京领导人非正式会议的三大主题之一，FTAAP 动议被重新激活。会上，通过《亚太经合组织推动实现亚太自由贸易区北京路线图》，决定启动为期两年的联合战略研究，FTAAP 进程正式启动。鉴于亚太地区各种 RTA/FTAs 交叉重叠，"意大利面条碗"现象严重。此外，APEC 的不佳表现难以使各成员对其今后发展失去信心。以东盟为主体的 RCEP 不包含美国，以美国为主体的 TPP 不包含中国，亚太其他经济体在"东亚轨道"或"亚太轨道"的选择上陷入两难境地。因此，亚太地区亟需一种折中选择来解决这些问题。而 FTAAP 提供了一条中间道路，一方面它可以在一定程度上弥补 APEC 软机制的弊端，另一方面可以避免 TPP 和 RCEP 两大路径相互抗衡。尽管，FTAAP 可以带来多种好处，但是它的实现是一个长期的过程，需要亚太各国从大局考虑，最终就关键问题达成一致。

2017 年初，美国宣布退出 TPP。此后，日本开始积极游说，一方面说服美国改变想法，重返 TPP，一方面推动 TPP 生效。在美国确认不会重返 TPP 之后，日本继续推动剩余成员重新评估 TPP。2017 年 11 月，11 个原 TPP 成员在 APEC 越南领导人非正式会议期间共同发表声明，将 TPP 更名为 CPTPP。经过近 4 个月的谈判，相关方与 2018 年 3 月签订 CPTPP，该协定于同年 12 月底生效。CPTPP 是亚太地区首个大型 FTA。日本之所以主导并引领 CPTPP，如同美国主导并引领 TPP 一样，更多的是出于政治考量，达到牵制中国，削弱其在亚太区域经济合作的地位。

二、亚太区域经济合作机制变迁的成因

（一）主要参与方在亚洲的权力角逐

世界经济、贸易、投资重心正在向亚洲转移。就经济总量而言，如表 2.4 所示，20 世纪 80 年代以来，以东盟、中国等为代表的亚洲新兴和发展中经济体在过去的 30 多年间保持了较快的增长速度，这些经济体 GDP 占世界 GDP 的比重不断升高，由 1980 年的 6.77% 升至 2018 年的 23.71%。若把日本、韩国、中国香港特区、中国台湾地区、新加坡纳入进来，则亚洲新兴和发展中经济体 GDP 的占比到 2018 年则升至 32.36%。相比之下，以美欧为代表的发达经济体进入 21 世纪后 GDP 占世界 GDP 的比重持续下降，到 2018 年占比为58.66%，而这些经济体在 20 世纪 80—90 年代间 GDP 占世界 GDP 比重平均值约为 80%。若把日本、韩国、中国香港特区、中国台湾地区、新加坡剔除出去，则发达经济体的 GDP 占比到 2018 年则降至 50.01%。通过对比可以发现，亚洲正在逐渐成为世界经济中心。

表 2.4　发达经济体、亚洲新兴和发展中经济体 GDP 占世界 GDP 比重变化
（1980—2020 年）

（单位：%）

年份	发达经济体 GDP 占比（含日、韩、港、台、新）	发达经济体 GDP 占比（不含日、韩、港、台、新）	亚洲新兴和发展中经济体 GDP 占比（不含日、韩、港、台、新）	亚洲新兴和发展中经济体 GDP 占比（含日、韩、港、台、新）
1980	75.04	63.95	6.77	17.86
1985	78.77	65.70	6.71	19.77
1990	78.06	62.27	4.78	20.57
1995	81.36	60.50	5.85	26.72
2000	79.16	61.55	6.90	24.51
2005	76.29	63.20	8.65	21.73
2010	65.53	54.05	14.86	26.35
2015	60.36	51.34	21.88	30.90
2016	60.13	51.23	22.67	31.56
2017	59.44	50.62	23.13	31.95

年份	发达经济体 GDP 占比（含日、韩、港、台、新）	发达经济体 GDP 占比（不含日、韩、港、台、新）	亚洲新兴和发展中经济体 GDP 占比（不含日、韩、港、台、新）	亚洲新兴和发展中经济体 GDP 占比（含日、韩、港、台、新）
2018	58.66	50.01	23.71	32.36
2019	57.72	49.19	24.47	32.99
2020	56.84	48.41	25.21	33.63

数据来源：根据 WEO Database，IMF 相关数据（2015 年 10 月）计算得出。

就贸易总量而言，据表 2.5，20 世纪 80—90 年代，亚洲经济体（不含日本、以色列）贸易总量占世界贸易总量平均为 16.94%，若将日本、以色列纳入进来，则平均为 24.51%。相比之下，发达经济体（含日本、以色列）贸易总量占世界贸易总量平均为 71.83%，若把日本、以色列剔除出去，则平均为 64.27%。然而，进入 21 世纪以后，亚洲经济体（不含日本、以色列）贸易总量占世界贸易总量比重不断上升，2017 年升至 33.01%，升幅为 11%。若把日本、以色列纳入进来，2017 年则升至 37.26%。相比之下，自 2000 年到 2017 年间，发达经济体（含日本、以色列）贸易总量占全球贸易总量比重总体上呈下降态势，2017 年降至 56.24%，降幅约为 12%。若把日本、以色列剔除出去，2017 年则降至 52%。通过对比可以看出，亚洲经济体贸易总量在全球贸易总量的占比越来越大，亚洲正在逐渐成为全球贸易中心。

表 2.5　发达经济体和亚洲经济体贸易总量占全球贸易总量比重的变化（1980—2017 年）

（单位：%）

年份	发达经济体（含日本、以色列）	发达经济体（不含日本、以色列）	亚洲经济体（不含日本、以色列）	亚洲经济体（含日本、以色列）
1980	70.18	63.38	15.71	22.51
1985	72.43	64.45	15.71	23.70
1990	74.51	66.78	15.76	23.49
1995	70.21	62.46	20.56	28.32
2000	68.40	61.59	21.88	28.69
2005	64.32	58.86	25.05	30.50

续表

年份	发达经济体 （含日本、以色列）	发达经济体 （不含日本、以色列）	亚洲经济体 （不含日本、以色列）	亚洲经济体 （含日本、以色列）
1980	70.18	63.38	15.71	22.51
2010	57.64	52.78	30.08	34.95
2011	56.47	51.76	30.81	35.53
2012	54.86	50.13	32.04	36.78
2013	54.44	50.12	32.65	36.96
2014	55.20	50.85	32.66	37.01
2015	55.87	51.64	33.01	37.24
2016	57.01	52.70	32.48	36.79
2017	56.24	52.00	33.01	37.26

数据来源：根据 UNCTAD STAT 相关数据计算得出。

就 FDI 流出而言，据表 2.6，20 世纪 80—90 年代，发达经济体（含日本、以色列）的对外直接投资平均占全球对外直接投资的 90% 以上，即使剔除日本、以色列，这一占比也高达约 81%。相比之下，亚洲经济体（不含日本、以色列）的对外直接投资平均约占全球对外直接投资的 6.6%，即使纳入日本、以色列，这一占比也不足 20%。进入 21 世纪以后，发达经济体（含日本、以色列）的对外直接投资在全球对外直接投资中的比重持续下降，到 2017 年降至 70.58%，剔除日本、以色列，则为 58.92%。相比之下，亚洲经济体（不含日本、以色列）的对外直接投资在全球对外直接投资中的比重不断上升，到 2017 年升至 24.49%，纳入日本、以色列，则为 36.15%。

从 FDI 流入情况看，20 世纪 80—90 年代，流入发达经济体（含日本、以色列）的外商直接投资平均占全球外商直接投资的 71% 以上，即使剔除日本、以色列，这一占比仍然达 71% 以上。相比之下，流入亚洲经济体（不含日本、以色列）的外商直接投资平均约占全球外商直接投资的 16.95%，即使纳入日本、以色列，这一占比也不足 20%。进入 21 世纪以后，流入发达经济体（含日本、以色列）的外商直接投资在全球外商直接投资中的比重持续下降，到 2017 年降至 49.82%，剔除日本、以色列，则为 47.77%。相比之下，流入亚洲经济体（不含日本、以色列）的外商直接投资在全球外商直接投资中的比重不断上升，到 2017 年升至 32.28%，纳入日本、以色列，则为 35.34%。不难看出，亚洲正逐渐成为全球投资的热土。

表 2.6　发达经济体和亚洲经济体 FDI 占全球 FDI 比重变化（1980—2017 年）

（单位：%）

年份	FDI 流出占全球 FDI 流出比重				FDI 流入占全球 FDI 流出比重			
	发达经济体（含日本、以色列）	发达经济体（不含日本、以色列）	亚洲经济体（不含日本、以色列）	亚洲经济体（含日本、以色列）	发达经济体（含日本、以色列）	发达经济体（不含日本、以色列）	亚洲经济体（不含日本、以色列）	亚洲经济体（含日本、以色列）
1980	94.76	90.19	2.28	6.85	86.35	85.83	1.05	1.58
1885	94.00	83.48	4.80	15.32	74.77	73.48	9.91	11.20
1990	94.62	73.69	4.54	25.47	83.07	82.12	11.18	12.13
1995	85.23	78.72	12.77	19.28	64.35	63.87	23.92	24.40
2000	92.10	89.1	6.76	9.76	82.54	81.42	10.47	11.60
2005	83.82	77.70	11.08	17.20	60.97	60.15	24.26	25.08
2010	70.51	65.81	20.79	25.50	50.69	50.37	30.26	30.57
2011	72.83	65.48	19.76	27.11	52.94	52.47	27.18	27.65
2012	68.00	58.20	23.33	33.13	48.39	47.69	28.57	29.27
2013	63.83	53.08	25.68	36.43	47.49	46.53	29.16	30.13
2014	60.78	52.09	31.87	40.55	40.61	39.91	37.88	38.57
2015	72.97	64.02	22.11	31.08	59.4	58.64	26.88	27.64
2016	70.69	59.94	26.10	36.85	60.68	59.43	25.45	26.70
2017	70.58	58.92	24.49	36.15	49.82	47.77	32.28	35.34

数据来源：根据 UNCTAD STAT 相关数据计算得出。

亚洲正在成为世界经济、贸易和投资中心，重要性日益凸显，也自然成为大国权力角逐的焦点区域。美国先后推出"太平洋经济共同体""太平洋共同体""新太平洋共同体""亚太再平衡"等战略构想，韩国先后提出"东北亚均衡者""新亚洲倡议""东北亚和平合作"等战略构想，澳大利亚和新西兰也积极推进融入亚洲战略，东盟和日本在亚洲也利用大国矛盾搞外交平衡。根据国际机制论，多数国际机制的变化源于国际权力和各国利益关系的变化。机制不仅能改变不同参与者所拥有的权力，还能改变其最大限度实现自身利益的看法和手段。实际上，大国争夺的核心是利益和与其相关的规则制定，反映在国际经济合作中，就是获取国际经济规则的制定权。大国通过参与区域经济合作，构建其主导的区域经济合作机制，联合其他参与方来增强自身国际谈判能力，从而在国际经济规则制定中实现利益最大化。美国试图通过构筑其主导的亚太区域经济合作，获取该地区的经济合作的主导权，掌握亚太区域经济规则制定权。美国对亚太区域经济合作主导权的争夺引发了该地区区域经济合作机制的演变。美国最初借助 APEC 控制亚太区域经济合作，但并未如其所愿。APEC 发展举步维艰，东亚国家对其失去信心，东盟主导的东亚区域经济合作框架形成。美国于是转而支持 FTAAP，但因各成员意见不一致而被搁置。美国并未因此善罢甘休，以东亚峰会为突破口，于 2010年正式加入该机制，介入东亚区域经济合作中。此外，以 TPP 为抓手，将其变为获取亚太区域经济合作主导权的工具。东盟为维持其在东亚区域经济合作的主导权而提出 RCEP 应对。亚太地区由此形成 TPP 和 RCEP 两大机制并行局面。然而，2017 年美国宣布退出 TPP，转向商签所谓的"高标准、公平的"双边 FTA。日本并未因美国退出而放弃 TPP，转而极力推动签订 CPTPP，谋取亚太区域经济合作主导权。至此，由日本引领并主导的亚太地区首个巨型 FTA 诞生。

（二）全球金融危机打破了东亚和美国间既往的生产消费关系

如前文所述，"二战"结束后，美国成为世界独一无二的超级强国，凭借雄厚实力为其他国家提供资金、技术和海外市场，日本承接了美国的制造业产业转移，经济快速发展。20 世纪七八十年代，日本又将制造业产业转移到亚洲"四小龙"，亚洲"四小龙"也借此实现了经济快速发展。20 世纪六十至八十年代间，日本在东亚地区构筑了以其为雁首的"雁行国际分工模式"，催生了"东亚经济奇迹"。随着东亚经济的发展，东亚为美国提供了大量的消费品，成为其消费品生产基地，太平洋东西两岸建立了紧密的经贸关系。进入20 世纪 90 年代，亚洲"四小虎"（泰国、马来西亚、菲律宾、印度尼西亚）和改革开放进一步提速的中国承接了来自日本、亚洲"四小龙"和美国的制造业产业转移，中国在此过程中逐渐成为世界制造大国。这样，东亚和美国之间形成了生产—消费的相互依赖关系。

2007年美国次贷危机引发的全球金融危机使美国经济遭受重创。受全球金融危机的影响，美国经济出现严重倒退，失业率攀升，财政赤字居高不下。为推进经济复苏，美国推出"五年出口倍增计划"，逐步实现由"消费带动"向"出口带动"的转变。如前文所述，东亚经济体自20世纪80年代以来一直保持着较高的经济增长速度，东亚自然成为美国实现该计划的重点推进地区。美国通过TPP可以消除美国产品在其他11个国家的18000多种税和其他形式的贸易壁垒，将使美国企业家、农场主、小企业主销售美国产品更加容易。[①] 在这种情况下，东亚经济体不得不通过拉动内需和拓展其他新市场等方式扭转对美国市场业已形成的严重依赖局面，东亚和美国之间既有的生产—消费依赖关系也会随之被打破。美国在经过一番战略考量后，认为通过TPP可以编织一个覆盖亚太各经济体的巨型FTA网络，掌控国际经贸新规则的制定权，为美国创建有利的出口政策和国际经贸环境。TPP设置的高准入标准，对美国非常有利，它可以通过在服务、技术、知识产权等方面的优势轻松开辟更广阔的亚太市场。因此，TPP对美国实现经济复苏起着至关重要的作用，美国对此高度关注。也正是美国的区域经济合作策略的变化引发了亚太区域经济合作机制的变化。

（三）集体行动成本高，效率低下

亚太区域经济合作机制是一种公共产品，而维护公共产品需要支付诸如集体行动和组织管理等一系列的成本。一种区域经济合作机制运行成败与否，在一定程度上取决于成员数量和成员之间的相对规模差距。成员的数量越多，成员之间相对规模差距越小，个体收益与集团收益的差距就越大，个体出于自利为集体创造公共产品的贡献越小，集团行动成本和管理成本越大，这种合作机制成功的可能性越低。这被美国经济学家曼苏尔·劳埃德·奥尔森（Mancur Lloyd Olson）称为集体行动的困境。

APEC经历了三十年的发展取得了诸多成绩，但是也面临着一些问题和挑

---

① 数据来源：美国贸易代表办公室。

战。这些问题和挑战使这一亚太区域经济合作机制的集体行动成本不断增加，效率低下，免费搭车现象日益严重。首先，APCE 没有约束力，主张自主自愿合作原则，允许成员在执行集体目标时采取灵活渐进的原则。这导致集体行动无法有效开展，增加了组织管理成本。其次，APEC 坚持开放的地区主义，外部成员同样可以受益于其达成贸易投资自由化成果，免费搭车行为不可避免。最后，随着 APEC 的发展，其议题除了涉及传统的经济议题外，也向非经济议题扩展，导致一些非经济议题占据了其主要议程，在一定程度上分散了成员的注意力和精力，也增加了集体行动成本，运行效率变得更为低下。伴随着 APEC 运行成本的不断增加和无法避免的免费搭车现象，各成员出于自利考虑，纷纷将注意力转向封闭的、排他性的 RTA/FTAs。正是在这种情况下，亚太地区出现了多种区域经济合作机制。

（四）亚太地区特有的"区情"

亚太地区成员经济、政治、文化上的多样性在一定程度上决定着亚太区域经济合作进程的长期性和复杂性，伴随着多机制并存，竞争性合作。

从经济上看，亚太的地区各成员经济发展水平、经济结构、经济制度的多样性影响着亚太区域经济合作。亚太地区有发达成员、发展中成员、新兴经济体、最不发达成员等。这些成员间的经济发展水平差距很大，而实现经济发展水平差距较大的成员间的垂直一体化要比实现经济发展水平差距较小的成员间的水平一体化更难。不同类型经济体的经济结构也不一样，经济结构互补的成员之间是垂直型分工，经济结构相似的成员之间更多表现为竞争关系。亚太成员既有实行社会主义经济制度的，也有实行资本主义经济制度的，各成员从区域经济合作中获益多少也不同。不同成员受经济发展水平、经济结构、经济制度的制约所选择的区域经济合作路径不同，在一定程度上影响着亚太区域经济合作机制的形成和发展。

国际政治经济学认为，国际经济结构和活动在很大程度上取决于国际政治体系的结构和活动。经济政策是政治斗争的产物，重大的经济政策通常由压倒一切的政治利益决定的。从政治上看，亚太地区大国云集，有美国、中国、日本等，还有一个国家集团——东盟。其中，中美两国分别作为世界最大的社会主义发展中国家和最大的资本主义发达国家对亚太地区政治格局的走向起着关键作用。中、美、日、东盟等几大力量之间的战略关系决定着亚太地区力量对比和政治格局的形成。而中、美、日、韩、东盟等经济体在亚太域经济合作中还存在着主导权之争，它们之间的争夺影响着亚太区域经济合作机制的走向。此外，在该地区，中、日、韩三个国家之间关系错综复杂，彼此之间存在的历史问题深深困扰着三国合作关系的深入开展，这在一定程度上也影响着亚太区域经济合作的推进以及合作机制的变迁。

以民族国家进行考察，观念结构对行为体身份和利益有着构建作用。在历史的进程中，一个国家内部的各种观念和政治力量相互竞争，形成制度化规范，这些规范网络构成了国家的文化结构，它能塑造国家身份和利益，决定国家的政策和行为。[①] 在某种程度上，一国的历史和文化习俗影响其外交决策和行为。具有相似或相同文化习俗的国家之间开展区域经济合作的障碍相对少些，更容易些。而亚太地区各国文化迥异，西方文明和东方文明相互碰撞，具有不同文化背景的国家在选择区域经济合作机制时侧重点也是不尽相同。

---

① 秦亚青.文化与国际社会：建构主义国际关系理论研究［M］.北京：世界知识出版社，2006：118.

第三章　TPP 与亚太区域经济合作机制变迁

在美国的积极参与和推动下，TPP 谈判参与方经过 20 多轮谈判，于 2016 年 2 月签订协议。TPP 打破了既往的亚太区域经济合作格局，亚太区域经济合作机制也因此发生重大变化。本章梳理了 TPP 的发展历程，分析了美国加入并力推 TPP 谈判的动因，TPP 的机制特征，影响 TPP 发展的有利因素和不利因素。在此基础上分析得出 TPP 对亚太区域经济合作机制变迁的影响。

第一节　TPP 的发展演变

一、TPP 的缘起和发展

1997 年下半年开始，东亚地区发生了被称为"第二次世界大战结束以来亚洲最严重的危机"和"继 90 年代初前苏东计划经济体制崩溃以来世界经济领域的最大事件"[①]。这场金融危机给东亚各国带来了极为不利的影响，导致该地区经济的短期衰退和萎缩。危机促使东亚各国痛定思痛，联合图强，加强本地区经济合作的愿望变得强烈起来。而世界其他地区经济合作蔚然成风的态势更增强了东亚各国的这一愿望。此外，1998 年，APEC 推出的 EVSL 计划流产。美国逐渐意识到 APEC 难以实现其所期望的贸易自由化目标，开始尝试其他方式推进贸易自由化。于是，美国倡议在它与澳大利亚、智利、新

---

① 陶坚、陈风. 东亚金融危机暴露的新问题和引起的新变化［J］. 世界经济与政治，1998（8）：27.

西兰、新加坡五国间建立自由贸易区。美国的这一倡议恰好迎合了这 4 个国家的需求，四国表现出极大的兴趣。但是，最终因美国把区域经济合作重点转向双边 FTA 而不得中断。尽管如此，新西兰和新加坡两国仍然坚持谈判，并于 2001 年签署新西兰—新加坡紧密经济伙伴关系协定（New Zealand-Singapore Closer Economic Partnership，NZSCEP）。2002 年，智利加入进来，于 2003 年与两国进行谈判。2005 年，文莱加入谈判。同年，新西兰、新加坡、智利、文莱签署 TPSEP。由于该协定的初始成员为 4 个，故又被称为"P4 协定"。2009 年，美国宣布加入 TPSEP，并将其名称改为 TPP。同年，澳大利亚、秘鲁也加入进来。2010 年 3 月，TPP 成员举行首轮谈判。同年，马来西亚加入谈判，越南也正式加入谈判。2012 年，加拿大、墨西哥加入谈判。2013 年，日本加入谈判，TPP 成员增至 12 个。截至 2015 年 10 月，TPP 共举行 24 轮谈判（见表 3.1）。2016 年 2 月，谈判参与方正式签订协定。

表 3.1　历次 TPP 谈判

轮次	时间	地点	参与方	主要内容及进展
1	2010 年 3 月 15—10 日	澳大利亚墨尔本	P8（P4、美国、澳大利亚、秘鲁、越南，越南以"联结"成员身份加入谈判）	与会各国同意将 TPP 建成高标准、广泛的区域贸易协定，谈判涉及货物与服务贸易、劳工、电子商务、知识产权、竞争政策、透明度、环境等议题
2	2010 年 6 月 14—18 日	美国旧金山	P8	商讨市场准入、成员现存 FTA 与 TPP 的关系、法律法规、监管协调等议题
3	2010 年 10 月 4—9 日	文莱	P8	商讨工、农业产品，纺织品，卫生检疫标准，金融、投资、服务，知识产权，劳工、中小企业等议题
4	2010 年 12 月 6—10 日	新西兰奥克兰	P9	马来西亚加入谈判，越南正式加入谈判，加强法律协调，加快制定法律文本，商讨市场准入报价表的技术问题，中小企业发展，供应链等议题

续表

轮次	时间	地点	参与方	主要内容及进展
5	2011 年 2 月 14—18 日	智利圣地亚哥	P9	商讨中小企业发展，供应链，促进投资，定于下轮谈判前交换关税、服务、投资、政府采购、特定产品原产地规则报价表等议题
6	2011 年 3 月 24 日 —4 月 1 日	新加坡	P9	将工业品、动植物卫生检疫标准、贸易技术壁垒、监管协调等纳入协议文本
7	2011 年 6 月 15—24 日	越南胡志明	P9	将知识产权、透明度、电信、海关手续、环境等纳入协议文本
8	2011 年 9 月 6—15 日	美国芝加哥	P9	就海关手续、技术贸易壁垒、电信、政府采购、中小企业发展、监管协调、竞争政策达成基本一致，将劳工、国有企业纳入协议文本
9	2011 年 10 月 22—29 日	秘鲁利马	P9	继续讨论上轮谈判的各项议题，市场准入仍是谈判焦点
10	2011 年 12 月 5—9 日	马来西亚吉隆坡	P9	谈判重点为原产地规则、服务贸易与投资、知识产权等，就签订协议路线图交换意见
11	2012 年 3 月 2—9 日	澳大利亚墨尔本	P9	商讨金融服务、动植物卫生检疫措施、法律一致、原产地规则、环境、通信、竞争、政府采购、知识产权等议题
12	2012 年 5 月 8—18 日	美国得克萨斯	P9	商讨市场准入、原产地规则、环境、金融服务、非结算会员、法律问题、卫生和动植物检疫措施、政府采购等议题
13	2012 年 7 月 2—10 日	美国加利福尼亚	P9	在海关手续、跨境服务、通信、政府采购、竞争政策、合作和能力建设等方面取得实质性进展，一旦各成员成功完成国内程序后，加拿大和墨西哥将加入谈判

续表

轮次	时间	地点	参与方	主要内容及进展
14	2012 年 9 月 6 日—15 日	美国弗吉尼亚	P9	谈判围绕货物、农产品、纺织品、服务、投资、政府采购等的关税减让和市场准入承诺等议题进行
15	2012 年 12 月 3—12 日	新西兰奥克兰	P11	加拿大、墨西哥加入谈判,推进完成涵盖 29 章的协议文本制定工作,继续就各领域问题谈判
16	2013 年 3 月 4—13 日	新加坡	P11	一些议题的谈判取得进展,各成员努力寻找互惠、可接受的方式推进其他议题的谈判
17	2013 年 5 月 15—24 日	秘鲁利马	P11	继续讨论相关议题
18	2013 年 7 月 15—25 日	马来西亚	P12	日本加入谈判,各方就市场准入、原产地规则、贸易技术壁垒、投资、金融服务、电子商务、透明度等领域的一系列技术问题达成一致,在知识产权、竞争政策、环境等领域取得进展
19	2013 年 8 月 22—30 日	文莱斯里巴加湾	P12	努力推进谈判进程
20	2013 年 11 月 19—25 日	美国盐湖城	P12	各方就政府采购、商务人员短期入境手续简化等议题谈判取得进展
21	2014 年 7 月 3—12 日	加拿大渥太华	P12	谈判围绕劳工、国有企业、服务、投资、市场准入等议题展开
22	2014 年 9 月 1—10 日	越南河内	P12	在劳工、国有企业、服务、投资、知识产权、环境、原产地规则,市场准入等议题上取得进展

续表

轮次	时间	地点	参与方	主要内容及进展
23	2015 年 7 月 24—27 日	美国夏威夷	P12	有关国家未能就农产品市场准入、药品专利等议题达成妥协
24	2015 年 10 月 6 日	美国亚特兰大	P12	各方结束谈判，达成基本协议
25	2016 年 2 月 4 日	新西兰奥克兰	P12	各方正式签署协定

资料来源：根据 USTR 和新西兰外交与贸易部网站资料整理得出。

二、美国加入并推动 TPP 谈判的动因

TPP 从一个名不见经传的小型 FTA 发展到今天的规模与美国的积极推动分不开的。美国自加入 TPP 到 2016 年约 7 年时间，在其推动下，APEC 一半以上成员加入了 TPP 谈判，并最终签订了协定。美国之所以加入 TPP 并全力推进有着深刻的经济和政治动因。

（一）经济动因

首先，TPP 有助于美国扩大出口，促进就业，推动经济复苏。受全球金融危机的影响，美国经济遭受巨大冲击，一度陷入低迷，失业率持续走高，房地产业萧条，财政赤字攀升。这对因伊拉克和阿富汗反恐战争而元气大伤的美国而言无疑是雪上加霜。为此，美国需要找到拉动经济复苏的引擎，于 2010 年推出了"国家出口行动计划"，设定了美国在未来 5 年内实现出口额翻一番的目标，为美国创造 200 万个就业机会。美国将扩大出口视为扭转经济衰退的被动局面，实现经济复苏，增强综合国力的王牌。多年来，亚太地区已经成为美国农产品、制成品、服务业的主要出口地。2010 年，美国向大亚太地区的货物出口额高达 7750 亿美元，较 2009 年提高了 25.5%，占美国出口总额的 61%。其中，美国出口到该地区的农产品额高达 830 亿美元，占美国农产品出口总额的 72%。美国对亚太地区的服务贸易出口额为 1770 亿，占其

对外服务贸易出口总额的 37%。① 不难看出，TPP 所覆盖的亚太地区是美国实现扩大出口目标的首选地。美国把 TPP 当作进一步进军亚太市场，促进出口，增加就业机会，加快经济复苏的工具也在情理之中。奥巴马于 2011 年 11 月在夏威夷 TPP 成员会议上的讲话一语道破天机。他指出，美国是一个太平洋国家，深深地致力于营造世界发展最快的地区——跨太平洋地区的安全与繁荣。TPP 将会振兴我们的经济，降低贸易和投资壁垒，增加出口，创造就业机会（"这是我的当务之急"）。TPP 以及美国与韩国、巴拿马、哥伦比亚FTA 将使美国的出口增加一倍，创造数以百万的就业机会。②

其次，TPP 意在打造美式"21 世纪 FTA 样板"，掌握国际经贸规则制定权。TPP 具有打破传统 FTA 模式，设立全球新 FTA 标准的倾向和趋势。TPP 谈判各方同意达成一个高标准，充分确保共享利益和关系的协议，妥善解决各类敏感问题如发展中国家成员待遇、贸易竞争力培养、技术援助和分期履约等。TPP 拟包含的内容具有高标准和全面自由贸易协定的特征，要求签署国全面市场准入，消除关税、服务、投资壁垒，而一般的 FTA 消除 90% 的关税。③此外，TPP 内容涵盖贸易、投资、原产地规则、SPS、TBT、金融、商务人员临时入境、电信、电子商务、政府采购、竞争政策、国有企业和指定垄断、知识产权、劳工、环境、发展、中小企业、监管一致性、反腐败等诸多领域，而且只要成员同意，还可进一步拓宽领域。TPP 还关注规则透明度，以保护贸易商、投资者、消费者的权益。TPP 所包含的高品质条款迎合了美国的需求，美国在条款涉及领域占有绝对优势，可以高枕无忧。而对于其他国家尤其是发展中国家而言若想达到这些标准非常困难。发展中国家加入美国主导的 TPP 对其而言是在进行一种不对称的合作。美国通过 TPP 构建一个覆盖亚太的高标准、高层次的经济一体化组织，通过谈判协商、修订和补充 TPP 协议打造美式 FTA 样板，制定更加符合美国利益的贸易和投资规则。

---

① USTR. The United States in Trans-Partnership［EB/OL］.（2011-11-12）［2015-11-12］. 美国贸易代表办公室官网。

② The White House. Remarks by the President in the Meeting with Trans-Pacific Partnership ［EB/OL］.（2011-11-12）［2015-11-12］. 美国白宫官网。

③ 刘中伟，沈家文 . 跨太平洋关系协议（TPP）：研究前沿与架构［J］. 当代亚太，2012（1）: 40.

（二）政治动因

首先，TPP 有助于美国推进"亚太再平衡"战略，遏制中国，获取亚太区域合作主导权。奥巴马上台后，积极调整全球战略部署，把战略重心转向亚太。2011 年 11 月，奥巴马指出，美国在结束伊拉克和阿富汗战争后，正在把注意力转向亚太地区。美国过去一直是一个太平洋国家，将来也是。美国在塑造亚太地区未来过程中发挥的作用将会更大，时间更长。① 美国这一战略调整是其针对所处的国际环境做出的务实选择。第一，美国十年反恐战争的结束使得其有时间和精力开始重新顾及亚太地区事务。第二，世界政治经济中心正在由大西洋沿岸向太平洋地区转移，亚太地区在世界格局中的地位与日俱增。美国在亚太地区的贸易额日益增多，其主要贸易伙伴国大多都在亚太地区。第三，亚太地区新兴工业化国家如中国、印度等正在崛起，美国感受到了威胁，需要捍卫亚太地区的主导权。此外，亚太地区区域经济合作也在迅速发展，形成了多个以东盟为主体，中国发挥主要作用的"东盟 +N"机制，美国被排斥在外。在这种背景下，美国为维护亚太地区事务的主导权，防止其落入中国手中，而不得不及时做出应对，把战略中心转向亚太。而覆盖亚太的 TPP 为美国介入亚太提供了一个绝好的机会，它一方面能使美国介入东亚区域经济合作，稀释中国影响力，遏制中国。另一方面，通过 TPP 掌握亚太乃至全球经贸规则的制定权，达到约束崛起中的大国，确保其在世界的主导地位。

其次，推行美式民主和价值观。美国在建设 FTA 的过程中不忘选择具有改革示范效应的国家，以推广美国"自由""民主"及其政治、经济制度。美国推进与中东自由贸易区的目标就是建立符合西方价值观的民主政治和改善人权状况。② 美国通过 TPP 谈判提升美国在亚太地区的政治、经济和文化影响力，在与他国政府、企业和公众沟通、交流时渗透并推行美式价值观。③

---

① The White House. Remarks by the President Obama to the Australian Parliament［EB/OL］.（2011-11-17）［2015-11-12］.美国白宫官网。

② 朱颖.自由贸易协定和美国对中东战略［J］.西亚非洲，2009（4）：45.

③ 魏磊，张汉林.美国主导跨太平洋伙伴关系协议谈判的意图及中国对策［J］.国际贸易，2010（9）：55.

三、TPP 的主要内容和机制特征

（一）主要内容

现有的 TPP 是由新加坡、新西兰、文莱、智利签署的 TPSEP 演变而来的，而 TPSEP 又是以 NZSCEP 为蓝本制定的。不难得出，NZSCEP、TPSEP、TPP 是一脉相承的。NZSCEP（见表 3.2）包括前言、11 章、4 个附件，内容涉及货物、服务及投资自由化，原产地规则（Rules of Origin，ROO），海关手续，技术，卫生和植物卫生规则和标准，政府采购，知识产权，争端解决，竞争政策等。TPSEP（见表 3.3）除了包括前言、20 章、2 个补充文件。此外，P4 还签署了《环境合作协议》《劳工合作备忘录》。该协议除涵盖 NZSCEP 所涉及的领域外，还包括贸易救济措施、技术性贸易壁垒（Technical Barriers to Trade，TBT）、卫生和植物卫生措施（Sanitary and Phytosanitary，SPS）、服务贸易、临时入境、透明度、战略伙伴关系、行政与制度条款、一般条款、一般例外条款等。TPP 的目标是建立标志性的、面向 21 世纪的贸易协定，制定全球贸易新标准，涵盖提升成员在全球经济中的竞争力的下一代问题。它覆盖了所有与贸易以及贸易相关的领域，包括前言、正文 30 章、相关章节附件、章节不符措施负面清单，内容涉及贸易的国民待遇和市场准入、原产地规则和原产地程序、纺织品和服装、海关管理和贸易便利化、贸易救济、SPS、TBT、投资、跨境服务贸易、金融服务、商务人员临时入境、电信、电子商务、政府采购、竞争政策、国有企业和指定垄断、知识产权、劳工、环境、合作和能力建设、竞争力和商务便利化、发展、中小企业、监管一致性、透明度和反腐败、争端解决等（见附表 A）。

表 3.2　NZSCEP 协定主要内容

章目	条目	章目	条目
前言	——	第八章 政府采购	单独市场的建立；涵盖范围；定义；合同评估；原产地规则；采购程序；禁止抵消；供应商和政采机构争端解决；例外；行政和评估

续表

章目	条目	章目	条目
第一章 目标和一般定义	目标；一般定义	第九章 知识产权	知识产权
第二章 竞争措施	竞争措施	第十章 争端解决	涵盖范围；商议；斡旋、调节和调停；仲裁庭的建立；仲裁庭的功能；仲裁庭的程序规则；诉讼程序的中止或终止；实施；费用
第三章 货物贸易	关税；原产地规则；非关税措施；补贴；保障措施；反倾销	第十一章 一般条款	应用；评估；透明度；商法；一般例外；自然人的流动；收支平衡的保障措施；怀唐伊条约；严重短缺；安全；信息发布；税收；加入协定；其他国际、区域、双边协定义务的履行；其他协定下的优先；修订；附件；生效、期限、终止
第四章 海关手续	涵盖范畴；一般条款；无纸贸易；风险管理	附件1	原产地规则：注释说明
第五章 服务贸易	一般承诺；涵盖范畴；定义；市场准入；国民待遇；追加承诺；特定承诺；国内法规；专业资格和登记；补贴；垄断；利延伸益	附件2	服务承诺：新西兰/新加坡
第六章 投资	涵盖范畴；定义；最惠国待遇地位；国民待遇；待遇标准；遣返和兑换；限制；更替；投资争端解决	附件3	投资限制
第七章 技术、卫生和植物卫生规则和标准	涵盖范畴；定义；工作项目的建立；联合审查机制；原产地；强制性要求共识；合规性审查；标准对等共识；信息交流；主管机构；保密性	附件4	技术、卫生和植物卫生规则和标准

资料来源：根据新西兰外交与贸易部网站资料整理得出。

表 3.3 TPSEP 协议内容

章目	条目	章目	条目内容	章目	条目内容
前言	——	第八章技术性贸易壁垒	定义；目标；涵盖范畴；技术性贸易壁垒协议的确认；起源；贸易便利化；国际标准；技术规定的对等；符合性评定程序；透明度；技术合作和技术性贸易壁垒委员会；技术咨询；附件和执行协议	第十六章战略合作	定义；目标；涵盖范畴；经济合作；研究、科技合作；教育合作；文化合作；初级产业；合作机制；与无党派合作；资源；合作委员会的职能
第一章设立条款	目标；自由贸易区的建立	第九章竞争政策	目标；竞争法和执行；合作；通知；信息咨询和交流；公共企业和授予特殊权利的企业含指定的垄断企业；争端解决；附件1第9.2条竞争法例外	第十七章行政制度条款	建立跨太平洋战略经济伙伴关系委员会；委员会职能；委员会程序规则
第二章基本定义	一般定义；国家特有定义	第十章知识产权	定义；知识产权原则；一般条款；商标；地理标识；国家名称；合作；附件1地理标识名单	第十八章一般条款	附件和脚注；与其他国际协定的关系；条约或国际协定的继承；应用；特色产品；信息发布；保密性

续表

章目	条目	章目	条目内容	章目	条目内容
第三章货物贸易	定义；涵盖范畴；国民待遇；取消关税；修正之后货物重新入境；可忽略价值的商业样品和印刷宣传品免税进入；货物暂准进口；非关税措施；行政收费和手续；出口关税；农业出口补贴；价格波段；农业特别保护措施；货物贸易委员会；附件1进出口措施；附件2特别保护措施	第十一章政府采购	定义；目标；涵盖范畴；国民待遇和非歧视；原产地规则；禁止补偿；信息保密；与采购相关信息的发布；技术规格；合同价值；投标程序；预定采购通知；投标文件；合同的授予；合同授予后的信息通知；参加条件；注册或合格供应商名单；公开招标的例外；采购中确保诚实；供应商投诉的国内评定；鼓励采购中使用电子通信技术；例外；附件的修改和批准；附件1实体名单和覆盖的货物和服务；附件2单一访问网址，通信地址；附件3入口	第十九章一般例外	一般例外；安全例外；保障国际收支的措施；税收措施；怀唐伊条约

章目	条目	章目	条目内容	章目	条目内容
第四章原产地规则	定义；原产货物；区域价值成分；不被视为原产的操作；累积；微量；附件、备件和工具；零售商品的包装材料和容器；通过非缔约方过境；外发加工；货物处理偏好声明；出口义务；记录；原产地验证；关于原产地决定；费用；附件1可视为再加工的商品；附件2适用于4.12的商品；附件3原产地声明	第十二章服务贸易	定义；目标；涵盖范畴；国民待遇；最惠国待遇；市场准入；本地代理；不符措施；评估；国内法规；专业资格和登记；利处否认；透明度；补贴；支付和转账；附件1金融服务；附件2专业服务；支付和转账；	第二十章最终条款	投资谈判；金融服务谈判；签署；生效；协定对文莱的适用情况说明；正式加入；修订；撤回；协定保管国及其职责；真实文本
第五章海关手续	定义；目标；涵盖范畴；海关手续和便利化；海关合作；海关估价；事先裁定；复审和上诉；商议；无纸贸易；快件货物；惩罚；风险管理；货物放行；资讯查询点；保密性	第十三章临时入境	定义；目标；涵盖范畴；信息交换；评估	补充文件1	环境合作协议

续表

章目	条目	章目	条目内容	章目	条目内容
第六章贸易救济	全球保障措施；反倾销和反补贴税	第十四章透明度	定义；信息发布；行政程序；评估和上诉；联络点；信息发布和提供	补充文件2	劳工合作备忘录
第七章卫生和植物卫生措施	定义；目标；涵盖范畴；卫生和植物卫生事务委员会；主管当局和联络点；适应地区条件；对等；核实；进口检查；通知；临时措施；信息交流；技术咨询；合作	第十五章争端解决	目标；涵盖范畴；选择专题讨论；商议；斡旋、调节和调停；仲裁庭的建立；仲裁庭的组成；仲裁庭的功能；仲裁庭的程序规则；诉讼程序的中止或终止；初步报告；最终报告；最终报告的实施；遵守期限；利益补偿和中止；合规性审查；附件1利益丧失或减损；诉讼程序示范规则	其他	

资料来源：根据新西兰外交与贸易部网站资料整理得出。

（二）机制特征

TPP 自称是高标准的 21 世纪自由贸易协定，该机制主要有以下两个特征。

第一，覆盖范围广，标准高。这主要体现在 TPP 协定内容和成员范围两方面。从 TPP 协定内容看，TPP 内容涵盖贸易、投资、原产地规则、SPS、TBT、金融、商务人员临时入境、电信、电子商务、政府采购、竞争政策、国有企业和指定垄断、知识产权、劳工、环境、发展、中小企业、监管一致性、反腐败等诸多领域，而且只要成员同意，还可进一步拓宽领域。从成员范围看，成员横跨亚洲、美洲、大洋洲"三大洲一大洋"，既有发达国家如美国、加拿大、日本等，也有发展中国家如秘鲁、墨西哥、越南等。从贸易自由化看，协定除了涵盖一般贸易自由化条款外如货物贸易、服务贸易等，还制定了关于政府采购、知识产权、劳工、环保等常被忽略的领域的相关条款，并要求成员百分之百地实现货物贸易自由化。TPP 具有打破传统 FTA 模式，设立全球新

FTA 标准的倾向和趋势。美国贸易代表 Ron Kirk 表示，美国强调建立一个高标准、体现新思想、涵盖多领域和范围的亚太地区一体化协定。①

第二，带有浓厚的美国战略色彩。TPP 由美国主导，自然也被深深地打上美国战略的烙印。美国把 TPP 视为实现"亚太再平衡"战略的经济抓手，积极推动 TPP 的发展，获取亚太区域经济合作主导权；美国将 TPP 建成高标准的美式 FTA，掌控全球经贸规则制定权，牟取巨大经济利益；美国作为 TPP 成员之一，对亚太其他国家加入有着很大的吸引力，美国对能源、资源的大量需求和广阔的市场前景是一些小国所看中的。此外，美国试图利用 TPP 制定新的全球贸易规则，为贸易自由化程度较高的国家进一步实现经济福利增长提供了契机，这部分国家也表现出较强的积极性。美国在推动 TPP 不断壮大的过程中，还会尽可能扩展合作领域，为其维护和巩固亚太地区霸权服务。

四、影响 TPP 发展的有利因素和不利因素

（一）有利因素

亚太现有的区域经济合作模式存在弊端，TPP 在一定程度上弥补了这些弊端，受到部分亚太国家的青睐。亚太区域经济合作包含不同的模式：以中国—东盟自由贸易区（China‑ASEAN Free Trade Area，CAFTA）为代表的由浅入深的推进模式，以日本同其他国家签署的经济伙伴关系协定（Economic Partnership Agreement，EPA）为代表的自上而下的推进模式，以 APEC 为代表的非机制化推进模式，等等。首先，TPP 设定了高标准、高门槛，在一定程度上规避了由浅入深推进模式难以解决特定范围内固有矛盾的弊端。其高度标准，在一定程度上弥补了自上而下推进模式适用范围窄的缺陷。其次，TPP 机制化程度高，约束性强，弥补了非机制化推进模式约束性不强的不足。TPP 与其他亚太区域经济合作推进模式相比所具备的优势也是其发展的有利因素之一。

TPP 在一定程度上满足了发达经济体和新兴经济体的利益诉求。就新兴经济体而言，人力资源较丰富，劳动力成本低，近些年经济发展迅速，但是

---

① 刘中伟，沈家文. 跨太平洋关系协议（TPP）：研究前沿与架构［J］. 当代亚太，2012（1）：40.

缺少资金和技术，希望通过与发达经济体合作来取长补短。TPP 为新兴经济体提供了这样的一个机会。就发达经济体而言，需要跟新兴经济体进行合作，促进经济复苏。但是，面临新兴经济体的迅猛发展，国际影响力日益提升，发达经济体倍感压力。相比之下，新兴经济体在金融危机之后面临着与日俱增的经济发展转型的压力，包括出口缩减，扩大内需，加强金融管制，加强环境保护和知识产权保护等。而达到 TPP 所设定的高标准对于发达经济体来说难度不大，对于新兴经济体来说难度较大，而且需要很长的时间。在这种情况下，TPP 成为发达经济体制衡新兴经济体的一个有效工具。

美国力推 TPP 也是 TPP 发展的有利因素之一。如前文所述，TPP 符合美国的战略利益，美国的亚太战略利益诉求助推了 TPP 扩容的进程。此外，美国于 2013 年 6 月启动与欧盟的跨大西洋贸易与投资伙伴关系协定（Transatlantic Trade and Investment Partnership，TTIP），期冀 2 年内建成全球最大的自由贸易区。双方关税水平都较低，谈判将致力于建立欧盟之间的贸易规则，并将其推广至全球。因此，TPP 和 TTIP 遥相呼应，是美国控制全球经贸规则制定权两把利刃。不难看出，TPP 是美国实现全球战略利益的重要抓手，美国因此不遗余力地推进 TPP 谈判。

（二）不利因素

协议的高标准使一些国家望而却步。TPP 的高标准、严规则、宽领域超出了大部分国家的承受能力，使大部分国家望尘莫及。美国在其占有优势的领域如服务贸易、电子、高科技领域等，发展中国家在这些领域不是美国的对手，美国自然可以高枕无忧敞开门。相反，美国在自己处于竞争劣势的领域如轻工、纺织等一般制造业则抬高劳工、环境保护标准，致使发展中国家这类产品很难进入美国市场。此外，美国还利用原产地规则限制发展中国家纺织品、服装等一般制造业产品进入。在这种情况下，发展中国家参与 TPP 的积极性受挫。

成员的国内反对势力也阻碍着 TPP 的批准。美国国会一直对自由贸易并不感冒，认为自由贸易会冲击本国的民族产业。奥巴马为在其任职期间完成 TPP 谈判，在谈判中做出了一些让步以加快谈判进程，招惹了国内部分势力的不满。加拿大新上任的政府对 TPP 的态度尚不明朗。美国、越南等部分成员2016年面临政府换届，这也增加了TPP获批的悬念。例如，美国乳品行业群体担心来自新西兰乳制品的冲击，美国国家纺织品协会则担心来自越南纺织品出口的威胁。日本一直顾虑因农产品开放带来的冲击，短期内批准TPP也不容易。马来西亚保守主义势力认为，TPP会影响本国福利，TPP的知识产权相关规定将会破坏依靠大量购买医疗卫生产品的医疗卫生服务行业的发展。

如何处理成员之间双边FTA与TPP的关系是各成员面临的棘手问题。TPP 12个成员之间大多都签署了双边FTA，这些FTA关系交叉重叠，错综复杂。如何做到标准统一是困扰成员的一个难题，例如原产地规则究竟遵循哪一个也让各成员难以取舍，感到头痛。另外，亚太地区多种经济合作机制并存，交叉重叠，功能雷同，如何使这些机制更好地兼容需要TPP成员全面考量。若处理不当，会造成人力、物力和财力的浪费，甚至严重阻碍TPP的进一步发展。

第二节　TPP对亚太区域经济合作机制变迁的影响

一、进一步推动了亚太区域经济合作机制多元化

亚太地区现存200多个FTA，绝大多数是有着一定地缘关系的国家之间签订的双边FTA，更多地体现了以地缘关系为纽带的区域经济合作模式。而TPP12个初始成员覆盖了亚洲、美洲和大洋洲，随着新成员的加入，地域范围或将更广，明显摆脱了地缘关系的束缚。此外，TPP既包括了传统FTA内容，又涉及了更多新的议题，是亚太尤其是东亚地区FTA无法相比的，旨在达成一个高标准，充分确保共享利益和关系的协议（见表3.4）。这些特征是TPP之前亚太区域经济合作机制所不具有的，更多体现了超越区域性的广域经济合作模式，为现有的亚太区域经济合作机制赋予了新的元素，进一步推动了亚太区域经济合作机制朝多元化发展。

表 3.4 TPP 与部分东亚 FTA 议题比较

	协议内容	TPP	中国－东盟	东盟－日本	东盟－韩国	东盟－澳新
基本内容	市场准入	√	√	√	√	√
	收支平衡措施	√	√	√	√	√
	竞争政策	√	√			√
	海关程序	√	√	√	√	√
	争端解决	√	√	√	√	√
	一般性例外	√	√	√	√	√
	政府采购	√				
	知识产权保护	√			√	√
	投资	√	√	√	√	√
	保障条款	√	√	√	√	√
	补贴	√	√			√
	透明度	√	√	√	√	√
	安全措施	√	√	√	√	√
	贸易壁垒	√	√	√	√	√
	反倾销反补贴	√	√			√
	进口许可/出口限制	√				√
	原产地规则	√	√	√	√	√
	动植物检疫	√	√	√	√	√
	国民待遇	√	√	√	√	√
	国内法规	√	√			√
	相互认可条款	√	√	√	√	√
特定内容	环境标准	√				
	劳工标准	√				
	贸易救济	√				
	电子商务	√				
	早期收获		√			
	工业和农业发展保护	√				
	中小企业政策	√				

资料来源：张彬，汪占鳌.亚太区域经济一体化整体格局的综合分析［M］// 宫占奎.2011
亚太区域经济合作发展报告.北京：高等教育出版社，2011.

二、冲击了亚太已有的区域经济合作机制

美国试图利用 TPP 获取亚太区域经济合作主导权，而东亚地区经济合作也因此受到一定的冲击和干扰。东盟构建的以自己为轴心的"东盟 +N"机制在一定程度上阻碍了美国主导亚太区域经济合作，美国对此当然不会善罢甘休，在尝试通过推动 FTAAP 建设，重振 APEC 来挽回颓势没有得逞的情况下，便开始通过加入 TPP 谈判打破将其排斥在外的东盟主导的东亚区域经济合作局面。C.F.Bergsten（2005）认为，美国只有通过建立跨太平洋的自由贸易协定，才能将东亚和美国共同嵌入亚太地区中去，才能消除 APEC 分裂的风险。[①]"东盟 +N"机制中的成员有 6 个（新加坡、文莱、新西兰、越南、马来西亚、日本）成为 TPP 成员。此外，泰国、菲律宾、韩国、印度尼西亚也对加入 TPP 谈判表现出兴趣。不难看出，TPP 会对"东盟 +N"机制造成一定冲击。

TPP 还在一定程度上阻碍了中日韩自由贸易区谈判。日本加入 TPP 谈判，韩国未来也有可能加入进去。这无疑会进一步牵制日本、韩国与中国的关系，增加了中日韩自贸区谈判的变数。而中国面临高标准的 TPP 也进退两难，选择加入将会增加国内经济转型升级的负担，不加入则有被边缘和孤立于亚太区域经济合作之外的可能。

因此，美国利用 TPP 分化了东亚区域经济合作主要参与方（东盟、中、日、韩等）的注意力，这些主要参与方在 TPP 的影响下不可能将全部的谈判精力都集中到原有的区域经济合作机制上。

三、催生了东盟主导的 RCEP，两大机制相互制衡

为稀释美国主导的 TPP 的负面影响，东盟提出 RCEP 来回应。这样，亚太地区形成了美国主导的 TPP 和东盟主导的 RCEP 两大机制相互制衡的局面。这两大机制间有着不同的制度安排和利益诉求。首先，TPP 的参与方主要由发达国家构成，谈判重点倾向于新议题的规则及制度问题，其所设定的高标

---

① Bergsten, C. F. Embedding Pacific Asia in the Asia Pacific, The Global Impact of an East Asian Community. Speech at the Japan National Press Club, Tokyo, Sep. 2, 2005, 转引自全毅. TPP 对东亚区域经济合作的影响：中美对话语权的争夺［J］. 亚太经济，2012（9）：16.

准的区域经济一体化目标符合发达国家所具有的竞争优势和利益诉求。RCEP
的参与方主要由发展中国家构成，谈判重点以传统议题为主，主要是满足发
展中国家实现区域经济一体化的需求。其次，TPP 具有强的约束力，要求成
员 100% 削减关税，任何国家都不例外。而 RCEP 规定具有一定的弹性，对于
不发达成员区别对待，给予一定的照顾，较 TPP 约束力要弱很多。最后，美
国推进 TPP 在很大程度上是为了实现政治和非传统经济利益，试图获取亚太
区域经济合作主导权。而 RCEP 更多的是集中在经贸领域，促进区域经济联合。
两大机制之间的差异使得两者之间的竞争和冲突在所难免。

第四章 RCEP 与亚太区域经济合作机制变迁

TPP 打破了东盟主导的东亚区域经济合作进程，东盟倡议建立 RCEP 进行应对，亚太地区因此出现两大巨型 FTA。本章梳理了 RCEP 的发展现状，分析了东盟力推 RCEP 的原因，RCEP 的主要内容和机制特征，影响 RCEP 谈判的有利因素和不利因素。在此基础上分析得出 RCEP 对亚太区域经济合作机制变迁的影响。

第一节 RCEP 的形成发展

一、RCEP 的缘起和发展

东盟于 21 世纪前叶先后与中国、日本、韩国、印度、澳大利亚和新西兰签订了 5 个 "10+1" FTA，构建了以其为轴心的，覆盖所有周边国家的双边 FTA 网络。除了双边 FTA 外，更广范围的东亚区域经济合作形式 EAFTA 和 CEPEA 也相继被提出。但是，由于中国和日本相互争夺主导权，存在分歧，谈判被搁置。面对中国和日本之间的分歧，东盟很难取舍，认为继续推进 5 个 "10+1" FTA 是最佳选择。在东亚区域经济合作如火如荼进行之时，美国自然不愿意看到自己被排除之外，于是选择加入 TPP。美国加入 TPP 带来的压力和东盟的冷淡态度使中日两国决定超出本国利益，从大局出发，在 2011 年 8 月举行的东亚峰会经贸部长非正式会议上提出《关于加快实现 EAFTA 和 CEPEA 构想的倡议》，建议通过 "10++" 的形式，打破东亚区域经济合作的僵持状态，这为 RCEP 的提出奠定了基础。截至 2011 年 11 月，东盟成员中的新加坡、文莱、马来西亚和越南四国已经加入 TPP 谈判，泰国表示将参加谈判，菲律宾表示会积极研究，东盟向心力遭受严重冲击。在这种情况下，东盟力挽狂澜，为维护其东亚区域经济合作主导地位而提出 RCEP。2011 年11 月，东盟峰会正式通过了 RCEP。截至 2018 年 10 月，RCEP 谈判已经进行24 轮（见表 4.1）。

表 4.1　历次 RCEP 谈判

轮次	时间、地点	主要议题
1	2013 年 5 月 9—13 日文莱	成立货物贸易、服务贸易和投资三个工作组，并围绕货物、服务和投资等议题进行磋商。探讨了所设三个工作组的具体相关事宜如工作计划、职能等。
2	2013 年 9 月 23—27 日澳大利亚	各方继续围绕货物贸易、服务贸易和投资进行磋商，内容涉及关税减让模式、协定章节结构及要素等。此外，还探讨了经济技术合作、知识产权、竞争政策和争端解决等议题。谈判参与方决定成立原产地规则分组和海关程序与贸易便利化分组。
3	2014 年 1 月 20—25 日马来西亚	各方继续围绕货物贸易、服务贸易和投资领域的技术性议题进行磋商。成立知识产权、竞争政策、经济技术合作和争端解决等四个工作组以进一步推动谈判在广泛领域取得进展。
4	2014 年 3 月 31 日—4 月 4 日中国	各方就货物贸易领域中的关税、非关税措施、标准技术法规合格评定程序、SPS、海关程序与贸易便利化、原产地规则等交换了意见。探讨了服务贸易领域的谈判范围、市场准入领域等议题。对投资领域中的投资模式文件、章节要素进行了磋商。
5	2014 年 6 月 23—27 日新加坡	在货物贸易方面，各方重点讨论了关税减让模式、贸易救济、原产地规则、海关程序与贸易便利化、标准、技术法规和合格评定程序、SPS 等。在服务贸易方面，谈论了谈判模式、章节要素等。在投资方面，继续讨论投资模式文件、章节要素等。
6	2014 年 12 月印度	各方就一些问题达成初步共识，包括消除贸易壁垒、改善投资环境、扩大服务贸易等。
7	2015 年 2 月 8—13 日泰国	各方继续就货物贸易、服务贸易、投资等议题进行和讨论，就货物贸易共同初始出价分层法达成一致。

续表

轮次	时间、地点	主要议题
8	2015 年 6 月 8—14 日日本	各方就取消关税问题进行了深入磋商，就未签订双边 FTA 的谈判参与方间的货物贸易共同初始出价等议题交换了意见。
9	2015 年 8 月 2—7 日缅甸	各方进一步探讨了货物贸易、服务贸易、投资、原产地规则、技术性贸易壁垒、卫生与植物卫生措施等议题。
10	2015 年 10 月 12—16 日韩国	各方在第一轮商品关税互惠案谈判方针和服务投资自由化方式达成一致的基础上就相关具体问题进行了磋商。全面讨论了知识产权、经济合作、原产的规则、技术性贸易壁垒等领域的相关议题。
11	2016 年 2 月 14—日文莱	各方重点讨论了货物贸易、服务贸易、投资领域的市场准入问题，并初步商定了 2016 年谈判计划，力争保证 2016 年结束谈判。
12	2016 年 4 月 17—日澳大利亚	各方深入讨论了货物贸易、服务贸易、投资、知识产权、经济技术合作、电子商务、法律条款等领域议题，并取得积极进展。
13	2016 年 6 月 10—日新西兰	各方探讨了货物、服务、投资、知识产权、经济技术合作、竞争、电子商务、法律条款等领域议题。
14	2016 年 8 月 10—日越南	各方深入讨论了货物、服务、投资三大核心领域市场准入问题，继续探讨知识产权、经济技术合作、竞争、电子商务、法律条款等领域案文等领域。
15	2016 年 10 月 11—21 日中国	完成经济技术合作章节文本起草的谈判工作。
16	2016 年 12 月 2—日印度尼西亚	各方深入讨论了货物、服务、投资三大核心领域市场准入问题，继续探讨知识产权、经济技术合作、竞争、电子商务、法律条款等领域案文等领域；完成中小企业章节文本起草的谈判工作。
17	2017 年 2 月 21 日—3 月 3 日日本	各方继续就货物、服务、投资三大核心领域市场准入问题进行讨论，就各领域案文进行磋商。

续表

轮次	时间、地点	主要议题
18	2017 年 5 月 2—12 日 菲律宾	各方继续就货物、服务、投资三大核心领域市场准入问题进行讨论。
19	2017 年 7 月 17—28 日 印度	各方继续就货物、服务、投资和规则领域展开深入磋商。
20	2017 年 10 月 24—28 日 韩国	各方就货物、服务、投资和规则领域展开深入磋商，讨论并形成了拟向领导人提交的联合评估报告草案。
21	2018 年 2 月 5—9 日 印度尼西亚	各方继续深入探讨货物、服务、投资和部分规则领域议题。
22	2018 年 4 月 28 日—5 月 8 日 新加坡	各方继续就货物、服务、投资和规则领域议题展开深入磋商。
23	2018 年 7 月 22 日—7 月 27 日 泰国	各方就货物、服务、投资、原产地规则、海关程序与贸易便利化、卫生与植物卫生措施、技术法规与合格评定程序、贸易救济、金融、电信、知识产权、电子商务、法律机制、政府采购等领域进行了全面磋商；完成了海关程序与贸易便利化、政府采购章节谈判工作。
24	2018 年 10 月 22—27 日 新西兰	各方继续就货物、服务、投资领域市场准入问题展开深入磋商。

资料来源：作者根据中国自由贸易区服务网相关资料以及其他网站可找到的相关资料整理得出。

东盟力推 RCEP 主要出于以下原因。

第一，巩固和维护其在东亚区域经济合作中的主导地位。美国重返亚太，强势推进 TPP，东盟近一半成员都是 TPP 的成员。这一方面削弱了东盟的凝聚力，使其内部出现分裂。另一方面，美国加入 TPP，致力于获得亚太区域经济合作的主导权，无疑会稀释东盟在东亚区域经济合作中的影响力，打破了其苦心经营多年而建立起来的以自身为主体的东亚区域经济合作状况。此外，美国试图借助 TPP 控制亚太经贸规则的制定权，TPP 所设定的标准让东盟国家望而却步。比如，要求劳动和环保标准要达到有关国际组织的规定，要求国家不得支持国有企业融资，要鼓励国有企业和私营企业公平竞争。以东盟为轴心的 FTA 内容与 TPP 差距很大，这让东盟十分恐惧。于是，东盟为了保住其在东亚区域经济合作中的主导权，争取亚太经贸规则制定的主动权，维护自身的经济利益，顺势提出 RCEP 来抵御 TPP 在亚太地区的影响。

第二，有效整合多个"东盟 +N"机制的需要。东盟与中国、日本、韩国、印度、澳大利亚和新西兰签订的 5 个"10+1"FTA 对原产地规则和自由化水平等规定不尽相同。就货物贸易来说，东盟与中国于 2012 年实现 94.3% 的税目零关税，而与日本于 2023 年实现 64.5% 的税目零关税，与印度则于 2017 年实现 74.2% 的税目零关税。[①] 受不同机制的不同规定的影响，现实操作中出现了交易程序繁杂，成本过高，效率低下等问题。东盟意识到这些问题的存在，试图建立一个能够对现有的多个机制进行有效整的东亚区域经济合作机制，RCEP 应运而生。

第三，规避中国和日本争夺东亚区域经济合作领导权问题的折中考虑。受政治争端和历史问题的影响，中日两国缺乏政治互信，彼此都不想让对方主导东亚区域经济合作。而东盟历来奉行"大国平衡战略"，不希望任何一个大国（集团）领导东亚区域经济合作，打大国之间的矛盾牌，在大国间左右逢源，以此巩固和提升自身的影响力。东盟恰好可以利用中日两国之间的矛盾来实现自己利益。因此，东盟是不会介入中日之间的矛盾，逼迫自己选择站队。而 RCEP 有效地避开了中日两国对东亚区域经济合作主导权之争，东盟能够借此摆脱进退两难的境地，开启一个以自己为中心的新的区域经济合作合作机制。

二、RCEP 的主要内容和机制特征

（一）RCEP 的主要内容

2012 年 11 月，东盟峰会通过《东盟区域全面经济伙伴关系框架协议》。

---

① 王君 . RCEP 的构建及中国应对策略研究［J］. 东南亚纵横，2013（4）: 6.

2012 年 8 月，东盟经济部长会议签署《RECP 谈判指导原则和目标》。这两个文件是推动 RCEP 谈判的指导性文件。第一个文件列出了 RCEP 的总原则，第二个文件列出了 RCEP 谈判的指导原则，货物贸易、服务贸易、投资、经济和科技合作、知识产权、竞争政策、争端解决以及其他问题的谈判目标。

（1）《东盟区域全面经济伙伴关系框架协议》

东盟国家重申对《东盟宪章》所规定的目的和原则应尽的责任和义务，重申与其他经济体建立健全、更具活力和可持续发展的经济伙伴关系的利处。在《东盟宪章》的指导下，东盟在开放、透明和包容的区域框架下发展与区外经济体的经济伙伴关系来维持东盟作为主要推动方的中心地位并发挥积极作用。

东盟国家欢迎与其他经济体以互利、透明的最佳方式推进经济一体化和经济合作。为确保所有东盟成员及其公民享有充分参与并享受经济一体化合作好处的平等机会，东盟决定制定其领导的经济一体化进程原则，先与 FTA 伙伴国签订 RCEP，后续再与其他经济伙伴国签订。这些原则应为所有经济合作伙伴国提供一个公平竞争的平台，并体现最佳实践原则和标准。东盟同意与 FTA 伙伴国和其他经济伙伴国签订全面经济合作伙伴关系协议，这些协议应依据本框架协议所列的总原则以及货物贸易、服务贸易、投资、与贸易和投资相关的其他领域中的具体原则签订。

表 4.2　RCEP 总原则

涵盖范围	旨在签订一项全面、互利的经济伙伴关系协定。与东盟 FTA 伙伴国进行更广、更深的合作，并为解决将来可能出现的问题奠定基础。
进程	本协议可以分步签订，一次签订，或以其他约定的方式签订。
开放	本协议设立开放条款，以便让协议最初签订时尚未准备好签订协议的东盟 FTA 伙伴国或其他区外经济伙伴国加入。
透明度	公开所有已签订的协议，确保让利益相关方了解和利用经济一体化合作成果。
经济和技术合作	本协议包含完整的经济和技术合作内容，用来支持东盟成员，并使其在协议实施中获得的利益最大化。

贸易和投资便利化	协议应包括实际措施和共同应对措施以促进贸易和投资便利化，鉴于规则、行政要求和程序阻碍着贸易和投资的进行，这些措施应包括降低企业的交易成本。
经济一体化	本协议应平行推动东盟经济一体化和经济发展，加强东盟和其他经济合作伙伴国之间的合作关系。
特殊和差别待遇	本协议应该为东盟成员尤其是柬埔寨、老挝、缅甸和越南提供特殊和差别待遇。
与 WTO 一致	本协议应与 WTO 协议一致。
定期评估	对本协议进行定期评估，以确保其有效执行。

资料来源：The Asean Secretariat. "ASEAN Framework for Regional Comprehensive Economic Partnership"［EB/OL］.ASEAN Documents 2011，东盟秘书处官网。

（2）《RECP 谈判指导原则和目标》

RCEP 谈判的目标是在东盟成员和 FTA 伙伴国之间达成一个现代的、全面的、高质量的、互利的经济伙伴协定。RCEP 覆盖货物贸易、服务贸易、投资、经济技术合作、知识产权、竞争、争端解决和其他问题。东盟在 RCEP 谈判中处于中心地位，平行推进经济一体化和经济发展，促进参与方经济合作。

RCEP 谈判的遵循以下原则：与 WTO 协议（包括 GATT 第二十四条和第五条）相一致；深化现存的"10+1"FTA 合作内容，同时关注参与方的个体差异；确保贸易、投资便利化，提高参与方之间的贸易、投资透明度，为参与方的全球和地区供应活动提供便利；考虑到参与方经济发展阶段不同，以适当的方式对最不发达的东盟成员给予差别对待；RCEP 协议条款不会有损现存"10+1"FTA 协定和参与方签订的双边或多边协定的条款；设立开放准入条款，允许最初未加入谈判的东盟 FTA 伙伴国加入谈判，允许未加入谈判的区外其他国家成为成员；为参与谈判的最不发达国家提供技术援助和能力建设，帮助这些国家充分参与谈判，履行义务，从 RCEP 中获益；同时进行货物、服务、投资及其他领域的谈判，以确保取得综合平衡的结果。

表 4.3　RCEP 各领域谈判内容

货物贸易	RCEP 致力于不断削减货物贸易的关税和非关税壁垒，以在成员间建立自由贸易区；关税谈判将全面展开，通过提升 RCEP 参与方之间现存的自由化程度，通过大幅削减关税税目和关税价值来实现高度的关税自由化。关税承诺时间安排应力求使区域经济一体化利益最大化；对于东盟最不发达成员产品按早期收获模式削减关税。
服务贸易	RCEP 将全面地、高质量地、根本地消除参与方之间服务贸易限制和歧视政策。RCEP 服务贸易规定与 GATS 一致，并致力于实现 GATS 和"10+1"FTA 所规定的参与方为实现贸易自由化承担的责任。所有部门和供应模式都应服从于谈判。
投资	RCEP 将致力于营造一个自由、便利、有竞争力的地区投资环境。RCEP 下的投资谈判包括促进投资、保护投资、投资便利、投资自由化四大支柱。
经济技术合作	通过经济合作缩小成员之间的发展差距，使参与方从 RCEP 中的获益最大化。经济技术合作条款将依据东盟和 FTA 伙伴国之间的现存合作安排制定，包括电子商务和成员相互认可的其他领域。
知识产权	制定知识产权条款，通过推动知识产权使用、保护和实施等方面的经济一体化和合作来削减与知识产权相关的贸易和投资壁垒。
竞争政策	鉴于 RECP 参与方在竞争领域内的能力和制度的不同，竞争政策将为参与方在促进竞争、提高经济效率、改善消费者福利、减少反竞争等方面合作提供基础。
争端解决	建立争端解决机制，为协商和解决争端提供高效、迅速、透明的处理程序。
其他问题	RCEP 谈判参与方会考虑它们之间签订的 FTA 所涵盖的其他问题以及新出现的问题。

资料来源：The Asean Secretariat."Joint Declaration on the Launch of Negotiations for the Regional Comprehensive Economic Partnership"［EB/OL］.ASEAN Documents Series 2012，东盟秘书处官网。

（二）RCEP 机制特征

根据《东盟区域全面经济伙伴关系框架协议》《RECP 谈判指导原则和目标》两个文件，RCEP 具有以下特点。

首先，是东盟主导的区域经济合作机制。第一，东盟发起 RCEP 倡议旨在维护其区域经济合作主导地位。此举是在美国试图利用 TPP 获取亚太区域经济合作主导权的情况下，为了维护自身在亚洲尤其是东亚区域经济合作

的主导权而采取的应对策略。另外，东盟利用 RCEP 既可以整合现存的 5 个
"10+1" FTA，进一步巩固其主导地位，又顺应了国际区域经济合作发展的潮
流。第二，《东盟区域全面经济伙伴关系框架协议》《RECP 谈判指导原则和目
标》以及 2012 年 11 月东盟峰会发表的主席声明都强调了东盟在 RCEP 中的
主导地位。

其次，体现开放的地区主义范式。第一，RCEP 旨在签订一项全面、互利
的经济伙伴关系协定。《RECP 谈判指导原则和目标》中指出，设立开放准入
条款，为想加入 RCEP 的国家敞开大门。第二，对经济发展阶段不同的参与
方实行差别对待，包括对不发达国家提供特殊与区别对待，对东盟不发达成
员采取灵活对待政策。此外，还专门列出"其他问题"一项，考虑解决参与
方之间签订的 FTA 所涵盖的其他问题以及新出现的其他问题。第三，RCEP
谈判议题除继续延续传统议题，如货物贸易、服务贸易、投资和经济技术合
作外，力图在知识产权、竞争政策、争端解决等议题中有所突破和创新，并
为开展其他领域的合作预留了谈判空间。

三、影响 RCEP 谈判的有利因素和不利因素

（一）有利因素

（1）东亚地区大国支持东盟在区域经济合作中居主导地位

东盟将 RCEP 作为其维持在东亚区域经济合作主导地位的一个工具，力
推 RCEP 自然在情理之中。美国一直觊觎该地区合作主导权，是重要的干扰
因素之一。而作为东亚地区大国的中国和日本存在竞争，都不想对方主导该
地区合作。东亚地区这种复杂的大国关系和矛盾导致各大国均无法主导该地
区合作，而东盟实力相对弱小，无法对该地区主要大国构成威胁，以其为主
导地位的"小马拉大车"的合作模式为主要大国欣然接受。2012 年第五次中
日韩领导人会议通过的《关于提升全方位合作伙伴关系的联合宣言》指出，
东盟是中、日、韩开展区域经济合作的重要伙伴。三国重申支持东盟在东亚
区域经济合作中发挥主导作用，并表示将协力帮助东盟国家发展，帮助东盟
推进共同体建设进程。三国表示尽快成立"东盟加自由贸易伙伴国工作组"，

考虑 EAFTA 和 CEPEA，加快推进关于 RCEP 的讨论，并早日启动谈判。①

（2）RCEP 谈判成员具备开展经济合作的优势

近年来，东盟致力于东盟共同体建设，其中，经济共同体建设已经取得了一定的成绩。2015 年 12 月东盟宣布建成东盟共同体。东盟共同体的顺利建成将使东盟经济一体化水平从"自由贸易区"上升为"共同市场"，将为推动 RCEP 的建设夯实经济基础，提升东盟成员致力于 RCEP 谈判的凝聚力。在《东盟经济共同体 2015 蓝图》如期完成的基础上，东盟随即发布了《东盟经济共同体 2025 蓝图》，致力于实现打造深度一体化、高度融合的东盟经济，推进更加平等、包容的经济增长，加强东盟在东亚一体化中的"中心地位"等目标。东盟经济共同体新的发展蓝图也为推进 RCEP 的建设注入了新的活力。

RCEP 参与方既包括发达国家，也包括发展中国家，经济发展水平差异性较大，生产分工呈现阶梯式，互补性较强。日本的产业结构与其他国家呈现互补性，澳大利亚需要生产原材料出口市场，韩国需要海外消费市场，新加坡需要航运物流、金融服务的消费市场，印度同样需要找到通信、金融与咨询等服务领域的消费市场。而中国和印度这两个巨大的市场正好满足了其他参与方的出口需求。RCEP 成员间的经贸互补性为相互间开展经济合作提供了有利的条件。

（3）现存的 5 个"10+1"FTA 未能有效地促进贸易自由化

现存的 5 个"10+1"FTA 尚未充分实现东盟及东亚地区贸易自由化，关税自由化程度没有达到足够高的程度，一些自由贸易协定中的原产地规则自由化程度不高。只有少数服务贸易自由化标准超出了 WTO/GATS 标准，货物贸易自由化标准规定较泛。在这种情况下，东亚主要区域经济合作参与方萌生了加速本地区贸易自由化的想法，RCEP 为东亚各国提供了一条改变现状的途径。

现存的 5 个"10+1"FTA 在一定程度上造成了"面条碗效应"，阻碍着各成员企业对这些 FTA 的有效利用，破坏了这些 FTA 的价值。企业理解并达到

① 人民网. 第五次中日韩领导人会议关于提升全方位合作伙伴关系的联合宣言［EB/OL］.（2012–05–15）［2015–11–15］.

不同 FTA 之间的相关要求无疑增加了 FTA 的利用成本，FTA 利用率低。而 RCEP 旨在整合现有的 5 个 "10+1" FTA，设定统一规则，消除 "面条碗效应"。这在一定程度上会增加 RCEP 参与方的谈判动力和积极性。

（二）不利因素

（1）整合现有 5 个 "10+1" FTA 存在难度

5 个 "10+1" FTA 的货物贸易和服务贸易自由化程度的不同为它们之间的整合设置了障碍，增加了难度。

第一，5 个 "10+1" FTA 之间、东盟成员以及东盟 FTA 伙伴国之间货物贸易自由化程度（表 4.4）不尽相同，存在一定的整合难度。就平均关税减让水平而言，首先，5 个 "10+1" FTA 各不相同。最高的是东盟—澳大利亚—新西兰自贸协定，为 95.7%，最低的是东盟—印度自贸协定，为 79.6%。其他三个 FTA 平均关税减让水平从高到低依次为：东盟—中国自贸协定（94.7%）、东盟—韩国自贸协定（94.5%）、东盟—日本自贸协定（92.8%）。不难看出，东盟—澳大利亚—新西兰自贸协定与东盟—印度自贸协定整合难度最大。其次，东盟各成员之间平均关税减让水平也参差不齐，新加坡最高（100%），印尼最低（83.4%）。其他 8 个国家从高到低依次为：文莱（95.9%）、菲律宾（93.1%）、泰国（92.6%）、马来西亚（92%）、柬埔寨（90%）、越南（89.5%）、老挝（89.3%）和缅甸 87.3%。最后，作为东盟 FTA 伙伴国，澳大利亚、新西兰与东盟关税减让达到 100%，高于中日韩三国与东盟的关税减让水平（分别为 94.1%、91.9%、90.5%），更远远高于印度与东盟 78.8% 的关税减让水平。

表 4.4 5 个 "10+1" FTA 下的各成员的关税减让比率

（单位：%）

	东盟－澳新	东盟－中国	东盟－印度	东盟－日本	东盟－韩国	平均
文莱	99.2	98.3	85.3	97.7	99.2	95.9
柬埔寨	89.1	89.9	88.4	85.7	97.1	90.0
印度尼西亚	93.7	92.3	48.7	91.2	91.2	83.4
老挝	91.9	97.6	80.1	86.9	90.0	89.3
马来西亚	97.4	93.4	79.8	94.1	95.5	92.0

续表

	东盟－澳新	东盟－中国	东盟－印度	东盟－日本	东盟－韩国	平均
缅甸	88.1	94.5	76.6	85.2	92.2	87.3
菲律宾	95.1	93.0	80.9	97.4	99.0	93.1
新加坡	100.0	100.0	100.0	100.0	100.0	100.0
泰国	98.9	93.5	78.1	96.8	95.6	92.6
越南	94.8	—	79.5	94.4	89.4	89.5
澳大利亚	100.0					
中国		94.1				
印度			78.8			
日本				91.9		
韩国					90.5	
新西兰	100.0					
平均	95.7	94.7	79.6	92.8	94.5	

注：按 2007 年版 HS 编码，HS6 位数的关税税目统计得出。东盟－中国 FTA 下越南数据缺失，缅甸数据中 HS01-HS08 缺失。

资料来源：Fukunaga, Y., I., Isono. "Taking ASEAN+1 FTAs towards the RCEP: A Mapping Study" [EB/OL] .ERIA Discussion Paper Series，东盟东亚经济研究中心官网。

第二，从服务贸易自由化程度（表 4.5）看，5 个"10+1"FTA 中，先前生效的东盟—澳大利亚—新西兰自贸协定、东盟—中国自贸协定、东盟—韩国自贸协定对服务贸易所做出的承诺各不相同。澳大利亚、新西兰，中国、韩国对东盟做出的承诺水平均高于 WTO。而澳、新给予东盟的承诺水平要高于中国、韩国给予东盟的承诺水平。东盟成员各自做出的承诺水平也不一样。柬埔寨、越南、新加坡位居前三，均在 0.35 以上；马来西亚、印度尼西亚、泰国、菲律宾次之，在 0.20 浮动；缅甸、老挝、文莱最低，在 0.1 浮动。服务贸易自由化程度不一无疑会增加 5 个"10+1"FTA 整合难度。此外，大多数国家 Hoekman 指数低于 0.5，处于"有限承诺"或"不做承诺"阶段。而 RCEP 将全面地、高质量地、根本地消除参与方之间服务贸易限制和歧视政策，其对服务贸易设定的标准将会远高于此，提高服务贸易自由化承诺水平是谈判参与方家面临的一个挑战。

表4.5　服务贸易领域承诺水平高于WTO的"10+1"FTA（依据Hoekman指数预算）

	东盟－澳新		东盟－中国		东盟－韩国		平均	
	总体水平	WTO+	总体水平	WTO+	总体水平	WTO+	总体水平	WTO+
文莱	0.18	0.15	0.05	0.02	0.08	0.06	0.10	0.08
柬埔寨	0.51	0.14	0.38	0.01	0.38	0.01	0.42	0.05
印度尼西亚	0.29	0.22	0.09	0.03	0.18	0.11	0.19	0.12
老挝	0.24	—	0.02	—	0.07	—	0.11	—
马来西亚	0.31	0.21	0.11	0.01	0.20	0.10	0.21	0.11
缅甸	0.26	0.23	0.04	0.01	0.06	0.03	0.12	0.09
菲律宾	0.26	0.17	0.11	0.02	0.17	0.08	0.18	0.09
新加坡	0.44	0.33	0.30	0.19	0.33	0.22	0.36	0.25
泰国	0.36	0.12	0.25	0.02	—	—	—	—
越南	0.46	0.19	0.34	0.07	0.32	0.05	0.37	0.10
东盟平均	0.33	0.20	0.17	0.04	0.20	0.08	0.23	0.11
澳大利亚	0.52	0.18						
中国			0.28	0.04				
韩国					0.31	0.09		
新西兰	0.51	0.26						

资料来源：URTA，S. "Constructing and Multilateralizing the Regional Comprehensive Economic Partnership: An Asian Perspective"［EB/OL］.ADBI Working Paper，亚洲开发银行研究院官网。

（2）参与方的差异性致使谈判充满变数

第一，RCEP谈判参与方经济发展水平参差不齐，有发达国家如澳大利亚、新西兰、日本，也有发展中国家中国、印度，还有最不发达国家如老挝、缅甸和柬埔寨等。处在这三个不同层次的国家对谈判的期望也不同。比如，澳大利亚等发达国家希望将劳动、环境纳入谈判议题，而发展中国家和最不发达国家因改善劳工条件和保护环境需付出昂贵代价，对此并不积极。谈判成员对谈判的期望不同无疑会增加谈判的变数。此外，发展中国家和最不发达国家经济实力有限，无力投入大量资金来改善基础设施等硬件建设，难以享受到贸易自由化带来的好处，会影响到其参与 RCEP 谈判的积极性。

第二，谈判参与方敏感行业和领域不同，比如农产品在东盟—中国自贸协定中为提前降税项目，而在东盟—韩国、东盟—日本自贸协定中为敏感产品。由于参与方经济发展水平不一，RCEP 谈判采取适当的、灵活的差别对待，逐步推进的原则。这就无法排除谈判国为保护本国敏感领域而努力争取制定保护或特定条款，在一定程度上阻碍 RCEP 制定更高水平的推进贸易和投资自由化的条款。

第三，谈判参与方实行的原产地规则不同。5 个"10+1"涉及了完全获得（Wholly-Obtained，WO）、区域增值（Regional Value Content，RVC）、关税分类改变（Change in Tariff Classification，CTC）和特定加工程序（Specific Processes，SP）四种原产地规则。各个自由贸易区在使用这些规则时的具体标准不同，使用方式也有所差别。原产地规则的不统一会增加谈判参与方的谈判成本，不利于谈判的顺利进行。

第四，东盟与谈判参与方之间关税削减进程不一。东盟老成员（新加坡、马来西亚、泰国、文莱、菲律宾、印度尼西亚）和新成员（越南、老挝、缅甸、柬埔寨）与中国分别于 2012 年和 2018 年实现全部正常产品的零关税，东盟与韩国、日本、印度、澳大利亚和新西兰则分别于 2018 年、2026 年、2022 年、2025 年实现全部正常产品的零关税。① 东盟与 5 个"10+1"FTA 伙伴国的自由化速度不同在一定程度上会延迟 RCEP 谈判。

（3）参与方之间的政治问题影响谈判进展

在 RCEP 参与谈判的 16 个国家中，部分国家之间存在历史问题、领土 / 领海问题。就中日而言，受一些问题的困扰，两国关系时不时出现波折。随着形势的变化和日本右翼势力的发展，中日关系之间的"老问题"时常浮出水面，这些"老问题"主要有历史问题（日本否认和美化侵略战争、日本高层官员参拜靖国神社）、台湾问题、钓鱼岛和东海专属经济区问题、日美安全合作等。日本政府在这些问题的立场和做法损害了中国人民对日本的信任，影响着两国关系的深入发展。此外，随着中国经济的快速发展，国际影响力的日益提升，日本既希望从中国的飞速发展中受益，又担心中国的发展强大会威胁到自己，日

---

① 贺平，沈陈. RCEP 与中国的亚太 FTA 战略［J］. 国际问题研究，2013（3）: 50.

本对华关系的战略定位和政策存在不确定性和易变性。就中韩而言，两国关系同样存在一些问题，包括朝鲜问题、历史认识问题、韩对中贸易逆差、邻海争议、领土纠纷、美韩同盟。这些问题的存在使得中韩关系时而出现磕磕绊绊。就中印而言，影响两国关系发展的主要有边界争端，美国拉拢印度制衡中国也影响着中印关系的发展。此外，中国与越南和菲律宾在南海问题上存在分歧。就日韩而言，两国间存在的历史问题、独岛主权纠纷、韩对日贸易逆差、朝日关系都制约着两国关系的发展。

RCEP 参与方之间存在的历史问题、领土/领海纠纷致使当事国之间相互猜疑，缺乏政治互信。这种政治关系势必会反作用于其经济关系，不利于达成高水平的自由贸易协定。

（4）其他因素制约谈判进展

印度因素加大谈判难度。印度建立自由贸易区之后，FTA 伙伴国产品大举进入，对其民族产业冲击很大，产业界因此对地区 FTA 高度戒备。加之，印度开放程度相当有限，其迄今所签订的 FTA 对于原产地规则过于严格。[①]因此，印度在谈判中开放市场较难妥协。此外，陈淑梅等（2014）利用 GTAP 模型对 RCEP 的宏观经济影响进行了分析，结果显示，印度加入 RCEP 的综合效应并不明显。在不考虑 FDI 效应，单独考虑贸易效应的情况下，模拟出的印度 GDP 效益会受到冲击，总体福利效益偏低。[②]这在一定程度上会影响印度促成谈判达成一致的积极性。

TPP/CPTPP 和 RCEP 成员交叉带来的挑战。TPP/CPTPP 成员中有 4 个国家（新加坡、越南、文莱、马来西亚）为东盟成员。此外，泰国、菲律宾、印尼也表示会考虑加入 TPP/CPTPP。在这种情况下，东盟内部形成了 TPP/CPTPP 成员和非 TPP/CPTPP 成员两大阵营。这在一定程度上会影响到东盟内部的凝聚力，影响东盟在 RCEP 中主导作用的发挥。此外，澳大利亚、新西兰、日本既是 TPP/CPTPP 成员，又是 RCEP 谈判参与方。三国的倾向性对 RCEP

---

① 毕世鸿，RCEP."东盟主导东亚地区经济合作的战略选择"[J].亚太经济，2013（5）：23.

② 陈淑梅.中国加入"区域全面经济伙伴关系"的经济效应：基于 GTAP 模型的模拟分析[J].亚太经济，2014（2）：128.

的谈判也会有一定的影响。例如，RCEP 关于贸易便利化措施和服务业市场开放的较高要求会迫使日本谨慎对待。①

第二节　RCEP 对亚太区域经济合作机制变迁的影响

一、加强了东盟主导的东亚区域经济合作机制建设

由于东亚地区政治、经济和历史文化差异性较大，加之中日等主要地区大国对该地区经济合作领导权的争夺，东亚难以形成某一大国主导的区域经济合作格局。而东盟在大国之间搞平衡战略，成功地构筑了以其为主导的"东盟 +N"机制，取得了东亚区域经济合作的阶段性主导权。但是，好景不长，TPP 的出现在一定程度上削弱了东盟的主导地位，分散了东盟内部成员推动区域经济合作的向心力。在这种背景下，东盟提出 RCEP 来回应美国的 TPP，以壮大其主导的东亚区域经济合作机制阵营。

RCEP 将在一定程度上巩固东盟主导的东亚区域经济合作地位。首先，东盟意识到自身在东亚区域经济合作中的主导地位岌岌可危，对此高度重视，将维护这种主导地位列入优先考虑日程。于是，维护东盟在东亚区域经济合作中的主导地位成为其推动 RCEP 的首要目标。"中心地位"一词在东盟的声明、宣言中出现频率很高②的事实即是明证。其次，东盟在 RCEP 中的主导地位得到参与方的认可。RCEP 相关的官方文件都强调了东盟的主导地位，各参与方也以各种方式表达了对 RCEP 谈判的支持。不难看出，RCEP 符合各参与方加入区域经济合作的需求。亚洲开发银行研究表明，在 WTO 多哈回合谈判前景黯淡，TPP 具有更好的收益预期但高准入门槛让很多亚洲经济体望尘莫及的情况下，RCEP 成为这些经济体参与区域经济合作更为现实的平台。③可以预见，东盟主导的东亚区域经济合作机制建设也将随着其主导权的巩固而得到加强。

二、为亚太发展中国家参与区域经济合作提供了新机制

---

① 贺平．从 CEPEA 到 RCEP：日本对亚太区域经济合作战略转向［J］．日本学刊，2013（2）：84.

② 王玉主．RCEP 倡议与东盟"中心地位"［J］．国际问题研究，2013（9）：55.

③ ADB. Asian Integration Economic Monitor［EB/OL］.（2013-03）［2015-11-10］．亚洲开发银行官网．

与TPP相比（见表4.6），RCEP更适合发展中国家，开启了发展中国家参与区域经济合作的新进程。从参与方看，RCEP以发展中国家为主，而TPP以发达国家为主。从一体化标准看，RCEP有意避开敏感领域，对降低贸易壁垒的规定远低于TPP，为发展中国家加入敞开了大门，强调对于不同发展水平的国家给予区别对待，具有相当的弹性。此外，RCEP还通过技术协助与能力构建条款帮助发展中国家完全参与谈判。从谈判议题看，RCEP更倾向于货物贸易、服务贸易、投资、经济技术合作等传统议题。从谈判模式看，东盟提出协议文本，参与方根据本国情况进行讨论，并确定是否签署。这为落后的发展中国家提供了很大的灵活空间。

表4.6 RCEP与TPP对比

	RCEP	TPP
参与方	中国、日本、韩国、印度、澳大利亚、新西兰、越南、马来西亚、印度尼西亚、菲律宾、泰国、老挝、缅甸、柬埔寨、文莱、新加坡	美国、日本、澳大利亚、新西兰、加拿大、新加坡、越南、马来西亚、墨西哥、秘鲁、智利、文莱
一体化标准	回避敏感领域，贸易壁垒削减标准亚于TPP。视参与方发展水平差别对待，并给予谈判支持	不回避敏感领域，贸易壁垒削减标准极高。给发展水平较低国家一定提升期，但必须达到统一要求的贸易自由化标准
谈判议题	货物贸易、服务贸易、投资、经济技术合作等传统议题	涵盖了所有与贸易以及贸易相关的领域
谈判模式	东盟提出协议文本，参与方根据自身情况进行讨论，并确定是否签署	申请加入方同成员进行一对一谈判，完成协议文本签署

资料来源：笔者根据相关资料整理得出。

第五章　CPTPP 与亚太区域经济合作机制变迁

2017 年初，美国宣布退出 TPP。此后，在日本积极推动下，剩余 11 个原 TPP 成员完成 CPTPP 谈判，签署协议。CPTPP 是当下亚太地区首个已生效巨型 FTA。本章阐释了 CPTPP 的产生背景，梳理了 CPTPP 的主要内容和机制特征，分析了 CPTPP 对亚太区域经济合作机制变迁的影响。

第一节　CPTPP 的缘起

美国前总统奥巴马任职期间，亚太地区形成了 TPP 和 RCEP 两大机制并存局面。然而，2017 年特朗普上台后宣布美国退出 TPP。这一决定无疑给对 TPP 寄予厚望的成员泼了一盆冷水。此后，日本积极游说其他原 TPP 成员商签 CPTPP，经过近四个月的谈判，相关方于 2018 年 3 月签订 CPTPP。CPTPP 于 2018 年 12 月 30 日生效，亚太地区首个生效的巨型 FTA 诞生。

一、美国贸易保守主义和霸凌主义促使原 TPP 11 成员商签 CPTPP

美国推行"美国优先"外交战略，摒弃束缚手脚的多边贸易协定，将区域经济合作重点转向商签所谓"公平的"高标准双边 FTA。正是在这种背景下，美国宣布退出 TPP，重新谈判美韩 FTA、NAFTA。同时，发起对中国、欧盟、日本、加拿大、墨西哥的贸易战。2017 年，全球共有 837 项新的保护主义干预措施，其中美国出台 143 项措施，占全球总数的 17.1%。2018 年 1—7 月底，美国出台的保护主义措施占全球比重达到 33%。[①] 美国的贸易保护主

[①] 数据来源：国务院《关于中美摩擦的事实与中方立场》白皮书。

义和霸权主义喧嚣尘世，这在一定程度上增添了日本、加拿大、墨西哥等原
TPP 成员对美国退出 TPP 的担忧。在这种情况下，剩余 11 个成员希望通过商
签 CPTPP 对美国的贸易保护主义和霸凌主义做出有力回应。正如 2017 年 11
月 CPTPP 部长会议宣言所指，CPTPP 显示了各成员对开放市场、反对贸易保
护主义，促进区域经济合作的坚定决心。①

二、日本权衡谈判参与方利益诉求，积极促使谈判成功

一国参与 FTA 谈判通常有经济目的和非经济目的，经济目的通常包括增
加进出口，拓展海外市场，提升福利水平，更为合理地配置资源等；非经济
目的通常与本国外交战略紧密相关，FTA 往往被视为实现外交目标的抓手之
一。美国退出 TPP 后，剩余 11 个成员的谈判动机有所变化。具体而言，日本
参与 TPP 谈判的动机主要是政治目的，为了强化与美国的盟友关系。美国退
出 TPP 之后，日本则转为争夺亚太领导权，提升本国影响力和话语权。其加
入 TPP 谈判的经济动机是拓展美国市场，增加出口。而这一目的在美国退出
TPP 之后大大被削弱。但日本参与 TPP 谈判的政治目的大于经济目的，这也
解释了日本为何用尽浑身解数推动 CPTPP 谈判；越南、马来西亚参与 TPP 谈
判的政治目的主要是强化与美国关系，经济目的主要是扩大对美国出口。美
国退出 TPP 之后，这两个国家的政治目的和经济目的均被弱化，参与 CPTPP
的谈判愿望自然大大降低；澳大利亚、文莱参与 TPP 谈判主要出于非经济目
的，加强介入亚太地区事务，提升在该地区的影响力。而在美国退出 TPP 之
后，两国的这一目标基本没变，继续参与 CPTPP 谈判不存在顾虑；加拿大参
与 TPP 谈判的政治目的跟澳大利亚一样，加强介入亚太地区事务。经济目的
规避 TPP 造成的贸易优惠侵蚀和贸易逆转。美国退出 TPP 之后，加拿大政治
动机基本没变，而经济目的被弱化，参与 CPTPP 谈判愿望有所降低；墨西哥
参与 TPP 谈判主要出于经济目的，并跟加拿大一样，为了规避 TPP 造成的贸
易优惠侵蚀和贸易逆转，在美国退出 TPP 之后，参与 CPTPP 谈判愿望自然降
低；新西兰、新加坡、智利、秘鲁则因产业结构单一，参与 TPP 谈判主要出

---

① 　Joint Ministerial Statement［EB/OL］.（2017-11-11）［2019-2-10］.日本外务省官网。

于经济目的，为了加强 FTA 轮轴国地位。这四个国家的谈判目的基本没变，参与 CPTPP 谈判不存在顾虑。①

11 个原 TPP 成员的谈判动机变化为日本积极推动 CPTPP 谈判提供了有利契机。CPTPP 谈判参与方除日本外经济实力相对弱小，不存在与日本争夺领导权问题，日本趁机主导并引领谈判，主动承担达成协定的协调成本和妥协代价。澳大利亚、文莱、新西兰、新加坡、智利、秘鲁等国谈判目的基本没变，这六个国家继续参与 CPTPP 谈判不会有所顾虑。其中，澳大利亚、新西兰等国又是自由贸易体制的受益者，提倡自由贸易，在日本的游说下积极参与推进 CPTPP 谈判。加拿大、墨西哥参与谈判的经济目的被削弱，但是加入 CPTPP 谈判可以增加两国与美国重谈 NAFTA 的砝码，因而在日本游说下也愿意加入 CPTPP 谈判。越南、马来西亚在美国退出 TPP 之后参与谈判的经济目的和政治目的均被削弱，参与 CPTPP 谈判的愿望大大降低。鉴此，日本权衡不同参与方的谈判目的和利益诉求，做出了一系列的妥协与让步。日本最为敏感的农产品贸易条款没有进行任何调整，农产品贸易障碍及关税条款依然处于被取消行列，就连其最为看重的知识产权保护条款也因多个国家反对而搁置。② 日本的让步也意在拉拢越南、马来西亚等国制衡中国的影响力。而越南、马来西亚与中国存在无法回避的领海争端，两国也想通过 CPTPP 摆脱经济上过度依赖中国。不难看出，日本这种积极促成 CPTPP 谈成的坚定决心和意志对于协定最终得以签订发挥了重要作用。

三、CPTPP 能为谈判参与方带来经济收益，具有吸引力

CPTPP 总体上能为成员带来一定的经济收益。彼得森国际经济研究所预测，2030 年前 CPTPP 将通过增加工业产品、农产品贸易以及更高水平的投资，

---

① 杨立强，余稳策. 从 TPP 到 CPTPP：参与各方谈判动机与贸易利得变化分析［J］. 亚太经济，2018（5）：57-64.

② 曹广伟. 亚太经济一体化视域下 CPTPP 的生成机理及其后续影响［J］. 商业研究，2018（12）：90-96.

为成员国每年带来 1570 亿美元的收益。① 如表 5.1 所示，CPTPP 的实施将推动其主要成员的实际 GDP 增长，其中东盟国家成员受益最大，实际 GDP 增加 0.11 个百分点，日本、澳大利亚、新西兰和其他 TPP 成员的实际 GDP 分别增加 0.03、0.03、0.02 个百分点。CPTPP 的实施也将普遍推动各主要成员消费者福利水平增加，其中日本消费者福利水平提升幅度最大，达到 42.75 亿美元。各主要成员的进出口贸易数量和金额也普遍出现增加。在经济收益的诱惑下，各成员没有理由拒绝参与协定谈判。

表 5.1 CPTPP 对其成员经济影响

国家和地区	实际GDP 增长率变动（%）	福利水平变动（百万美元）	出口数量增长率变动（%）	进口数量增长率变动（%）	出口金额增长率变动（%）	进口金额增长率变动（%）	贸易条件变动（%）
日本	0.03	4275.38	0.95	1.94	1.36	1.95	0.40
澳新	0.03	2266.23	0.72	2.91	1.73	2.96	0.95
东盟国家成员	0.11	1347.25	0.77	1.40	0.93	1.44	0.12
其他成员	0.02	813.47	0.47	0.66	0.45	0.62	0.03

数据来源：杨立强，余稳策．从 TPP 到 CPTPP：参与各方谈判动机与贸易利得变化分析［J］．亚太经济，2018（5）：57-64.

第二节 CPTPP 的主要内容和特征

CPTPP 在确保成员经济利益以及立法、监管优先权的情况下，保持了 TPP 高标准、整体平衡和完整性。CPTPP 具有以下特征：

第一，覆盖范围较广、高水平、高标准。CPTPP 现有成员为 11 个，实际 GDP 为 11.7 万亿美元，占世界 GDP 总量的 15.5%，实际出口额达 3.4 万亿美元，占世界出口总额的 14.9%，实际进口额达 3.3 万亿美元，占世界进口总额

① Peter A. Petri，Michael G. Plummer. US Retreat Should Not Stop Asian Economic Integration ［EB/OL］.（2017-11-02）［2019-02-10］. https://piie.com/commentary/op-eds/us-retreat-should-not-stop-asian-economic-integration.

的15.1%。①CPTPP之所以被称为"全面和进步的"是因为它不仅能够降低成员间交易成本，提供拓展对外贸易和创造更多就业岗位的机会，还保留了劳工和环境领域的高标准，并保证成员监管权。②CPTPP保留了TPP协定的整体框架体系（见表5.2），保留的内容超过66%，保留了电子商务、政府采购、国有企业等原TPP章节内容，暂停条款为22项，其中半数与知识产权相关。不难看出，从CPTPP成员覆盖范围和协定文本内容看，仍然算得上一份高水平、高标准FTA。

表 5.2　CPTPP 暂停条款

序号	领域	暂停条款
1	第 5 章　海关管理和贸易便利化	5.7　快运货物：第 1 段 f 项下的第二句
2	第 9 章　投资	9.1　定义："投资协议"及脚注 5-9；"投资授权"及脚注 10~11
		9.19　提交仲裁申请：第 1 段（a）（i）（B）项（含脚注 31）、（a）（i）（C）项目、（b）（i）（B）项、（b）（i）（C）项，以及最后一句话；第 2 段所有内容（含脚注 32）；第 3 段（b）项的"投资授权"或"投资协议"
		9.22　仲裁员的选择：第 5 段
		9.25　准据法：第 2 段（含脚注 35）
		附件 9-L 投资协议
3	第 10 章　跨境服务贸易	附件 10-B 快递服务：第 5 段（含脚注 13）；第 6 段（含脚注 14）
4	第 11 章　金融服务	11.2　范围：第 2 段（b）项条款 9.6（最低待遇标准）（含脚注 3）
		附件 11-E

---

① 杨立强，余稳策. 从 TPP 到 CPTPP：参与各方谈判动机与贸易利得变化分析［J］. 亚太经济，2018（5）：57-64.

② New Zealand MFAT. Comprehensive and Progressive Agreement for Trans-Pacific Partnership National Interest Analysis［EB/OL］.（2018-03）［2019-02-10］. https://www. mfat. govt. nz/en/trade/free-trade-agreements/free-trade-agreements-in-force/cptpp/resources/#NIA.

续表

序号	领域	暂停条款
5	第 13 章　电信	13.21　电信争端解决机制第 1 段（d）条（含复议和脚注 22）
6	第 15 章　政府采购	15.8　参加条件：第 5 段（含脚注 1）
		15.24　进一步谈判：第 2 段，"不迟于本协定生效之日后三年内"
7	第 18 章　知识产权	18.8　国民待遇：脚注 4 的最后两句
		18.37　可授予专利的客体：第 2 段；第 4 段最后一句话
		18.46　因专利局不合理延迟而调整专利期限（含脚注 36~39）
		18.48　因不合理缩短而调整专利期限（含脚注 45~48）
		18.50　保护未披露试验或其他数据（含脚注 50~57）
		18.51　生物制剂（含脚注 58~60）
		18.63　版权和相关权利的保护期（含脚注 74~77）
		18.68　技术保护措施（含脚注 82~95）
		18.69　权利管理信息（含注释 96~99）
		18.79　对携带有加密程序的卫星和有线电视信号的保护（含脚注 139~146）
		18.82　法律救济和避风港（含脚注 149~159）
		附件 18~E（J 节附件）
		附件 18~F（J 节附件）
8	第 20 章　环境	20.17　保护和贸易第 5 段或"其他适用法律"（含脚注 26）
9	第 26 章　透明度和反腐	附件 26~A　药品和医疗器械的透明度和程序公正性：第 3 条程序公正性（含脚注 11~16）
10	附件 2　投资和跨境服务贸易	文莱的承诺表第 14 项第 3 段的"本协定签订后"
11	附件 4　国有企业和指定垄断企业	马来西亚承诺表的第 3、4 项不符活动的范围："签订协议后"的所有引用

资料来源：New Zealand MFAT .CPTPP Text［EB/OL］.https：//www.mfat.govt.nz/en/trade/free-trade-agreements/free-trade-agreements-in-force/cptpp/comprehensive-and-progressive-agreement-for-trans-pacific-partnership-text/.

第二，带有浓厚的日本战略色彩。日本加入 TPP 谈判很大程度上出于制衡中国的政治目的。日本的一些政府人士曾表示，尽管不便公开说出来，但 TPP 确实是对华战略的一个环节，TPP 的目的之一是通过在日美主导下制定亚太地区的自由贸易框架来牵制中国。[①] 在中国提出"一带一路"倡议之后，日本愈发感受到来自中国的威胁，更加坚定了借助 TPP 制衡中国的想法。然而，美国退出 TPP，日本这一计划落空。但是，日本并没有因此放弃争夺亚太地区领导权，而是趁机主导和引领 CPTPP 谈判，并为此做出较大妥协和让步，促成相关方签订协议，日本成为亚太区域经济合作的"领头羊"。可以说，CPTPP 的达成与日本在其中的主动协调、穿针引线、极力撮合并"勇于奉献"密不可分。[②] 面对中国影响力和话语权的不断提升，日本日益不安，试图借助 TPP/CPTPP 稀释中国影响力，增加对华谈判砝码，并拉拢越南、马来西亚，为中国在中南半岛和东南亚推进"一带一路"设置障碍。同时，为促进谈判顺利结束，日本对于涉美条款采取冻结或修改做法，为美国今后重返 TPP 预留空间。日本的"良苦用心"使得 CPTPP 带有浓重的日本战略色彩。

第三，扩容前景乐观。在 CPTPP 签订之后，韩国、泰国、印度尼西亚、菲律宾、斯里兰卡、哥伦比亚、英国等经济体就表示希望加入该协定。美国甚至也声称，若能够敲定一个比之前更有利的协议，有可能重返 TPP。由此可见，CPTPP 还是具有一定吸引力的。目前，CPTPP 成员已就扩员指导方针达成一致。如表 5.3 所示，CPTPP 将使非成员 GDP、福利水平受损，贸易条件恶化。在这种情况下，一些国家自然为了规避损失而愿意选择加入 CPTPP。同时，CPTPP 也向潜在成员抛出了橄榄枝，协议文本写明"欢迎其他国家或单独关税区加入"。总体而言，CPTPP 扩容前景乐观。

[①] 蔡亮. 挑战与动因：日本参加 TPP 谈判的战略意图探析［J］. 日本问题研究，2012（4）：13.

[②] 樊莹. CPTPP 的特点、影响及中国的应对之策［J］. 当代世界，2018（9）：10.

表5.3 CPTPP对其非成员经济影响

国家	GDP（%）	贸易条件（%）	福利水平（亿美元）
中国	−0.12	−0.11	−19.79
美国	−0.14	−0.12	−27.46
印度	−0.09	−0.07	−2.56
韩国	−0.13	−0.11	−4.58
泰国	−0.34	−0.23	−4.19
印度尼西亚	−0.16	−0.17	−2.09
菲律宾	−0.13	−0.10	−0.81
老挝	−0.28	−0.13	−0.02
柬埔寨	−0.21	−0.13	−0.09
英国	−0.06	−0.02	−2.04
其他国家	−0.06	−0.01	−13.82

数据来源：赵灵翡，郎丽华.从TPP到CPTPP：我国制造业国际化发展模拟研究——基于GTAP模型的分析［J］.《国际商务——对外经济贸易大学学报》，2018（5）：61-72.

第三节 CPTPP对亚太区域经济合作机制变迁的影响

一、日本填补了亚太区域经济合作因美国退出TPP而出现的"权力真空"

美国退出TPP之前，亚太地区以美国主导的TPP和东盟主导的RCEP两大机制并存。美国退出TPP之后，RCEP自然成为亚太地区唯一正在谈判的巨型FTA。亚太地区经济体很快将关注转向RCEP，日本、马来西亚、澳大利亚、菲律宾等国均表示近期将把重点放在RCEP谈判上，智利、秘鲁也表达了加入RCEP的愿望。但是，RCEP谈判参与方谈判期望和立场有所不同，日本、澳大利亚、新加坡坚持高标准谈判原则，试图将TPP的高标准引入RCEP；中国、印度、菲律宾主张平衡相关方利益，达成一个均衡的协议；老挝、缅甸、柬埔寨则更多看中特殊和差别待遇，期望能够获得更多发展援助；印度在货物领域中的关税减让、农产品出口、原产地规则、药品知识产权保护的各领域无法与发达国家达成一致，对 RCEP 自由化接受程度低，更希望推进服务贸易开放和人员流动。由于日本达成高标准 RCEP 的立场较坚定，同时深知因中国和东盟的存在自己无法主导 RCEP 谈判，在失去 TPP 制衡中国在亚太区域经济合作影响力的情况下，日本战略顾虑增加，担心中国会借机填补亚太区域经济合作因美国退出 TPP 而产生的"权力真空"。因此，日本在参与 RCEP 的同时，积极推进与欧盟 EPA 谈判，主导并引领 CPTPP 谈判。日本通过公关、建议保留争议条款等方式说服澳大利亚、新西兰等国一起推进 CPTPP 谈判，另一方面又通过在农副产品和汽车领域妥协让步，并通过援助拉拢越南，为谈判扫除障碍。日本曾在 2017 年 7 月的神奈川箱根会议、2017 年 11 月的越南 APEC 领导人非正式会议期间做出增加日本对越南等国相关产业的政府开发援助以及人员培训、自动化水平等援助，在农产品、粮食加工等领域加大技术转移和日企投资等。[①] 随着，CPTPP 的签订，日本摇身变为亚太区域经济合作的"领军者"，日本拓展了参与亚太区域经济合作的回旋空间，在一定程度上压缩了中国参与区域经济合作的回旋空间。

二、CPTPP 或将成为决定亚太区域经济合作机制转变主导路径

CPTPP 或将对现存的亚太区域经济合作机制产生一定冲击。就中日韩 FTA 而言，谈判始于 2012 年，至今完成二十余轮谈判，谈判何时结束尚不可知，三国谈判进程除了受三国产业竞争、敏感领域难以妥协影响之外，与三国彼此间关系有很大关系。目前，中韩已签订 FTA，并正在进行第二阶段谈判工作，日韩 FTA 自 2005 年中断后再没启动。CPTPP 签订后，韩国表达了加入兴趣。仅仅从谈判投入的时间和成本考虑，与其在无法掌控谈判结果的中日韩 FTA 谈判上花费时间和精力，哪如把时间和精力投向具有较高谈判预期的 CPTPP。一旦韩国加入 CPTPP，韩国是否还有足够耐心继续商签中日韩 FTA 是个未知数，但在一定程度上，韩国对中日韩 FTA 的兴趣会因其加入 CPTPP 而减弱。

就 RCEP 而言，早年日本为了稀释中国在"10+3"合作框架下的影响力

---

① 中日韩 FTA 谈判或将迎来重大突破［EB/OL］.（2018–05–29）［2019–02–10］. http://fta. mofcom. gov. cn/article/chinarihan/chinarhgfguandian/201805/37980_1. html.

而提出"10+6"合作框架，RCEP 正是基于"10+3"和"10+6"路径提出的一种折中方案。然而，日本在参与亚太区域经济合作中的政治目的大于经济目的，一直担心中国过于强大，把防止中国获取亚太经济合作主导地位作为其主要目的。日本在参与 RCEP 谈判的同时，不忘积极推进与欧盟的 EPA、美国主导的 TPP，直至后来主导并引领 CPTPP 谈判，显然没有把全部心思放在推动 RCEP 谈判上。当下，CPTPP 谈成并生效，日本、澳大利亚、新西兰等发达国家一直主张谈成高标准的 RCEP，或将 CPTPP 作为向发展中国家施压，迫使其接受高标准的谈判砝码。此外，一些 RCEP 谈判成员（印尼、泰国、菲律宾）也表现出加入 CPTPP 的兴趣，在一定程度上也会分散这些国家对 RCEP 谈判投入。

APEC《利马领导人宣言》把 TPP 和 RCEP 列为实现 FTAAP 的两个并列路径。随着美国退出 TPP，高水平、高标准的 CPTPP 的签订和生效以及今后的不断扩员，CPTPP 的发展前景较 RCEP 更为明朗，或将成为通向 FTAAP 首选路径。

第六章　APEC/FTAAP 与亚太区域经济合作机制变迁

APEC 自 1989 年成立以来，经历了 20 多年的风雨历程，为推动亚太地区贸易投资自由化、便利化、经济技术合作等做出了重要贡献。但囿于"APEC方式"的自身固有缺陷，近些年来 APEC 发展步履维艰。本章对 APEC 的成立背景进行了国际政治经济分析，分四个阶段梳理了 APEC 的发展历程，分析了 APEC 今后发展面临的挑战。同时，梳理了 FTAAP 的提出和发展现状。最后，分析得出 APEC/FTAAP 对亚太区域经济合作机制变迁的影响。

第一节　APEC 的发展历程

一、APEC 成立背景

（一）国际政治局势的缓和为 APEC 成立创造了有利的国际环境

20 世纪 80 年代中后期，美苏争霸趋向缓和，两国关系得到改善。美苏两国首脑举行多次会晤，对话内容的广度和深度前所未有。两国裁军谈判取得了一定的进展，于 1987 年签署了"美苏关于消除两国中程导弹的条约"，决定销毁各自的中程和中短程导弹。此外，两国还就削减战略核武器问题进行了交涉。苏联在改善与美国关系的同时，也积极改善与欧洲国家的关系。苏联通过倡导"全欧大厦"的主张，改善与西欧国家的紧张关系，承认历史上对某些东欧国家的错误政策，主动从东欧国家撤军，改善与东欧国家的关系。这一时期，苏联恢复与中国关系正常化，减少了对第三世界国家的干预，从阿富汗撤军，其盟友越南也从柬埔寨撤军。

美苏关系缓和使得国际环境朝和平的方向发展，为亚太区域经济一体化的开展提供了有利的环境。美苏"冷战"期间，苏联与亚太地区大国之间的关系恶化，在一定程度上阻碍了亚太区域经济合作的开展。受苏美和苏中关系的影响，苏联参与亚太区域经济合作的可能性不大，这就迫使一些亚太国家面临站队的选择。这些国家担心参与亚太区域经济合作会招致苏联的不满，因此表现得并不积极。而美苏关系的缓和，直至"冷战"的结束，消除了亚太地区国家的两难选择，为其积极参与APEC，投身于亚太区域经济合作提供了相对宽松的环境。

（二）经济全球化和区域经济一体化的迅猛发展是APEC成立的外部动力

20世纪80年代以后，经济全球化进程加快，推动了世界经济增长，各国间经济依存度增强。但是，经济全球化也使得国际市场的竞争更为激烈。在这种情况下，各国充分利用经济全球化带来的机遇，努力发展经济，增强本国竞争力。亚太地区国家积极探索有利于本国经济发展的合作形式，通过区域经济合作提高竞争力。

20世纪80年代中期以来，世界经济形势发生了深刻变化，这些变化推动了新一轮区域经济一体化的浪潮。首先，进入20世纪80年代，欧洲、日本经济的崛起打破了美国经济独霸天下的局面，欧洲和亚洲区域内部商品和资本流动增加，降低了世界经济对美国的依赖，为区域经济一体化发展提供了经济基础。其次，20世纪80年代以来，乌拉圭回合谈判进展缓慢，WTO各成员对多边贸易体制信心下降，开始转向谈判相对容易，内容相对广泛的区域经济合作。各国希望通过参与区域经济合作增加商品和服务的流动性，扩大了市场，实现规模经济效应，提高劳动生产率，促进经济增长。再次，进入20世纪90年代，市场经济体制被世界大多数国家接受，这为不同社会制度的国家开展区域经济合作提供了制度基础。最后，20世纪80年代中期，欧共体理事会签署了《单一欧洲法案》，决定在1992年前建立"统一大市场"。欧盟经济一体化进程取得的成绩向世界证明了参与区域经济合作是一种明智的选择。北美区域经济一体化也取得了一定成绩，美国和加拿大签署了自由贸易协定。

经济全球化和区域经济一体化的迅速发展给区域经济一体化进程缓慢的

亚太国家增添了压力，这些国家意识到加快推进本区域经济一体化的必要性和迫切性。欧共体的"统一大市场"计划也引起了亚太国家对贸易保护主义的顾虑，推动地区经济合作，加强竞争力成为这些国家关注的焦点，APEC 应运而生。

（三）亚太地区经济快速发展是 APEC 成立的内在动力

"二战"结束后到 APEC 成立前，亚太经济特别是东亚经济呈现快速发展态势。这一时期，日本、亚洲"四小龙"、东盟国家、中国等经济体都先后实现了经济起飞。到 APEC 成立前，这些经济体（日本除外）的经济增长速度都高于世界经济平均增长率。

亚太经济的发展推动了亚太各国之间在产业结构上的互补性合作，加强了区域内各国相互依赖的贸易关系。20 世纪六七十年代，日本对亚洲"四小龙"和东盟国家的投资和技术转移使得这些国家经济迅速发展，形成了以日本为首的雁行经济带，区域间的经贸往来日益加强。20 世纪七八十年代，日本同北美的贸易额扩大了 10 倍，同亚洲"四小龙"的贸易额扩大了 18 倍。北美同亚洲"四小龙"的贸易额扩大了 48 倍。1988 年，北美同太平洋地区的贸易额首次超过了其与大西洋地区的贸易额。[①] 随着亚太地区经济发展，各经济体之间的经贸往来的加强，寻求某种方式的经济合作成为它们的诉求，APEC 在此背景下应运而生。

（四）以往的亚太区域经济合作的早期实践为 APEC 成立提供了经验借鉴

20 世纪 60 年代初，太平洋经济合作构想被提出并得以实践。PBEC、PAFTAD、PECC 等非官方的论坛组织先后成立。这些组织为推动亚太区域经济合作而进行的探索对 APEC 的产生具有重要的理论和实践意义。

首先，部分官员、学者对亚太区域经济合作机构进行了前期研究，为 APEC 的建立奠定了理论基础。1961 年，由印度、泰国和日本三国经济官员组成的"亚洲地区经济合作专家小组"撰写了题为《关于区域性经济合作问题》的研究报告。1965 年，日本学者提出了建立"太平洋自由贸易区"（Pacific Free Trade Area，PAFTA）的倡议。这些研究为 PBEC、PAFTAD、PECC、

---

① 孙承.亚太经济合作的历史、现状与展望［J］.国际经贸研究，1994（1）:18.

APEC 的成立奠定了理论基础。

其次，PBEC、PAFTAD、PECC 二十多年的亚太区域经济合作实践为 APEC 的产生提供了丰富的实践经验。早期的亚太区域经济合作组织都是论坛组织，没有"契约关系"，不代表某国政府，不具决策权，组织机制相对松散，以加强成员间沟通、联系和互信，促进经济合作为主要目的。其中，PECC 是一个"官、产、学"三位一体的半官方合作组织，对加强成员之间联系，推动亚太地区贸易自由化和经济合作进行了有益探索，对 APEC 的成立和发展具有重要意义。PECC 的成员是 APEC 的创始成员，包括美国、日本、加拿大、澳大利亚、新西兰、东盟六国、韩国。

最后，早期的亚太区域经济合作组织的成立和实践活动在一定程度上增强了亚太地区各国的地区认同感。亚太地区国家经济发展水平、社会制度、历史文化、语言都存在很大的差异，部分国家之间的关系还受历史遗留问题的困扰。亚太地区的多样性决定了建立一个各国认同的区域合作组织不易。早期的亚太区域经济合作组织的交流沟通活动增加了区内各国之间的相互了解和信任，增强了地区的认同感，促进了亚太意识的产生。

二、APEC 的发展历程

APEC 于 1989 年成立，至今已经走过 20 多年的风雨历程，若以"茂物目标"为分界线，大致可以分为以下几个阶段。

（一）"茂物目标"的提出（1989—1996 年）

这一时期，APEC 召开了几次重要的会议，确立了组织形式、宗旨、目标、合作原则等，提出了发展目标即"茂物目标"。

1991 年，韩国部长级会议通过被称为"APEC 临时章程"的《汉城宣言》，确定组织目标、活动范围、运行方式等。该宣言指出，APEC 旨在促进亚太地区和世界经济增长；促进亚太地区货物、服务、资金和技术流动，增强亚太国家和地区间经济依赖性，增加亚太地区和世界经济收益；建立和巩固多边贸易体系，使亚太地区经济体和其他所有经济体受益；在 GATT 原则下，降低成员之间的货物、服务和投资贸易壁垒，并不对其他经济体造成损害。APEC 的活动范围是：进行信息交换和政策磋商以维持增长，促进成员沟通交流，减少分歧；促进货物、服务和投资在亚太地区和世界范围内流动；促进亚太地区贸易投资自由化便利化和经济技术合作；加强成员在能源、环境、渔业、旅游业、交通和通信领域的合作。APEC 的运行方式包括：坚持互利原则，考虑到经济发展程度和社会政治体制的差异，对发展中经济体给予一定的照顾；遵循开放性对话和协商一致的原则，对所有成员平等相待；APEC 将通过成员高层代表进行协商、交换意见，对各成员及其他相关组织如东盟、南太论坛秘书处、PECC 等提交的政策建议进行研究和分析；鉴于私营行业对 APEC 成员活力的重要性，APEC 鼓励活跃的私营行业参与相关活动；APEC 每年召开部长级会议。①

1992 年，泰国 APCE 部长级会议决定在新加坡设秘书处（1993 年 2 月成立）作为一种支持机制在 APEC 高级官员会议指导下协调 APEC 活动，提供后勤和技术服务，负责财务等。② 同意组建一个名人小组，成员由来自 APEC 成员的专家组成，负责分析亚太地区 2000 年的贸易远景，得出 APEC 应该考虑的制约因素和问题。APEC 的这些决定使其向组织化迈出了一步。③

1993 年，APEC 将会议层次提升至领导人会议，召开了首次领导人非正式会议。会议强调，开放式的多边贸易体系是本地区经济发展的基础。开放原则和伙伴精神的强化使得成员能够通过协商合作共同应对迅速变化的地区和全球经济的挑战。④ 这初步奠定了 APEC 协商式经济合作的性质。

1994 年，APEC 印度尼西亚领导人非正式会议确定了"茂物目标"：发达国家不迟于 2010 年，发展中国家不迟于 2020 年实现贸易和投资自由化和便

① APEC. Seoul APEC Declaration ［EB/OL］.（1991-11-12）［2015-11-20］. http：//www. apec. org/Meeting-Papers/Ministerial-Statements/Annual/1991/1991_amm/annex_b_seoul_apec. aspx.
② APEC. Bangkok Declaration on Asia-Pacific Economic Cooperation（APEC）［EB/OL］.（1992-09-10）［2015-11-20］. http：//www. apec. org/Meeting-Papers/Ministerial-Statements/Annual/1992/1992_amm/annex3. aspx.
③ APEC. Joint Statement of 1992 APEC Ministerial Meeting ［EB/OL］.（1992-09-10）［2015-11-20］. http：//www. apec. org/Meeting-Papers/Ministerial-Statements/Annual/1992/1992_amm. aspx.
④ APEC. 1993 Leaders' Declaration ［EB/OL］.（1993-11-20）［2015-11-20］. http：//www. apec. org/Meeting-Papers/Leaders-Declarations/1993/1993_aelm. aspx.

利化。① 本次会议为 APEC 的未来规划了美好的蓝图，是 APEC 发展进程中的一个里程碑。

1995 年，APEC 日本领导人非正式会议，发布了《大阪行动议程》，指明了实现"茂物目标"的一般原则和具体行动。一般原则包括全面性，与 WTO 相一致性，可比性，非歧视性，透明度，维持现状，同时启动、持续推进、设置不同时间表，灵活性，加强经济技术合作共 9 项。具体行动包括：各成员为实现贸易、投资自由化而需要在 15 个领域里采取的行动；加强经济技术合作的 13 个领域的共同政策概念、联合行动和对话。② 本次会议将茂物目标细化为具体的行动。

1996 年，APEC 菲律宾领导人非正式会议，提出了实现茂物目标的具体行动计划——《马尼拉行动计划》。本次会议宣告了 APEC 方式，指出 APEC 的力量源自其多样性，大家庭目标将各成员团结在一起。因此，按照 APEC 方式深化这种大家庭精神对于亚太地区和世界具有积极意义。③

（二）茂物目标执行阶段（1996—2004 年）

这一时期，APEC 各成员积极落实《大阪行动议程》中实现"茂物目标"的各领域的行动计划，极大地推进了该组织框架下的贸易投资自由化和经济技术合作。此外，APEC 合作议题也由经济领域向非经济领域拓展。

贸易投资自由化进展显著。这一时期，APEC 成员的最惠国（MFN）平均税率从 1996 年的 10.7% 下降到 2004 年的 8%④；APCE 非关税措施削减主要集中在进口许可证、出口补贴、进出口数量限制、配额、最低进口价格等方面。成员中的 WTO 成员已于 2005 年全部取消了非关税措施；在一些服务业领域基本实现了自由化，如法律服务业、会计服务业、建筑服务业，其他专业服务（护理、保健、医师、税收等）等。同时，增强了服务业法律体系和管理

---

① APEC. 1994 Leaders' Declaration［EB/OL］.（1994-11-15）［2015-11-25］. http://www. apec. org/Meeting-Papers/Leaders-Declarations/1994/1994_aelm. aspx.

② APEC. 1995 Leaders' Declaration［EB/OL］.（1995-11-19）［2015-11-25］. http://www. apec. org/Meeting-Papers/Leaders-Declarations/1995/1995_aelm. aspx.

③ APEC. 1996 Leaders' Declaration［EB/OL］.（1996-11-25）［2015-11-25］. http://www. apec. org/Meeting-Papers/Leaders-Declarations/1996/1996_aelm. aspx.

④ 刘晨阳 . APEC 二十年——成就、挑战、未来［M］. 天津：南开大学出版社，2010：5.

体制的透明度；APEC 各成员努力搭建吸引外资的法律和政策框架，如越南于 2000 年 7 月颁布了《外国投资法实施细则》。

贸易投资便利化取得一定进展。2001 年，APEC 在中国上海举行的贸易部长会议确定了贸易便利化原则，内容涉及透明度、交流与咨询、非歧视性、合法程序等，并附以相关说明性范例作为规范和指导成员具体行动的基本纲领。① 同年举行的 APEC 领导人非正式会议通过《上海共识》，要求 2006 年前实施贸易便利化原则，以使本地区的交易成本下降 5%。② 此后，APEC 于 2002 年通过了《贸易便利化行动计划》（Trade Facilitation Action Plan，TFAP Ⅰ），明确了使交易成本降低 5% 的目标。又于 2003 年通过《贸易便利化行动和措施清单》，进一步明确了贸易便利化合作的重点领域及合作措施。到 2004 年，APEC 成员完成了 809 个选中实施的项目，占选中总项目数的 58%。③

经济技术合作也取得了一定进展。1996 年，APEC 马尼拉部长级会议发表了第一个专门针对经济技术合作的文件——《APEC 加强经济合作与发展的框架宣言》，确立了经济技术合作的 6 个优先领域。1998 年 4 月，APEC 成立了高官经济技术合作分委会（Ecotech-Sub-Committee，ESC），负责监管经济技术合作计划的实施。该机构于 2002 年被升格为"高官经济技术合作委员会"（SOM Committee on Economic and Technical Cooperation，ESC）。1999 年，APEC 通过经济技术合作加权矩阵（Ecotech Weightings Matrix），帮助各论坛和预算管理委员会评估经济技术合作项目重要性。2000 年，APEC 建立了经济技术合作信息交流中心（Ecotech Clearing House）以增强经济技术合作方面的信息交流。2001 年，APEC 通过了《经济技术合作行动计划》（Ecotech Action Plans，EAPS）。同年，提出 E-APEC 战略，将"为完善市场结构创造环境，为促进基础设施投资、技术发展创造环境，加强人力资源能力建设和弘扬企

---

① 刘晨阳 . APEC 二十年——成就、挑战、未来［M］. 天津：南开大学出版社，2010：51.

② APEC. Shanghai Accord［EB/OL］.（2001-10-21）［2015-11-25］. http://www. apec. org/Meeting-Papers/Leaders-Declarations/2001/2001_aelm/appendix1_shanghai. aspx.

③ 刘晨阳 . APEC 二十年——成就、挑战、未来［M］. 天津：南开大学出版社，2010：66.

业家精神"作为支撑新经济发展的三大支柱。① 2004 年，APEC 更新了合作项目评估体系，用质量评估框架（Quality Assessment Framework，QAF）的评估体系取代了经济技术合作加权矩阵。

APEC 合作议题由经济领域向非经济领域拓展。2001 年受美国"9·11"事件影响，APEC 开始关注反恐和安全合作，发表了《反恐宣言》。2002 年，又发表了《打击恐怖主义，推动经济增长的宣言》《关于 APEC 成员近期恐怖主义活动的宣言》等。2003 年，在"非典"影响下，APEC 发表了《健康安全宣言》，从而使健康安全成为 APEC 的议题。

（三）茂物目标中期评估阶段（2004—2010 年）

这一时期，APEC 的主要活动是茂物目标执行情况进行评估，继续推进贸易投资自由化和经济技术合作。

茂物目标执行情况评估。2004 年，APEC 启动了对茂物目标的中期评估工作。

2005 年，APEC 韩国部长级会议通过了《茂物目标实施过程的中期评估——实现茂物目标的釜山路线图》，对贸易投资自由化和便利化的 15 个领域进行了评估。釜山路线图指出了 APEC 在降低贸易和投资壁垒、加强政策透明度、促进经济增长上发挥的积极作用。同时指出了 APEC 需要努力的方向：支持并推动多边贸易体制多哈回合谈判进程，为实现茂物目标的创造条件；加强单边行动计划（Individual Action Plans，IAPs）/ 集体行动计划（Collective Action Plans，CAPs），更新 CAPs，强化 IAPs 以及同行审议机制；提高 RTA/FTAs 的质量，推进实现茂物目标；通过贸易便利化、知识产权、中小企业等领域的合作，改善贸易投资环境，解决关税减让和限制非关税措施的使用范围等焦点问题，确保茂物目标的完成；进一步加强能力建设；继续推行探路者方式，发达或有优势的成员率先实行部门自由化，带动 APEC 整体进程。② 2006 年，APEC 越南部长级会议通过了《关于执行〈釜山路线图〉的河内行动计划》，规定了成员为执行"釜山路线图"在 5 个领域的具体措施，包括：

---

① APEC. 2001 APEC Ministerial Meeting［EB/OL］.（2001–10–17）［2015–11–25］. http：//www. apec. org/Meeting–Papers/Ministerial–Statements/Annual/2001/2001_amm. aspx.

② 宫占奎，钱波. APEC 贸易自由化与釜山路线图［J］. 国际贸易，2006（4）：40—43.

支持多边贸易体系，加强 IAPs/CAPs，促成高质量的 RTA/FTAs，推动实现茂山商务议程和经济技术合作。该计划还强调了开展能力建设活动的重要性。[①] 2010 年，APEC 对 5 个发达成员（美国、加拿大、日本、澳大利亚、新西兰）茂物目标执行情况进行了评估，8 个发展中成员（中国香港特区、中国台湾地区、韩国、马来西亚、新加坡、墨西哥、智利、秘鲁）自愿参加了评估。这些成员按照规定提交了评估报告，阐述了本国在 1996—2009 年间推进茂物目标所取得的成就，完成了相关的评估工作。

贸易投资自由化继续推进。APEC 成员的 MFN 平均税率由 2004 年的 8% 下降达 2009 年的 6.6%；APEC 发达成员和发展中成员出于环保、健康、安全等原因只保留了少量非关税措施；服务贸易领域自由化程度不如货物贸易自由化程度深，进展相对较慢；各成员根据自身情况对外资政策进行了一定调整，相互投资数量有所增加。但是，各种形式的投资壁垒依然不同程度地存在。

贸易投资便利化取得一定进展。2006 年，APEC 实现了 TFAP Ⅰ，将本地区的交易成本降低了 5%。在此基础上，APEC 越南领导人非正式会议决定，继续推进第二阶段贸易便利化行动计划（TFAP Ⅱ）的实施，到 2010 年将本地区的交易成本再降低 5%（根据贸易便利化行动计划 2011 年评估结果，这一目标确已实现）。APEC 在海关程序、标准和一致化、商务人员流动、电子商务 4 个领域的便利化成果较为突出。但是，在基础设施建设和人力资源开发相对落后，各成员法律法规尚未统一等方面仍需努力。

经济技术合作取得了一些新进展。2005 年，新的经济技术合作评估体系 ——AME（Assessment，Monitoring and Evaluation Framework）建立，ESC 对经济技术合作项目的管理能力得以增强。同年，APEC 韩国部长级会议同意将 ESC 升格为经济技术合作执行委员会（Steering Committee on ECOTECH，SCE），以加强对经济技术合作活动的协调。2010 年，APEC 日本领导人非正式会议发表了《APEC 领导人增长战略》，提出了 5 大经济增长理念，包括平

---

① APEC. 2006 APEC Ministerial Meeting［EB/OL］.（2006–11–15）［2016–11–25］. http：//www. apec. org/Meeting–Papers/Ministerial–Statements/Annual/2006/2006_amm. aspx.

衡增长、包容增长、可持续增长、创新增长、安全增长 ①。这些新理念有利于提高 APEC 成员的经济增长质量，促进经济技术合作。

（四）"后茂物目标"阶段（2010 至今）

2011 年以来，APEC 进入"瓶颈期"，各成员推进贸易投资自由化便利化的积极性下降。从 APEC 各成员提交单边行动计划（IAPs）的情况来看，2010 年越南和巴布亚新几内亚没有提交，2011 年各成员都没有提交，2012 年所有成员都提交了。自 2012 年起，APEC 规定各成员每两年提交一次。

相应地，APEC 贸易投资自由化进程滞缓，成果有限。根据《APEC 茂物目标进展报告 2018》，各成员最惠国（MFN）平均关税税率从 2010 年的 5.8% 降至 2017 年的 5.3%，八年时间里仅下降了 0.5%；尽管 APEC 成员总体上使用贸易限制措施的数量持续降低，但是 2016 年 7 月至 2017 年 6 月，各成员所使用的贸易救济措施（尤其是反倾销措施）反而比往年同期有所增多。与此同时，APEC 成员更多是通过签订 RTA/FTAs，来实现各自对服务贸易自由化的需求。截至 2017 年年底，APEC 成员所签订的 RTA/FTAs 当中，70.1% 都包含服务贸易承诺。APEC 成员不同程度地采取了多种措施吸引外资，包括放宽对外方所有权的限制、降低投资准入门槛、简化审批程序等，可尽管如此，受 2008 年全球金融危机影响，APEC 总体投资环境在近十年内并未得到明显改善。

值得肯定的是，APEC 贸易投资便利化取得了一些进展。2010 年，APEC 在日本举行的领导人非正式会议提出实施《供应链连接性框架行动计划》（Supply Chain Connectivity Framework Action Plan，SCFAP Ⅰ），到 2015 年实现亚太地区供应链的货物、服务贸易的流通时间、成本、不确定性和总体绩效提高 10%，并设定 109 项基础行动，打破透明度、基础设施、物流能力、清关、证明文件、连通性、法规标准、过境安排等八项瓶颈。根据《SCFAP Ⅰ 最终评估报告 2010—2015》，到 2015 年已经完成 93.6% 的基础行动。各成员在流通时间、成本、不确定性和总体绩效上都取得了一定进展，但由于设施

---

① APEC. The APEC Leaders' Growth Strategy［EB/OL］.（2010–11–14）［2016–11–25］http://www.apec.org/Meeting–Papers/Leaders–Declarations/2010/2010_aelm/growth–stRTAegy.aspx.

不健全、信息缺乏、制度差异等因素的影响，基础行动的实施也面临一定挑战。2016 年智利 APEC 领导人非正式会议批准了《第二期供应链连接性框架行动计划（2017—2020）》（SCFAP Ⅱ），旨在进一步推进亚太地区贸易投资便利化和供应链连接，降低亚太地区供应链交易成本，提高供应链可信度，支持本地区企业的竞争力，重点解决边境管理、基础设施、监管合作、电子商务等领域存在的问题。

APEC 经济技术合作也有一定成效。2011 至 2018 年间，APEC 经济合作项目达 1061 项。为进一步加强能力建设的组织协调工作，SCE 于 2015 年批准了通过经济技术合作推进 APEC 能力建设的政策建议。2017 年，SCE 制定并批准了一套用于评估其论坛活动的标准化评估体系。该评估体系 2018 年启用，将于 2020 年年底完成对 17 个论坛活动的评估。

三、APEC 今后发展面临的挑战

APEC 经过 30 年发展，取得了一定的成绩，但随着内外部形势变化，其发展也面临一系列挑战。

（一）亚太地区其他区域经济合作安排造成的冲击

APEC 内部 RTA/FTAs 的签订先后经历了两次浪潮。第一次浪潮发生在 20 世纪 80 年代末 90 年代初，签订 RTA/FTAs 的国家主要是处在同一区域的相邻国家如 ANCERTA、美加自由贸易区、NAFTA、AFTA。第二次浪潮发生在 20 世纪末，延续至今。截至 2018 年年底，APEC 内部已生效的 RTAs 达到 64 个（见表 6.1）。除了内部大量 RTA/FTAs 外，亚太地区还出现了 TPP/CPTPP 和 RCEP 两大巨型 FTA。这些不同区域经济合作安排的出现对 APEC 的发展形成了一定的冲击。

表 6.1　APEC 内部已经生效的 RTAs

序号	RTA 名称	涵盖范围	类型	生效时间
1	东盟 – 澳大利亚 – 新西兰	货物贸易 / 服务贸易	FTA/EIA	2010 年 1 月 1 日
2	东盟 – 中国	货物贸易 / 服务贸易	FTA/EIA	2005 年 1 月 1 日（G）2007 年 7 月 1 日（S）

续表

序号	RTA 名称	涵盖范围	类型	生效时间
3	东盟 – 日本	货物贸易	FTA	2008 年 12 月 1 日
4	东盟 – 韩国	货物贸易 / 服务贸易	FTA/EIA	2010 年 1 月 1 日（G） 2009 年 5 月 1 日（S）
5	东盟	货物贸易	FTA	1993 年 1 月 1 日
6	澳大利亚 – 智利	货物贸易 / 服务贸易	FTA/EIA	2009 年 3 月 6 日
7	澳大利亚 – 新西兰	货物贸易 / 服务贸易	FTA/EIA	1983 年 1 月 1 日（G） 1989 年 1 月 1 日（S）
8	澳大利亚 – 中国	货物贸易 / 服务贸易	FTA/EIA	2015 年 12 月 20 日
9	澳大利亚 – 巴布亚新几内亚	货物贸易	FTA	1977 年 2 月 1 日
10	文莱 – 日本	货物贸易 / 服务贸易	FTA/EIA	2008 年 7 月 31 日
11	加拿大 – 智利	货物贸易 / 服务贸易	FTA/EIA	1997 年 7 月 5 日
12	加拿大 – 秘鲁	货物贸易 / 服务贸易	FTA/EIA	2009 年 8 月 1 日
13	加拿大 – 韩国	货物贸易 / 服务贸易	FTA/EIA	2015 年 1 月 1 日
14	智利 – 中国	货物贸易 / 服务贸易	FTA/EIA	2006 年 10 月 1 日（G） 2010 年 9 月 1 日（S）
15	智利 – 日本	货物贸易 / 服务贸易	FTA/EIA	2007 年 9 月 3 日
16	智利 – 马来西亚	货物贸易	FTA	2012 年 2 月 25 日
17	智利 – 墨西哥	货物贸易 / 服务贸易	FTA/EIA	1999 年 8 月 1 日
18	智利 – 越南	货物贸易	FTA	2014 年 1 月 1 日
19	智利 – 泰国	货物贸易 / 服务贸易	FTA/EIA	2015 年 11 月 5 日
20	中国 – 中国香港	货物贸易 / 服务贸易	FTA/EIA	2003 年 6 月 29 日
21	中国 – 新西兰	货物贸易 / 服务贸易	FTA/EIA	2008 年 10 月 1 日
22	中国 – 新加坡	货物贸易 / 服务贸易	FTA/EIA	2009 年 1 月 1 日
23	中国香港 – 智利	货物贸易 / 服务贸易	FTA/EIA	2014 年 10 月 9 日
24	中国香港 – 新西兰	货物贸易 / 服务贸易	FTA/EIA	2011 年 1 月 1 日
25	日本 – 澳大利亚	货物贸易 / 服务贸易	FTA/EIA	2015 年 1 月 15 日
26	日本 – 印度尼西亚	货物贸易 / 服务贸易	FTA/EIA	2008 年 7 月 1 日
27	日本 – 马来西亚	货物贸易 / 服务贸易	FTA/EIA	2006 年 7 月 13 日
28	日本 – 墨西哥	货物贸易 / 服务贸易	FTA/EIA	2005 年 4 月 1 日

续表

序号	RTA 名称	涵盖范围	类型	生效时间
29	日本 – 秘鲁	货物贸易 / 服务贸易	FTA/EIA	2012 年 3 月 1 日
30	日本 – 菲律宾	货物贸易 / 服务贸易	FTA/EIA	2008 年 12 月 11 日
31	日本 – 新加坡	货物贸易 / 服务贸易	FTA/EIA	2002 年 11 月 30 日
32	日本 – 泰国	货物贸易 / 服务贸易	FTA/EIA	2007 年 11 月 1 日
33	日本 – 越南	货物贸易 / 服务贸易	FTA/EIA	2009 年 10 月 1 日
34	日本 – 新加坡	货物贸易 / 服务贸易	FTA/EIA	2005 年 9 月 22 日
35	韩国 – 澳大利亚	货物贸易 / 服务贸易	FTA/EIA	2014 年 12 月 12 日
36	韩国 – 智利	货物贸易 / 服务贸易	FTA/EIA	2004 年 4 月 1 日
37	韩国 – 新加坡	货物贸易 / 服务贸易	FTA/EIA	2006 年 3 月 2 日
38	韩国 – 美国	货物贸易 / 服务贸易	FTA/EIA	2012 年 3 月 15 日
39	韩国 – 中国	货物贸易 / 服务贸易	FTA/EIA	2015 年 12 月 20 日
40	韩国 – 越南	货物贸易 / 服务贸易	FTA/EIA	2015 年 12 月 20 日
41	马来西亚 – 澳大利亚	货物贸易 / 服务贸易	FTA/EIA	2013 年 1 月 1 日
42	新西兰 – 中国台湾	货物贸易 / 服务贸易	FTA/EIA	2013 年 12 月 1 日
43	新西兰 – 马来西亚	货物贸易 / 服务贸易	FTA/EIA	2010 年 9 月 1 日
44	新西兰 – 新加坡	货物贸易 / 服务贸易	FTA/EIA	2001 年 1 月 1 日
45	新西兰 – 韩国	货物贸易 / 服务贸易	FTA/EIA	2015 年 12 月 20 日
46	APTA	货物贸易	PSA	1976 年 6 月 17 日
47	NAFTA	货物贸易 / 服务贸易	FTA/EIA	1994 年 1 月 1 日
48	CPTPP	货物贸易 / 服务贸易	FTA/EIA	2018 年 12 月 30 日
49	ECFA	货物贸易 / 服务贸易		2010 年 9 月 12 日
50	秘鲁 – 智利	货物贸易 / 服务贸易	FTA/EIA	2009 年 3 月 1 日
51	秘鲁 – 中国	货物贸易 / 服务贸易	FTA/EIA	2010 年 3 月 1 日
52	秘鲁 – 韩国	货物贸易 / 服务贸易	FTA/EIA	2011 年 9 月 1 日
53	秘鲁 – 墨西哥	货物贸易 / 服务贸易	FTA/EIA	2012 年 2 月 1 日
54	秘鲁 – 新加坡	货物贸易 / 服务贸易	FTA/EIA	2009 年 9 月 1 日
55	秘鲁 – 泰国	货物贸易	FTA/EIA	
56	新加坡 – 澳大利亚	货物贸易 / 服务贸易	FTA/EIA	2003 年 7 月 28 日
57	新加坡 – 中国台湾	货物贸易 / 服务贸易	FTA/EIA	2014 年 4 月 19 日

序号	RTA 名称	涵盖范围	类型	生效时间
58	泰国－澳大利亚	货物贸易／服务贸易	FTA/EIA	2005 年 1 月 1 日
59	泰国－新西兰	货物贸易／服务贸易	FTA/EIA	2005 年 7 月 1 日
60	TPSEP	货物贸易／服务贸易	FTA/EIA	2006 年 5 月 28 日
61	美国－澳大利亚	货物贸易／服务贸易	FTA/EIA	2005 年 1 月 1 日
62	美国－智利	货物贸易／服务贸易	FTA/EIA	2006 年 9 月 1 日
63	美国－秘鲁	货物贸易／服务贸易	FTA/EIA	2009 年 2 月 1 日
64	美国－新加坡	货物贸易／服务贸易	FTA/EIA	2004 年 1 月 1 日

数据来源：笔者根据 WTO RTA Database、APEC FTA Database 整理得出。

首先，APEC 贸易自由化进程受到冲击。RTA/FTAs 具有封闭性、排他性、约束性，其贸易成果不适用于外部成员，所规定的关税和非关税措施具有强制性。而 APEC 强调开放性、非约束性，区外成员可以享受区内贸易成果，仅靠单边自愿方式推进贸易自由化。相比之下，RTA/FTAs 可以给成员带来明确、稳定、可预见的利益，因此更受成员青睐。在这种情况下，APEC 成员对 APEC 下推进贸易自由化的兴趣会逐渐降低，致使 APEC 下的贸易自由化显得软弱无力，甚至流于形式。

其次，APEC 面临着被分裂的可能。APEC 作为一个多边的、松散的官方论坛，其决定不具有约束力。APEC 自主自愿的合作原则短期内可以为成员提供方便，但长期内无法提供有效的约束机制，集体行动缓慢，效率低下，无法有效满足成员参与区域经济合作的诉求。相比之下，CPTPP 所涉及的议题广泛，谈判成果约束性强，集体行动效率高，更具有吸引力。目前，CPTPP 成员同为 APEC 成员，并且随着东亚国家数量的增多，东亚将很可能重新被纳入日本主导的亚太区域经济合作体系之中，APEC 和东亚现存的一些区域经济合作安排将被分裂。

（二）议题不断扩展影响 APEC 经济领域的推进效率

APEC 成立之初将目标定位为：促进亚太地区发展，推进多边贸易进程。因此，贸易投资自由化、便利化，经济技术合作一直是 APEC 的核心议题。但是，20 世纪 90 年代末以来，随着形势的发展，APEC 的议题由经济领域扩展到非经济领域，包括反恐、反腐、能源、科技、社会责任、新经济、基础设施互联互通等。其中，安全、反腐等非经济领域的议题已经成为常规性议题。

APEC议题的不断扩展对其产生了一定的负面影响。首先，APEC所涉及的合作领域多达数十个，议题不断由经济领域向非经济领域拓展，尤其是安全议题的不断衍生，由传统的反恐扩展至更为宽泛的人类安全，包括金融安全、粮食安全、健康安全、食品安全等。这些议题遍布APEC会议各个层次的议程，在一定程度上会分散了成员对核心议题的关注，使得APEC逐渐偏离其最初设定的目标，削弱了APEC在亚太区域经济合作中的领头羊地位。其次，随着议题的不断扩大，合作领域的拓展，一些成员提出应通过强化APEC约束性来提高其效率。若要这一提议付诸实践，就必须改变APEC的运行规则和决策程序，这势必对APEC非约束性原则构成了严重挑战。最后，议题的扩大在一定程度上破坏了各成员之间的凝聚力。不同层次的成员对议题的倾向有所不同，美国等发达成员更倾向于政治安全领域的议题，而中国、俄罗斯等大的发展中成员则更倾向于跟本国切身利益和经济发展相关的议题，小型发展中成员如东盟国家等则见机行事，搞平衡外交，让发达成员和大型发展中成员相互制衡，达到左右逢源的目的。这无疑使得APEC成员形成了不同派别，在一定程度上削弱了各成员的向心力。

（三）茂物目标最终实现存在变数

APEC高官会于2011年5月批准了新的对成员"茂物目标"执行情况进行评估的指导原则，决定自2012年起，每两年对成员"茂物目标"执行情况评估一次。2016年的APEC评估报告指出：APEC成员间的贸易投资自20世纪90年代以来有所增长，但自2008年全球金融危机爆发以来贸易增速放缓；关税总体上得到削减，但是非农行业的关税依然较高；服务贸易限制措施减少，但不同成员和行业之间的限制程度不同；非关税壁垒呈现增多态势；外商投资前景不容乐观，但政府一直致力于改善投资环境；贸易便利化取得积极进展；尽管采取了一些促进投资便利化的措施，但仍然存在抬高投资成本的障碍；尽管实现经济增长和社会进步，但自金融危机以来就业水平尚未恢复；环境可持续增长方面喜忧参半。

从实际执行情况看，APEC要在2020年最终实现"茂物目标"还存在变数。

首先，从茂物目标本身来看，APEC出于各成员差异性的考虑采用发达成员和发展中成员两个时间表方式。对内容界定不清晰，只提出了实现贸易和投资自由化和便利化的总体方向，没有具体的量化标准，成员执行过程中存在认识上的分歧。此外，没有建立对目标实施进行有效监督和评估的机制。这些缺陷导致各成员在实施过程中效率低下，进程缓慢，积极性受挫。

其次，从APEC运行机制看，APEC采取了非约束性、自主自愿原则下推进贸易投资自由化和便利化的运行方式。这种方式在APEC成立初期可以避免各成员之间因差异性而引发的冲突，实现求同存异，共同发展。但是，随着茂物目标的深入推进，需要APEC提供一套有效的监督和约束机制，以确保成员集体行动的效率。由于缺乏硬性评估指标，2010年参与评估的APEC成员都顺利完成了评估，这在某种程度上会削弱成员对评估的重视程度。APEC现有的运行机制的"软肋"难以促使茂物目标实现。

最后，多边贸易谈判进程受阻，不利于茂物目标实现。多哈回合谈判于2001年11月启动，至今已经过去10多年。由于发达国家和发展中国家在农业、非农产品市场准入、服务贸易等问题上存在严重分歧，谈判被搁浅，至今无果。受APEC"软机制"局限性的制约，多边贸易谈判是推进茂物目标实现的可行和有效途径。然而，多边贸易谈判当下环境并不是很给力各成员对于最终落实"茂物目标"总体态度消极。

（四）贸易保护主义抬头带来负面冲击

近年来，以美国为首的发达国家贸易保护主义不断抬头。2017年1月特朗普上台后，美国正式宣布退出TPP，并要求重新谈判北美自由贸易协定（NAFTA），随后韩美自由贸易协定也开始重新谈判。如今，贸易保护主义对世界经济的负面影响进一步显现。2018年10月，国际货币基金组织（IMF）发布《世界经济展望：稳定增长面临的挑战》报告，将2018—2019年的全球增长率预测调降为3.7%。2018年11月，在巴布亚新几内亚举行的APEC领导人非正式会议由于成员间分歧严重，会后未发表任何领导人共同宣言，这在APEC历史上首次出现。显然，贸易保护主义非常不利于APEC的发展。

第二节　FTAAP 的提出及发展

APEC 自成立以来在推进贸易投资自由化和便利化等方面取得了一定的成绩。但是，近年来面临着一系列挑战，发展前景黯淡。以自主自愿和开放性为核心的 APEC 方式在实践中暴露的缺陷为人诟病，要求对 APEC 进行改革的呼声不断，美国等发达成员要求 APEC 机制化的愿望日益强烈。与 APEC 相比，FTAAP 是一种具有约束性的机制，恰恰回避了 APEC 硬目标与软机制之间的矛盾，解决了 APEC 实现茂物目标乏力的问题。在这种情况下，FTAAP 应运而生。APEC 工商咨询理事会（APEC Business Advisory Council，ABAC）于 2004 年 5 月提出建立 FTAAP 构想。但是，由于成员对此看法不一，APEC 对这一倡议没有给出正面回应。

2006 年，ABAC 和 PECC 组织多国专家对建立 FTAAP 可行性研究，并撰写了题为《APEC 的一个贸易议程？ FTAAP 的政治经济分析》的研究报告。该报告收录了支持建立 FTAAP 的专家的研究成果，还收录了反对建立 FTAAP 的专家的研究成果。其中，C.Fred Bergsten 最支持建立 FTAAP。他认为，FTAAP 若能建立，有史以来最大的单一自由化将实现。FTAAP 将能够引发欧洲注意，或许推动重启 WTO 多边贸易谈判，使 APEC 外部成员受益。FTAAP 能将众多较小的优先贸易安排纳入较大的优先贸易安排中，从而消除"面条碗效应"。FTAAP 能防止美洲和亚洲开展自由化竞争，避免在太平洋中间划线。FTAAP 将能够为美国和中国缓解经贸关系提供平台，使 APEC 再现活力。FTAAP 的建立不仅具有经济层面的可行性，也有政治层面的可行性。反对建立 FTAAP 的专家们主要是质疑 FTAAP 建立的政治可行性。Vinod K.Aggarwal 认为，建立 FTAAP 不具备政治可行性。通过区域或双边自由贸易协定能够实现更多的贸易利益，但是也衍生了贸易保护主义利益集团所主导的贸易政策，推动 FTAAP 建立的贸易集团将不复存在。此外，中美贸易巨额赤字也使得 FTAAP 难以被国会通过。APEC 不具有进行 FTAAP 谈判的制度基础，无法实现美国试图通过多哈回合谈判达到的农业和工业市场开放目标。① 该研究报告通过对建立 FTAAP 的重要意义、主要参与方的政治意愿和领导权之争、APEC 为建立 FTAAP 所做的调整、FTAAP 对 WTO 和多哈发展议程的影响、FTAAP 失败的风险，不建立 FTAAP 的风险以及其他相关因素进行综合分析，得出了不具备建立 FTAAP 的政治可行性的结论。报告建议继续通过 WTO 推进地区和全球贸易自由化，努力整合各种优先贸易安排，进一步提高 APEC 在公众中的影响力。

2006 年，美国改变了以往对 FTAAP 的保留态度，开始变得积极起来。在美国的推动下，同年 11 月 APEC 越南领导人非正式会议首次表示正式考虑建立 FTAAP 的提议，并要求相关官员进一步研究 FTAAP 的推进方式。至此，APEC 首次将 FTAAP 提上议程。此后，每年的 APEC 领导人非正式会议对 FTAAP 都给予了一定的关注。2007 年，APEC 澳大利亚领导人非正式会议表示，APEC 将通过一系列务实和渐进的步骤研究 FTAAP 模式选择和发展前景。② 2008 年，APEC 秘鲁领导人非正式会议肯定了有关 FTAAP 模式选择和发展前景的研究所取得的进展。领导人们注意到了部长们提出的建议，即总体而言，尽管 FTAAP 能使本地区经济发展受益，但是它的建立面临着一些挑战。领导人们要求部长级会议和高官会进一步研究 FTAAP 模式选择和发展前景，包括 FTAAP 的经济影响和未来谈判所需的能力建设。③ 2009 年，APEC 新加坡领导人非正式会议强调，APEC 今后会继续寻找建立 FTAAP 的可行路径。

2010 年以后的 APEC 领导人非正式会议继续关注了 FTAAP。2010 年，APEC 日本领导人非正式会议通过了《通向 FTAAP 之路》。文件指出，将 FTAAP 由"理想愿景"变为"具体愿景"。APEC 将采取切实措施实现作为推动亚太区域一体化重要工具的 FTAAP。FTAAP 不只是实现狭义的自由化，而应该在现有的区域经济合作安排（"10+3""10+6"、TPP 等）的基础上实现

① APEC&PECC. An APEC Trade Agenda? The Political Economy of a Free Trade Area of the Asia Pacific［R/OL］.［2015-11-27］.太平洋经济合作理事会官网。

② APEC. 2007 Leaders' Declaration［EB/OL］.（2007-09-09）［2015-11-27］.亚太经合组织官网。

③ APEC. 2008 Leaders' Declaration［EB/OL］.（2008-11-11）［2015-11-27］.亚太经合组织官网。

综合性的、高质量的，纳入并解决"下一代"贸易和投资问题的自由化。为实现这一目标，APEC 应发挥孵化器的作用，为 FTAAP 提供领导和智力支持，在定义、分析和解决 FTAAP 所包含的"下一代"贸易和投资问题上扮演重要角色。APEC 应通过推动投资、服务、电子商务、原产地规则、贸易便利化（包括供应链连接、授权经济操作员项目、环境货物和服务等）等领域的发展来促进 FTAAP 的实现。在此过程中，APEC 应考虑以下事宜：全球经贸形势的变化，尤其是亚太地区 RTA/FTAs 的扩散；APEC 各成员于 2020 年实现茂物目标的进程；APEC 的非约束性和自愿性；推动传统边境贸易的重要性，同时致力于消除非关税壁垒和解决其他"下一代"贸易和投资问题，深化区域经济一体化；APEC 对多边贸易体制的支持。① 2012 年，APEC 领导人俄罗斯非正式会议重申，FTAAP 是进一步推进区域经济一体化的主要路径。鉴于本地区各种区域经济一体化安排可以发展成为通向 FTAAP 的路径，APEC 会指导部长级会议为 APEC 发挥孵化器作用提供便利，通过为 FTAAP 提供领导和智力支持来探索 FTAAP 的实现路径。② 2013 年，APEC 领导人印度尼西亚峰会重申了 APEC 为实现 FTAAP 所做的承诺，包括继续为推动本地区经济一体化进程提供领导和智力支持。APEC 在协调信息分享、透明度、能力建设等方面发挥着重要作用，将举办一个关于本地区 RTA/FTAs 的政策对话会，加强各种 FTA/RTAs 之间的沟通，提高各成员谈判能力。③

　　2014 年，APEC 领导人北京非正式会议通过了《APEC 推动实现 FTAAP 的北京路线图》，提出了推动 FTAAP 进程的共同想法和应采取的行动。其中，共同想法包括：以规则为基础的多边贸易体系仍然是 APEC 应坚持的主要原则。在支持和充实多边贸易体制的基础上实现 FTAAP；FTAAP 不只是实现狭义上的自由化，而应实现综合性的、高质量的，纳入并解决"下一代"贸易和投资问题的自由化；2020 年实现茂物目标仍然是 APEC 的核心目

---

① APEC. Pathways to FTAAP [EB/OL]. (2010-11-14) [2015-11-27]. http://www.apec.org/Meeting-Papers/Leaders-Declaration/2010/2010_aelm/pathways-to-ftaap.aspx.

② APEC. 2012 Leaders' Declaration [J]. (2012-09-08) [2015-11-27]. http://www.apec.org/Meeting-Papers/Leaders-Declaration/2012/2012_aelm.aspx.

③ APEC. 2013 Leaders' Declaration [J]. (2013-10-08) [2015-11-27]. http://www.apec.org/Meeting-Papers/Leaders-Declaration/2013/2013_aelm.aspx.

标，推动实现茂物目标将会大大地推动 FTAAP 的实现；在 APEC 之外平行推进 FTAAP。APEC 在推进实现 FTAAP 的过程中将仍然坚持非约束性、自愿合作的原则。APEC 会进一步鼓励单边贸易投资自由化和改革，继续发挥实现 FTAAP 孵化器的作用，提供领导和智力支持；FTAAP 应该致力于使由区域和双边 RTA/FTAs 扩散而造成的负面影响最小化，并在现有的区域经济合作安排基础上实现。相关参与方应尽快结束通向 FTAAP 可能路径的谈判包括 TPP 和 RCEP；为帮助感兴趣的成员参与区域经济合作，并为实现 FTAAP 做准备，APEC 应继续为发展中成员提供有效的经济技术合作活动，包括结构改革、人力资源、中小企业发展和整合等领域。应采取的行动包括：启动与实现 FTAAP 相关问题的联合战略研究；通过推动 APEC 下的 RTA/FTAs 信息共享机制，增加现存或最近完成谈判的 RTA/FTAs 的透明度；在第二期能力建设需求行动计划（Capacity Building Needs Initiative，CBNI）下继续实现 FTAAP 的能力建设；加强边境贸易自由化和便利化，改善境内商务环境，加强跨境区域互联互通；通过 ABAC 或其他直接途径，加强工商界的参与。[1] 2015 年，APEC 领导人菲律宾非正式会议强调，以综合的、系统的方式最终实现 FTAAP，将 FTAAP 建成一个全面的、高质量的、涵盖"下一代"贸易和投资议题的 FTA。鉴此，TPP、RCEP 将是通向 FTAAP 的可能路径。[2] 2016 年 APEC 领导人秘鲁非正式会议通过《实现 FTAAP 有关问题的集体战略研究报告》，发布了《FTAAP 利马宣言》，内容包括目标和原则、可行路径、继续发挥 APEC 作为实现 FTAAP 孵化器作用、推动区域经济一体化的新倡议、加强与相关方进行协商、建立进展报告机制。该宣言强调，FTAAP 是全面的、高质量的、涵盖下一代贸易和投资议题的 FTA，应继续讨论其可能涵盖的要素；于 2020 年前评估相关可能路径对建设 FTAAP 的贡献。[3] 2017 年 APEC 领导人越南非正式

---

① APEC. The Beijing Roadmap for APEC's Contribution to the Realization of the FTAAP ［EB/OL］.（2014-11-11）［2015-11-20］. http：//www. apec. org/Meeting-Papers/Leaders-Declaration/2014/2014_aelm/2014_aelm_annexa. aspx.

② APEC. 2015 Leaders' Declaration ［EB/OL］.（2015-11-19）［2015-11-20］. http：//www. apec. org/Meeting-Papers/Leaders-Declaration/2012/2012_aelm. aspx.

③ APEC，Lima Delecation on FTAAP ［EB/OL］.（2016-11-20）［2019-01-31］. https://www. apec. org/Meeting-Papers/Leaders-Declarations/2016/2016_aelm/2016_Annex-A.

峰会强调，推动成员能力建设和信息共享机制建设等，以综合、系统的方式最终实现 FTAAP。[①]

第三节　APEC/FTAAP 对亚太区域经济合作机制变迁的影响

一、APEC 进程缓慢是亚太区域经济合作机制变迁的导火索

回顾亚太区域经济合作机制的发展历程，不难发现，现有的亚太区域经济合作机制的变迁跟 APEC 的发展进程有着很大的关系。

APEC 在 1997 年亚洲金融危机中的无力表现使得东亚国家不得不自寻出路，开启了推动东亚地区经济一体化的进程，"10+1""10+3""10+6"机制陆续形成并发展。在东亚区域经济合作如火如荼进行之时，美国不甘心被排斥在这一进程之外。此外，APEC 方式在运行的过程中逐渐暴露出一些弊端，包括缺乏法律约束力，无法避免免费搭车现象等，降低了贸易投资自由化进程的效率。美国等发达国家主张将 APEC 机制化，使其具有约束力，改变其推进亚太地区自由化进程中所处的被动局面。于是，ABAC 关于建立 FTAAP 的提议得到了美国的支持。但是，由于 APEC 各成员对 FTAAP 的看法存在分歧，美国无奈之下转向 TPP，将其作为获取亚太区域经济合作主导权的一个工具。随着 TPP 的发展，东盟日益感受到了它对自身在东亚区域经济合作主导权的威胁，遂提出了 RCEP。至此，亚太地区形成了美国主导的 TPP 和东盟主导的 RCEP 两大路径。

二、建立 FTAAP 是亚太区域经济合作机制整合的目标

从 FTAAP 建立的初衷来看，建立 FTAAP 是为应对 APEC 内部 RTA/FTAs 泛滥带来的挑战，通过整合亚太地区经济合作机制，改变 APEC 停滞不前的境况，推动多边贸易谈判取得进展。FTAAP 的相关正式文件均提及过这一初衷。《通向 FTAAP 之路》强调，建立 FTAAP 是在现有的区域经济合作安排

---

① APEC. 2017 Leaders' Declaration .（2017-11-11）[2019-01-31]. https://www.apec. org/ Meeting-Papers/Leaders-Declarations/2017/2017_aelm.

（"10+3""10+6"、TPP 等）的基础上实现综合性的、高质量的、纳入并解决"下一代"贸易和投资问题的自由化。《APEC 推动实现 FTAAP 的北京路线图》再次强调在现有的区域经济合作安排的基础上建立 FTAAP，并提出在支持和充实多边贸易体制的基础上实现 FTAAP。2015 年，APEC 领导人菲律宾会议指出，TPP、RCEP 将是通向 FTAAP 的可能路径。《FTAAP 利马宣言》还明确将 RCEP 和 TPP 并列为未来 FTAAP 实现的两种路径。

与 TPP 相比，CPTPP 影响力要小很多，主要目的是推动协议尽快实施并等待美国重返 TPP，而且特朗普也曾表示会考虑重返 TPP。但是，即使美国愿意重返 TPP，重谈 TPP 的难度相当大，美国能否善始善终也是一个未知数。若美国和相关方能够坚持谈判，签订新版 TPP，而且随着参与方的不断扩大，终将覆盖整个亚太地区，成为事实上的 FTAAP。RCEP 旨在建立以东盟为中心，包括中国、日本、韩国、澳大利亚、新西兰和印度的自贸区，并随着其他亚太成员的加入，也在朝着 FTAAP 的方向发展；若美国感觉谈判难度太大，放弃 TPP，通过双边贸易战或重谈 NAFTA 等方式实现自己目的。① 那么，随着 CPTPP 不断扩容，而 RCEP 仍在谈判之中，则 CPTPP 很有可能成为实现 FTAAP 的首选路径。

① 杨立强，余稳策. 从 TPP 到 CPTPP：参与各方谈判动机与贸易利得变化分析［J］. 亚太经济，2018（5）：63.

第七章　亚太区域经济合作主要参与方的利益博弈及未来趋势

亚太区域经济合作主要参与方包括美国、日本、韩国、东盟、印度、澳大利亚、新西兰，其背后的利益博弈影响着亚太区域经济合作进程。本章梳理了这几个主要参与方的区域经济合作进展情况，分析了其参与区域经济合作的战略动机、目标以及思路。在此基础上，提升到各方亚太战略的高度分析了其利益博弈，并对亚太区域经济合作的未来走势做出判断。

第一节　亚太区域经济合作主要参与方的区域经济合作策略

亚太区域经济合作主要参与方的利益博弈与其所制定和实施的区域经济合作战略有着密切的关系，各方在特定的区域经济合作战略指导下通过参与区域经济合作来获取利益，在这种意义上，亚区域经济合作主要参与方的利益博弈实际上就是各方的战略博弈。

一、美国的区域经济合作战略

（一）美国参与区域经济合作进展

20 世纪 80 年代后期，美国在积极推进 WTO 多边贸易谈判的同时，开始重视双边及区域经济合作。截至 2019 年 2 月初，美国已经生效的 RTA 共 14 项，正在谈判并已向 WTO 通报的有 1 项，即跨大西洋贸易与投资伙伴协定（EU–US Transatlantic Trade and Investment Partnership，EU–US TTIP）（见表 7.1）。此外，美国于 2009 年加入 TPP 谈判，并一直努力推进谈判进程。TPP 谈判参与方于 2015 年 10 月 5 日结束谈判，于 2016 年 2 月 4 日正式签订协议，于 2017

年 1 月宣布退出。美国 RTA 网络铺设以北美洲为基础向中美洲和南美洲推进，将触角伸向中东和东亚，乃至覆盖欧洲。在美洲，美国与自己的近邻加拿大、墨西哥签订了 FTA，建立了 NAFTA。还建立了美国—多米尼加—中美洲自由贸易区。与秘鲁、智利、巴拿马、哥伦比亚签订了双边 FTA。在中东，与以色列、约旦、摩洛哥、巴林、阿曼签署了 FTA，并有意与中东、海湾合作委员会建立自由贸易区。在亚洲，美国与传统盟友新加坡、韩国签署 FTA。向东盟国家不断渗透，与东盟签订了贸易投资框架协定，东盟 10 国已有 4 个加入 TPP 谈判。在大洋洲，与澳大利亚签署了 FTA，与新西兰签订了贸易投资框架协定。在欧洲，美国—欧盟 TTIP 谈判已经于 2013 年 12 月启动。在非洲，美国与南部非洲关税联盟的谈判也在进行之中。

表 7.1　美国已经生效以及向 WTO 通报的 RTA

美国已生效的 RTA				
序号	RTA 名称	涵盖范围	类型	生效时间
1	美国 – 以色列	货物贸易	FTA	1985 年 8 月 19 日
2	NAFTA	货物贸易 / 服务贸易	FTA/EIA	1994 年 1 月 1 日
3	美国 – 约旦	货物贸易 / 服务贸易	FTA/EIA	2001 年 12 月 17 日
4	美国—新加坡	货物贸易 / 服务贸易	FTA/EIA	2004 年 1 月 1 日
5	美国—智利	货物贸易 / 服务贸易	FTA/EIA	2004 年 9 月 1 日
6	美国—澳大利亚	货物贸易 / 服务贸易	FTA/EIA	2005 年 1 月 1 日
7	美国—摩洛哥	货物贸易 / 服务贸易	FTA/EIA	2006 年 1 月 1 日
8	美国—多米尼加—中美洲	货物贸易 / 服务贸易	FTA/EIA	2006 年 3 月 1 日
9	美国—巴林	货物贸易 / 服务贸易	FTA/EIA	2006 年 8 月 1 日
10	美国—阿曼	货物贸易 / 服务贸易	FTA/EIA	2009 年 1 月 1 日
11	美国—秘鲁	货物贸易 / 服务贸易	FTA/EIA	2009 年 2 月 1 日
12	美国—韩国	货物贸易 / 服务贸易	FTA/EIA	2012 年 3 月 15 日
13	美国—哥伦比亚	货物贸易 / 服务贸易	FTA/EIA	2012 年 5 月 15 日
14	美国—巴拿马	货物贸易 / 服务贸易	FTA/EIA	2012 年 10 月 31 日
美国已向 WTO 通报的 RTA				
1	EU–US TTIP			

资料来源：笔者根据 WTO RTA Database 整理得出。

（二）美国参与区域经济合作的战略动机和目标

第一，捍卫霸权，维护世界规则制定的主导权。

美国通过参与区域经济合作防范竞争对手，维护霸权。"二战"结束后，美国依靠经济和军事绝对优势建立了一套以其为主导的国际秩序，确立了世界霸主地位。自此以后，防止与其相抗衡的大国的崛起，维护霸权地位成为其全球战略，联合国、WTO、WB、IMF 等国际组织是其维护霸权地位的制度工具。20 世纪 60 年代末，欧洲共同体成立。西欧各国借此开展区域合作，经济实力不断增强。欧共体成为首个与美国经济实力旗鼓相当的经济体。在欧洲复兴的同时，日本也利用"雁型模式"建立了以其为雁首，东亚部分国家为雁尾的东亚区域生产网络，经济实力也因此大增。美国"二战"后主张通过多边贸易谈判实现全球贸易自由化，并一度主导多边贸易谈判。随着欧洲和日本的日益壮大，美国无法继续控制多边贸易谈判进程。此外，面临日本和欧洲大力推进区域经济合作的态势，美国如若不通过加强区域经济合作进行有效应对，就有可能面临着因贸易转移效应引发的损失。于是，加强区域经济合作成为美国的"次优"选择。维护其全球霸权地位成为美国区域经济合作的核心战略诉求。具体到现阶段的东亚地区，在美国意识到被排除在东亚区域经济合作之外后，奥巴马政府将战略重心全面转向亚洲，提出要"重返亚洲"，并把 TPP 视为达到这一战略目的的有效工具，试图加强美国在亚洲的领导地位。

美国打造 FTA 样板，设置国际经贸新标准，掌控国际经贸规则制定权，助力维护和巩固全球霸权地位。美国学者 Robert Gilpin（1981）认为，霸权国家是愿意并能够制定和维持自由经济规范和规则的国家。一国主要通过掌控国际规则的制定权获取霸权。① 美国试图通过区域经济合作增强在全球贸易谈判能力，打造并推广美国 FTA 范式，掌控区域经贸规则的制定权，捍卫美国的全球经济主导地位，维护和巩固美国全球霸权地位。NAFTA 是美国 FTA 的基础范本，美国在 NAFTA 之后签订的 FTA 都效仿了这一范本。近年来，美国 FTA 内容基本包含了市场准入（含农业、服务业）、非关税壁垒（SPS、

---

① Gilpin, R. War and Change in World Politics [M]. Cambridge University Press, 1981: 34, 71.

TBT 等）、全球贸易规则（知识产权、环境和劳工等）等。目前，美国着力打造高标准的新生代自由贸易协定，声称要将 TPP 打造成新生代自由贸易协定的典范，更是强调将 TTIP 打造成最高标准的自由贸易协定，指出它可能成为具有历史意义的、区别于美国已签订的所有 FTAs 的自由贸易协定。^① 美国试图通过 TPP、TTIP 等新生代自由贸易协定制定新的全球经贸规则。美国声称，TPP 不仅为美国货物和服务出口提供新的、有效的市场准入，而且将设定高标准的贸易规则，解决 21 世纪重要的全球经济问题。^② 美国—欧盟 TTIP 高层工作组所分析的大西洋两岸拓展经贸和投资关系的五种潜在的选择中有两项涉及了经贸规则和标准的制定，包括加强规则和标准的兼容性，加强在共同关心的全球问题的规则和原则的制定方面的合作，实现共同的全球经济目标。工作组认为，美国和欧盟在知识产权、环境和劳工、国有企业、稀有资源的出口限制、本地化要求等方面加强规则制定的合作不仅有利于双边经贸发展，而且有利于推进多边贸易进程。^③《2015年美国国家安全战略报告》指出，美国通过 TPP 和 TTIP 设定劳工权利、环保的全球最高标准，为美国出口排除障碍，使美国居于覆盖全球三分之二市场的自贸区中心。^④ 此外，美国通过推动《服务贸易协定》(The Trade in Services Agreement，TSA) 谈判推动建立由其主导的服务贸易新规则。美国于 2012 年推出新版双边投资协定，更加注重劳工、环保、透明度等领域，并针对自主创新和国有企业行为制定了更为严格的规则。这些都传递出美国试图主导全球经贸规则制定权信号。在多边贸易体制下难以就高标准的自由化议题达成一致的情况下，区域经济合作为美国建立全新经贸标准打开了一扇大门。美国学者 Robert Keohane（1984）认为，拥有强大经济和军事实力的国家可以在很大程度上对其他国家施加影响，

---

① U. S. Department of State. The United States and The European Union: Building On Our Economic and Strategic Partnership［EB/OL］.［2015-11-28］.

② USTR. Unlocking Opportunity for Americans through Trade with the Asia Pacific［EB/OL］.［2015-11-28］.美国国务院官网。

③ USTR. Final Report of the U. S. -EU High Level Working Group on Jobs and Growth［EB/OL］.［2015-11-28］.美国贸易代表办公室官网。

④ The White House. The National Security Strategy2015［EB/OL］.［2015-11-28］.美国白宫官网。

操纵国际体系的运转。^①美国利用其全球巨大影响力和在 FTA 网络中的轴心国地位迫使一些发展中国家在一些重要议题上做出让步，接受新标准，打造美国 FTA 样板，并在世界范围内推广，为其维护和巩固全球霸权的战略服务。

美国将参与区域经济合作作为推广美式民主，捍卫霸权的一种渠道。美国通过区域经济合作推广美式民主和价值观。美国自认为其担负着输出美式民主和价值观，推进世界民主和自由的"重任"。自"冷战"结束以来，美国历届政府都很重视推广美国民主和价值观。美国试图借助 FTA 将其民主模式和战略意图渗透到全球各个角落，提升影响力和干预能力，为插手其他国家或区域事务奠定了基础。《2010 年美国国家安全战略报告》指出，美国将致力于签订一系列符合其价值和利益的 FTAs。^②《2015 年美国国家安全战略报告》指出，美国将通过国际机构和地区安排制定并执行国际新规则，应对国有企业行为、数字保护主义等带来的新挑战，以确保未来的全球贸易体系与美国利益和价值相一致。^③

第二，助力美国经济发展。

任何国家的经济发展都依赖于市场和资源，美国也不例外。FTA 是美国获取市场的途径之一。2008 年全球金融危机爆发前，美国签订 FTA 更多地出于政治和外交动机，比如确保安全，推广美式民主，巩固盟友，维护霸权等，经济诉求不是非常强烈。例如，美国与加拿大、墨西哥进行 FTA 谈判时的贸易量并不大，但是也与这两个国家签署了双边 FTA。美国推进与新加坡、泰国的 FTA 建设，期冀以此推动东盟谈判计划的进程。与韩国签署 FTA 是因为韩国是美国推进东北亚战略的关键棋子。美国推进 APEC、NAFTA、TPP 更多的是为了维护其现存的全球霸权秩序，而不是真的为了建立一个紧密的政治经济实体。^④

---

① Keohane, R. After Hegemony: Cooperation and Discord in World Political Economy [M]. Princeton University Press, 1984: 31.

② The White House. The National Security Strategy 2010 [EB/OL].[2015-11-28]. 美国白宫官网。

③ The White House, The National Security Strategy2015 [EB/OL].[2015-11-28]. 美国白宫官网。

④ 宋伟. 美国对亚太区域合作的战略目标 [M]// 张蕴岭，沈铭辉. 东亚、亚太区域合作模式与利益博弈. 北京：经济管理出版社，2010：208。

全球金融危机爆发后，美国经济遭受重创。如表7.2所示，2008年，美国GDP出现自1992年17年来的首次负增长，实际增长率为−0.3%，2009年恶化至−2.8%。失业率由2007年的4.6%猛增至2009年的9.3%。2009年货物贸易总额较2008年减少23%，出口额下降18%，进口额下降26%。在此背景下，推动经济复苏，扩大出口和就业被提上重要日程，提出了"五年出口倍增计划""再工业化"战略、"选择在美国投资"战略，同时加快推进"两洋战略"，来提振美国经济。这一时期，美国推动自贸区建设的经济诉求凸显，需要借助FTA来进一步拓展国外市场。《2010年美国国家安全战略报告》明确指出，美国将通过双边和多边贸易协定来拓展市场。[①] 美国通过FTA可以重新制定国际经贸规则，既可以为别国产品进入美国设置壁垒，又可以进一步打开国外市场，为其优势产品拓展销路，扩大出口，带动就业，可谓"一石二鸟"。TPP和TTIP更是美国实现"两洋战略"的利器，美国可以借此维护亚太地区的主导权，修复与欧盟的关系，携手欧盟制定国际经贸新规则，巩固自己的全球霸权。

表7.2　美国金融危机前后的经济状况（单位：10亿美元，%）

年份 \ 指标	GDP 实际增长率	失业率	货物贸易总额	货物贸易进口额	货物贸易出口额
2006	2.7	4.6	2880	1854	1026
2007	1.8	4.6	3105	1957	1148
2008	−0.3	5.8	3391	2104	1287
2009	−2.8	9.3	2616	1560	1056
2010	2.5	9.6	3192	1914	1278

资料来源：根据美国商务部、WB网站相关数据整理得出。

备注：GDP实际增长率按2009年美元价格计算得出。

第三，确保国家安全。

美国把参与区域经济合作视为实现安全战略的一个重要平台，实现反恐、防止地区性大国崛起，巩固盟友关系，确保石油供应等目的。

FTA是美国在中东反恐维稳的经济手段。美国把FTA作为反恐战略的一个

①　The White House. The National Security Strategy 2010［EB/OL］.［2015–11–28］. 美国白宫官网。

陪衬，与发动战争进行军事打击的力度和速度相比，区域经济合作更具弹性和隐蔽性，通过经济渗透增强美国在中东的反恐力量。美国与政治盟友以色列签署 FTA 的主要目的之一就是通过 FTA 加强两国的经济联系，巩固美国在中东的存在。"9·11"事件爆发后，美国把国家战略重心从欧洲和东亚地区转向中东地区，将反恐放在安全战略的首位。美国发展政策研究所 Edward Gresser（2003）曾指出，伊斯兰国家自 1980 年以来贸易和投资发展缓慢，几近瘫痪，经济增长停滞，人们生活水平低下，恐怖主义滋生。他建议美国加强与伊斯兰国家的经贸联系，促进这些国家经济发展，削弱恐怖势力在该地区的影响力，获得更多的反恐支持。[1] 他的建议得到了小布什政府的响应。2003 年，小布什提出了建立美国中东自贸区设想。在他任职期间，美国先后与约旦、摩洛哥、巴林、阿曼签订了 FTA。美国通过与中东国家签订 FTA 除了为削减贸易、投资壁垒，打开中东市场外，还试图通过帮助这些国家发展经济来加强与其经济联系，拉拢它们支持美国反恐。在"反恐优先"战略的影响下，美国与中东区域经济合作中渗透着反恐维稳的考虑，其谈判对象选择和具体的谈判实践都体现了这一逻辑。

　　FTA 对美国而言发挥着防止地区性大国崛起的作用。"冷战"结束后，美国在亚太地区的战略重点是防止该地区出现能与之抗衡的地区性大国，维护其亚太地区的主导地位。"9·11"事件爆发后，美国一度将注意力放在反恐上，先后发动了伊拉克战争和阿富汗战争，在一定程度上震慑了恐怖主义势力。但是，美国也因此在内政外交上陷入困境。战争使其消耗大量国力，经济遭受破坏，国内反对声音高涨。战争恶化了美国与某些国家以及西欧国家的关系（美国反恐中的单边主义做法引发法、德国等西欧国家不满）。随着中国经济的飞速发展，综合国力和国际影响力不断提升，美国日益感受到中国的威胁。在这种情况下，奥巴马上台后调整了美国安全战略，高调宣布"重返亚洲"，将战略重心全面转向亚太地区。在反恐期间，美国与新加坡、澳大利亚先后签订了 FTA，并表示支持 FTAAP 谈判，但是反恐战争等因素导致美国无暇顾及亚太地区而被排除在东亚区域经济合作之外。美国并不善罢甘休，

---

① Gresser, E. Blank Spot on the Map: How Trade Policy is Working against the War on Terror [J]. Public Policy, 2003（2）: 1–3.

于是借助 TPP 介入进来，试图稀释中国和东盟在东亚区域经济合作中的影响力，获取亚太区域经济合作的主导权，进而遏制中国崛起。

FTA 是巩固美国与盟国关系的纽带。美国在选择区域经济合作对象时更倾向自己的盟友。以色列是美国在中东地区的最为看重，也是其最为信赖的战略伙伴，巴林是美国第五舰队驻扎地，在反恐战争中给予美国大力支持。澳大利亚、韩国、新加坡是美国在亚太地区的传统盟友。澳大利亚对美国全球和地区战略部署、反恐战争都给予了积极配合。韩国是美国全方位的战略盟友，两国在朝核问题上保持高度一致。新加坡作为盟友在反恐战争中为美国提供军事基地，两国关系也非同一般。欧盟作为盟国的传统盟友，存在既竞争又合作的关系。双方对世界秩序的设想存在分歧，美国在坚持多边主义原则的同时不放弃单边主义，欧盟坚持以国际法和国际制度为基础的国际秩序。这种分歧并不影响双方维系盟友关系，美国需要借助欧盟维护霸权地位，欧盟需要借助美国应对内外风险。双方面临的国际环境影响双方竞争与合作关系。后金融危机时代，世界经济复苏缓慢，欧盟更是陷入主权债务飞机难以自拔。相比之下，新兴经济体经济增长势头强劲，对西方国家主导的国际经济规则提出了挑战。在这种情况下，双方发起 TTIP 谈判，寻找经济发展新动力，设定国际经贸新标准，加强盟友关系，共同捍卫西方国家在国际经济中的主导权。美国前副国务卿 Robert D.Hormats 指出，北约在"冷战"期间将美国和欧洲紧密联系在一起，而 TTIP 则能反映和实现跨大西洋两岸共同的利益和价值观，将使美国和欧洲更紧密地绑定在一起。TTIP 可以为大西洋两岸打造更开放市场，打造高质量的国际经贸标准，是重申和加强美欧经济、政治、社会关系和共享的价值观的好机会。①

FTA 有助于确保美国的石油供应。石油是当今世界上最主要的能源，被各国视为重要的战略资源。从近年来美国前十的石油进口来源国看，主要分

---

① Hormats, D. The Transatlantic Trade and Investment Partnership: America's New Opportunity to Benefit from, and Revitalize its Leadership of the Global Economy [EB/OL]. [2015-11-30]. http://www.state.gov/e/rls/rmk/20092013/207997.htm.

布在美洲和中东。① 美国在这两个地区的 RTA 建设中渗透着确保石油供应的战略诉求。中东是世界石油储备最丰富的地区，自然成为各国争夺的焦点。美国提出的美国—中东自贸区设想覆盖了所有海湾国家和阿拉伯石油输出国组织成员。美国为了谋求中东的石油资源，软硬兼施，打着反恐的幌子发动了对伊拉克、阿富汗的战争，同摩洛哥、巴林、阿曼签署了 FTA，建立与这些国家相互依赖的经济关系，为确保石油安全铺路。除了中东地区，美洲地区也是美国石油的主要供应地，美国与美洲地区签订 FTA 的国家（加拿大、墨西哥、哥伦比亚）都是美国主要的石油进口国。在确保石油供应地的同时，美国还与占据石油运输要道的国家（巴拿马、阿曼）签订了 FTA，以确保石油运输安全。

（三）美国参与区域经济合作的战略思路

整体战略性强，体现了巩固和维护全球霸权的战略意图，衡量是否与一个国家进行 FTA 谈判，不完全出于贸易考虑，还出于政治、安全、经济战略考虑。就政治而言，美国更倾向选择与其有良好外交关系且对其而言具有重要战略地位的国家。在建设 FTA 的过程中不忘选择具有改革示范效应的国家，以推广美国"自由""民主"及其政治、经济制度。就安全而言，美国通过与传统盟友签订 FTA 进一步加强盟友关系，通过与石油储备丰富的国家签订 FTA 以确保石油安全。就经济而言，美国主要考虑谈判对象国是否能够为本国的经济注入活力，推动国内经济发展，是否具有海外市场前景，能够扩大本国出口。此外，美国试图打造高标准的 FTA 样本，谋求国际经贸规则制定的主导权。

不同区域的经济合作战略侧重点不同。美国在中东和非洲地区进行区域经济合作主要是通过加强经济联系来获得石油，推广美式民主和价值观，反恐维稳，确保国家安全。美国与亚太地区国家进行区域经济合作主要是防止地区性大国崛起，巩固其在该地区的主导权。同时，与其在欧洲地区战略遥相呼应谋求全球经贸规则的制定权，进而巩固全球霸主地位。美国在美洲地

---

① 根据美国能源信息署美国自 1993—2017 年原油进口来源国相关数据统计得出，美国能源信息署官方网站.

区立足北美巩固其在美洲乃至全球的霸权，推动拉美经济发展维护地区安全，保障石油供应和运输安全。

区域经济合作重心向亚太地区倾斜。亚太地区在美国对外经贸中占据重要地位。据统计，2017年，美国前十大进出口贸易伙伴有5个在亚太地区，包括中国、加拿大、墨西哥、日本、韩国，它们与美国的贸易总额约占美国贸易总额的69%。2008—2017年，亚太地区对美国直接投资额约占美国FDI流入总额的16%左右，是美国第二大外资来源地。同期，美国对亚太地区直接投资额约占美国对外直接投资总额15%左右，是美国第三大对外直接投资目的地。① 近年来，东盟通过"10+3""10+6"、RECP力推以自己为轴心的区域经济合作安排，中国在亚太的影响力也与日俱增。相比之下，美国在该区域的FTA拓展显得逊色很多，美国只与新加坡、韩国签署了FTA，与泰国正在进行FTA谈判。此外，美国主导的APEC也步履维艰。在这种情况下，美国担心自己被架空，将会面临贸易转移的风险，加入TPP谈判。TPP是美国实现"亚太再平衡"战略的一个工具，美国借此稀释中国和东盟的影响力，掌控亚太区域经济合作的主导权。

（四）特朗普政府执政后美国区域经济合作战略走向

特朗普政府执政之前，美国一直在努力构建其主导的亚太区域经济合作安排，以维护和巩固美国霸权。从里根政府的"太平洋经济共同体"到老布什政府的"太平洋共同体"、克林顿政府的"新太平洋共同体"，再到小布什政府支持的亚太自由贸易区（Free Trade Area of the Asia-Pacific，FTAAP），以及奥巴马政府力推并已初步达成的TPP，无一不是围绕美国掌控亚太这一战略意图而展开。特朗普政府执政后，美国宣布退出TPP，声称将致力于更有利于美国的公平公正的双边FTA谈判，亚太仍将是其重点关注的地区。依据美国白宫公布的"美国优先"外交政策，美国以往签订的贸易协定将知情人和美国精英的利益置于辛勤工作的普通老百姓的利益之上。这导致美国工厂倒闭，高薪工作流向海外，蓝领阶层失业，美国贸易赤字攀升，制造业遭受打击。鉴此，美国今后在贸易谈判中将把老百姓利益放在首位，利用贸易来促进

---

① 根据美国商务部经济统计局官方网站相关数据计算得出。

美国经济增长，使就业岗位向美国回流，改善人民生活水平。美国退出 TPP，重新谈判 NAFTA，是其开始实施该战略的标志。此外，美国将拒绝或重新修订失败的贸易协定，并将采取一切措施制裁那些违反协定，做出有损美国人民利益的行为的国家。美国将组建最强的贸易谈判团队，以确保贸易协定以美国人民利益为上，由美国人民来执行，并且服务于美国人民。美国将通过签署公平、严格的贸易协定来使工作回流美国，增加工人工资，扶持美国制造业。

根据"美国优先"外交政策和美国贸易代表办公室（USTR）发布的《美国总统关于贸易协定的 2016 年年度报告》，美国参与区域经济合作将呈现出如下趋向：第一，美国 FTA 谈判将转向双边谈判，重谈或修订现有的贸易协定，以获得更大利益。特朗普政府经过对比分析中国入世前后的美国发生的变化得出，美国贸易赤字增加，中等家庭收入降低，就业机会减少，制造业领域失业人数增加。美国认为，当前的全球贸易体系对中国更好，而对于美国而言并非如此。此外，NAFTA、美韩 FTA 都使得美国贸易赤字增加。鉴此，美国需要重新审视已签订的贸易协定，聚焦双边 FTA，追求更公平的贸易。① 美国虽然退出 TPP，但是不会就此放弃对国际经贸规则的制定权，会更倾向与他国进行双边 FTA 谈判，实现最大程度的获益。美国前副贸易代表温迪·卡特勒（Wendy Cutler）指出，美国有可能将 TPP 某些条款用于 NAFTA 谈判中；第二，美国 FTA 谈判将以一种对美国人民而言更自由、民主的方式展开，致力于促进美国经济增长，创造就业机会，增强与贸易伙伴的互惠性，促进制造业发展，拓展农业和服务业产品出口；第三，特朗普政府认为，相当一部分国家未以市场为主体，政府干预严重。美国将继续提倡，不断增加透明度，采取实质性的高标准。为切实保护美国利益，美国贸易法应该被严格、有效地执行。鉴此，美国今后的 FTA 谈判将更为关注反补贴、知识产权、竞争、国有企业、劳工等贸易政策。

---

① USTR. 2017 Trade Policy Agenda and 2016 Annual Report of the President of the United States on the Trade Agreements Program [EB/OL].[2019-01-03]. https://ustr. gov/sites/default/files/files/reports/2017/AnnualReport/AnnualReport2017. pdf.

二、日本的区域经济合作战略

(一)日本参与区域经济合作进展

日本多年来受益于"贸易兴国"战略,积极推动世界多边贸易体制进程,并不热衷于参加区域经济合作,进入 21 世纪以后才开始实施 EPA 战略。截至 2019 年 2 月初,日本已经生效的 RTA 共 17 项,已向 WTO 通报的共 2 项(见表 7.3)。日本 RTA 网络铺设以东亚为中心逐渐向全球推进。

表 7.3 日本已经生效以及向 WTO 通报的 RTA

序号	RTA 名称	涵盖范围	类型	生效时间
日本已生效的 RTA				
1	日本—新加坡	货物贸易 / 服务贸易	FTA&EIA	2002 年 11 月 30 日
2	日本—墨西哥	货物贸易 / 服务贸易	FTA&EIA	2005 年 4 月 1 日
3	日本—马来西亚	货物贸易 / 服务贸易	FTA&EIA	2006 年 7 月 13 日
4	日本—智利	货物贸易 / 服务贸易	FTA&EIA	2007 年 9 月 3 日
5	日本—泰国	货物贸易 / 服务贸易	FTA&EIA	2007 年 11 月 1 日
6	日本—印度尼西亚	货物贸易 / 服务贸易	FTA&EIA	2008 年 7 月 1 日
7	日本—文莱	货物贸易 / 服务贸易	FTA&EIA	2008 年 7 月 31 日
8	日本—东盟	货物贸易	FTA	2008 年 12 月 1 日
9	日本—菲律宾	货物贸易 / 服务贸易	FTA&EIA	2008 年 12 月 11 日
10	日本—越南	货物贸易 / 服务贸易	FTA&EIA	2009 年 10 月 1 日
11	日本—瑞士	货物贸易 / 服务贸易	FTA&EIA	2009 年 9 月 1 日
12	日本—印度	货物贸易 / 服务贸易	FTA&EIA	2011 年 9 月 1 日
13	日本—秘鲁	货物贸易 / 服务贸易	FTA&EIA	2012 年 3 月 1 日
14	日本—澳大利亚	货物贸易 / 服务贸易	FTA&EIA	2015 年 1 月 15 日
15	日本—蒙古	货物贸易 / 服务贸易	FTA&EIA	2016 年 6 月 7 日
16	日本—欧盟	货物贸易 / 服务贸易	FTA&EIA	2019 年 2 月 1 日
17	CPTPP	货物贸易 / 服务贸易	FTA&EIA	2018 年 12 月 30 日
日本已向 WTO 通报的 RTA				
1	日本—海湾合作委员会 EPA			
2	日本—韩国 EPA			

资料来源:笔者根据 WTO RTA Database 整理得出。

（二）日本参与区域经济合作的战略动机和目标

第一，铺设与多边贸易体制相互补充的区域经济合作网络。

WTO框架下的多边贸易谈判举步维艰，于2001年启动的多哈回合谈判历经十几年没有取得实质性进展，以各成员于2013年12月达成"巴里一揽子协定"而告一段落。相比之下，FTA为各成员加强经济联系，取得WTO框架下无法取得的贸易自由化程度提供了一种途径。FTA对于日本也不失为拓展与其他国家经贸往来的有效途径。20世纪90年代以后，各国间签订的FTA数量大增，FTA成为区域经济合作的主要形式。这一时期，欧盟和NAFTA相继启动，美国和欧盟在参与多边贸易谈判的同时积极布设FTA网络。迫于区域经济一体化迅速发展的压力，日本也开始考虑制定FTA战略，唯恐被排除之外。日本由坚定支持"多边"（多边贸易体制）转变为"多边"与"双边"（双边区域经济合作）并重，先后出台了一些政策如《日本FTA战略》《关于今后推进EPA的基本方针》等，EPA进程明显加快。2004年发布的《关于今后推进EPA的基本方针》明确提出，EPA作为以WTO为中心的多边贸易体制的一种补充机制，有利于日本发展对外经济关系，实现经济利益。① 鉴于美国、欧盟、印度、澳大利亚、中国、韩国都发起了对东盟FTA攻势，日本意识到东亚正在形成以"东盟主导，大国参与"的FTA网络。在这种情况下，日本感到其在亚洲的经济主导地位受到威胁，有种被孤立的感觉，于是选择东盟成员新加坡作为第一个EPA伙伴国。之后，陆续与东盟其他6个成员以及东盟签订了EPA。日本本着先易后难的原则，以东亚为中心，先与贸易和投资自由化水平较低的东亚发展中国家签订EPA，之后将EPA网络拓展至南亚、欧洲、北美洲、南美洲、大洋洲。自2010年，日本将FTA战略的重心由签订双边FTA转向构建多边FTA。日本政府出台的《新增长战略》《关于全面经济合作的基本方针》《日本再生战略》《经济财政运行与改革基本方针》都强调了参多边FTA谈判的重要性。日本近些年投身于FTAAP建设，参与中日韩FTA、RCEP谈判，签订并批准CPTPP以及日本–欧盟FTA。

---

① MOFA. Basic Policy towards further promotion of Economic Partnership Agreements［EB/OL］.［2015–11–30］.日本外务省官网。

第二，推动本国经济发展。

EPA 为日本拓宽出口市场创造了条件。自 1991 年至今，日本经济一直处于萧条期，长期萎靡不振，GDP 年均增长率只有 1%。[①] 而以"金砖国家"为代表的新兴经济体则飞速发展，2010 年中国的名义 GDP 超过日本，成为世界第二大经济体。相比之下，日本在世界经济中的地位逐渐下降。日本在多边贸易谈判受阻，区域经济一体化如火如荼进行，因没有缔结 FTA 而不断丧失出口市场的背景下，不得不积极推进 FTA/EPA 战略，开辟海外市场。日本所签订的 EPA 协议中都涉及了促进贸易和投资自由化的相关内容和具体措施，旨在为本国企业扩大出口和海外投资服务。日本—墨西哥 EPA 为日本商品进入北美市场创造了有利条件，日本—智利 EPA 为日本商品打开了南美市场的大门，日本—印度尼西亚 EPA 使得日本拿到了进入东盟最大消费市场的入场券，日本—印度 EPA 为日本商品占据印度这一巨大消费市场提供了先机，日本—欧盟 EPA 为日本商品进入欧洲市场提供了便利。

通过 EPA 改善海外企业商业环境，便利直接投资。日本 EPA 战略不仅是为了促进贸易便利化，而且是为了改善商业环境，增强海外企业在 EPA 伙伴国的竞争力。日本 EPA 目标定位于发展中国家而不是拥有广大市场的发达国家。[②] 日本与商业环境和基础设施建设落后的国家（新加坡、泰国、瑞士、澳大利亚除外的其他 EPA 对象国）所签订的 EPA 都要求对方应采取措施促进基础设施建设，改善贸易和投资环境。比如，日本—墨西哥 EPA 第 13 章规定，墨西哥应就改善商业环境问题进行定期咨询，成立改善商业环境委员会协调并解决相关问题等。[③] 日本通过 EPA 使部分伙伴国放松了对外资的限制，为其国外直接投资提供了便利。比如，在日本—泰国 EPA 中，泰国承诺不随意改变现有的投资政策来限制国外投资者的经营活动。[④] 在日本—印度 EPA 中，

---

① 根据 IMF 官网 1991—2018 年日本 GDP 年增长率（按不变价格）整理得出。

② Kawai, M. & Wignaraja, G. Asia's Free Trade Agreements: How is Business is Responding? [R/OL]. ADB&ADBI, 2010（12）: 78. 亚洲开发银行官网。

③ MOFA. Agreement Between Japan and the United Mexican States for the Strengthening of the Economic Partnership [EB/OL].[2015-11-30]. 日本外务省官网。

④ MOFA. Agreement Between Japan and Thailand for an Economic Partnership [EB/OL].[2015-11-30]. http://www.mofa.go.jp/region/asia-paci/thailand/epa0704/index.html.

印度放松了对流通服务业等行业外资占比的限制。①

推动日本国内改革，增强竞争力。日本在推进 FTA/EPA 战略过程中注重借助 FTA/EPA 建设倒逼国内相关领域的改革，提升产业竞争力，吸引 FTA/EPA 伙伴国。日本 2002 年发布的《日本 FTA 战略》指出，日本收获 FTA 利益的过程中必将经历开放市场所带来的疼痛，而这恰恰是提供产业结构水平所必要的。② 2010 年发布的《关于全面经济合作基本方针》指出，日本需要进行根本性的国内改革（涉及农业、人员流动、规制改革），以增强竞争力，满足建立经济伙伴关系的需要。③

第三，重塑东亚地区的主导地位。

20 世纪七八十年代，日本构建了以其为中心的"东亚雁行国际分工体系"，在东亚经济发展中充当"领头雁"的角色。进入 20 世纪 90 年代，日本经济低迷，其引领的"雁行模式"难以为继。在这种情况下，日本为应对国内外压力而被动做出反应，制定了 FTA/EPA 战略，以此来加强与东亚各国的联系，重塑东亚区域合作主导权。2006 年，日本通过倡导"10+6"机制来稀释中国倡导的"10+3"机制则充分说明了日本对东亚区域合作主导权的觊觎。《日本 FTA 战略》指出，日本通过 FTA，可以增强与伙伴国之间的经济依赖，进而增强政治信任感，提高日本的外交影响力，有利于获取外交利益。④ 2005 年初，小泉在众议院发表的施政演说中提出"主导"东亚区域一体化的"新理念"，表示日本为构建"包含多样性、共享经济繁荣的开放型东亚共同体发挥积极作用"。⑤ 日本于 2010 年发布的 FTA/EPA 战略文件中也强调，日本要兼顾 TPP、RCEP、中日韩 FTA 谈判，推进 FTAAP 建设，推进与欧盟 EPA，在

---

① MOFA. Comprehensive Economic Partnership Agreement between Japan and the Republic of India [EB/OL]. [2015-11-30]. http://www.mofa.go.jp/region/asia-paci/india/epa201102/index.html.

② MOFA. Japan's FTA Strategy（Summary）[EB/OL]. [2015-11-30]. http://www.mofa.go.jp/policy/economy/fta/strategy0210.html.

③ MOFA, Basic Policy on Comprehensive Economic Partnerships [EB/OL]. [2015-11-30]. http://www.mofa.go.jp/policy/economy/fta/policy20101106.html.

④ MOFA, Japan's FTA Strategy（Summary）[EB/OL]. [2015-11-30]. http://www.mofa.go.jp/policy/economy/fta/strategy0210.html.

⑤ 李俊久. 日本 FTA 战略试论 [J]. 当代亚太，2009（2）：120.

全球经贸规则制定中发挥重要作用。不难看出，日本区域经济合作中渗透着重塑东亚地区主导权，参与全球经贸规则制定，实现重新崛起的战略意图。

第四，确保资源和能源安全。

日本自然资源和能源贫乏，主要依赖进口，通过签订 EPA 来确保资源和能源供应也是其重要的战略考虑。日本在与能源和矿产资源丰富的国家（印度尼西亚、文莱、澳大利亚）签订的 EPA 中都设专门章节对相关内容做出规定以确保能源和资源供应。日本—智利 EPA 为获取铜等矿产资源提供了保障。文莱是日本原油和天然气的来源地。日本—文莱 EPA 专门设置了能源一章，对能源管制措施相互通报，加强能源领域合作，设立能源委员会等做出了规定。[①] 印度尼西亚对日本主要出口原油、天然气和煤炭。日本—印度尼西亚 EPA 也设置了能源与矿产资源一章，规定对能源管制措施相互通报，进行能源合作，成立能源和矿产资源委员会等。日本通过向印尼提供煤炭液化技术和低碳技术支持换取稳定的能源供给。[②] 澳大利亚对日本主要出口铁矿石和煤炭等资源。日本—澳大利亚 EPA 中同样有能源与矿产资源一章，对能源管制措施相互通报，加强能源领域合作，设立能源委员会等做出了规定，并单设一节对确保能源和矿产资源的稳定供应做出了相关规定，包括能源和矿产资源供应受到破坏时，双方应及时协商解决问题的对策。[③] 日本主要从海合会进口石油，双方之间的 EPA 也在谈判之中。

（三）日本的区域经济合作战略思路

日本区域经济合作的重点在 EPA。与 FTA 相比，EPA 可以给日本带来更多的好处和便利：农业是日本区域经济合作中敏感领域，而 EPA 较 FTA 对农业领域开发的相关规定更宽泛，回旋余地更大；EPA 较 FTA 在推动贸易自由化的同时更注重经济制度和经济一体化层面的建设，便于发挥日本作为经济强国的所具有的优势，也便于与日本签订 EPA 的发展中国家与日本接轨，有

① MOFA. Agreement Between Japan and Brunei Darussalam for an Economic Partnership［EB/OL］.［2015-11-30］. http：//www. mofa. go. jp/region/asia-paci/brunei/epa0706/agreement. pdf.

② MOFA. Agreement Between Japan and the Republic of Indonesia for an Economic Partnership［EB/OL］.［2015-11-30］. http：//www. mofa. go. jp/region/asia-paci/indonesia/epa0708/agreement. pdf.

③ MOFA. Agreement Between Japan and Austria for an Economic Partnership［EB/OL］.［2015-11-30］. http：//www. mofa. go. jp/files/000044322. pdf.

利于创造日本主导区域经济合作的局面；日本通过EPA向一些传统农业国（东盟成员、智利、墨西哥）提供资金援助，进行投资和技术合作等换取签约国接受其不平等的贸易条款，谋取更多的经济利益。

日本区域经济合作中注重保护其农业。日本农业竞争力弱，国内农业利益集团影响力大，日本政府在FTA谈判中对农业保护有嘉，已经生效的FTA都有大量的农产品被作为例外或再商议项目，这在一定程度上导致日本FTA自由化率低。日本国内对农产品的高度保护的呼声制约着日本国内批准TPP的进程。日本民进党政调会长山尾志樱里在国会审议TPP过程中指出，五大敏感项目（大米、小麦、奶制品、牛/猪肉、糖）中的约三成品种被撤销关税，政府在加入TPP谈判时所做的要守护关系国家利益的"五大圣域"的承诺未能兑现。① 此外，农业也是日本同欧盟、澳大利亚、加拿大的EPA谈判以及中日韩FTA谈判的焦点。

日本区域经济合作布局以东亚为中心，已与9个东亚经济体签订了EPA，占其所签订RTA总量的一半以上。日本地处东亚，与该地区其他经济体签署FTA/EPA具有地缘优势。加之，东亚经济近些年来持续高速增长，在该地区铺设FTA/EPA网络，能够削减关税，改善投资环境，确保能源供应，助力日本经济复苏。此外，通过FTA/EPA开拓东亚地区稳定的出口和投资市场，一方面可以减少与美国和欧洲国家的贸易摩擦，另一方面可以抗衡NAFTA和欧盟，防止在世界区域经济一体化潮流中被边缘化。日本在参与东亚区域经济合作进程中贯穿着以东亚为轴心的战略。2002年，日本提出建立东亚共同体的设想，EPA是其实现东亚经济共同体的手段。2006年，日本提出建立CEPEA来排斥中国提出的EAFTA，试图抢占东亚区域经济合作的主导权。日本将新加坡锁定为第一个FTA伙伴国，此后陆续与东盟的其他6个成员（马来西亚、泰国、印度尼西亚、文莱、菲律宾、越南）以及东盟、蒙古签订了EPA。此外，日韩EPA、中日韩FTA也在谈判之中。而CPTPP的签订进一步加强了日本在东亚区域经济合作中的主导地位。

---

① 人民网.日美审批TPP不顺利，美国总统奥巴马称越拖难度越大［EB/OL］.［2016-05-05］.

三、韩国的区域经济合作战略

（一）韩国参与区域经济合作进展

韩国跟日本一样是"贸易兴国战略"的受益者，多年积极推动多边贸易体制进程。直到 20 世纪 90 年代末，才开始关注区域经济合作。截至 2019 年 2 月初，韩国已经生效的 RTA 共 18 项，已向 WTO 通报的共 2 项（见表 7.4）。

表 7.4　韩国已经生效以及向 WTO 通报的 RTA

韩国已生效的 RTA				
序号	RTA 名称	涵盖范围	类型	生效时间
1	贸易谈判协议（PTN）	货物贸易	PSA	1973 年 2 月 11 日
2	亚太贸易协定（APTA）	货物贸易	PSA	1976 年 6 月 17 日
3	发展中国家全球贸易优惠制（GSTP）	货物贸易	PSA	1989 年 4 月 19 日
4	韩国—智利	货物贸易 / 服务贸易	FTA&EIA	2004 年 4 月 1 日
5	韩国—新加坡	货物贸易 / 服务贸易	FTA&EIA	2006 年 3 月 2 日
6	韩国—欧洲自由贸易联盟（EFTA）	货物贸易 / 服务贸易	FTA&EIA	2006 年 9 月 1 日
7	韩国—东盟	货物贸易 / 服务贸易	FTA&EIA	2010 年 1 月 1 日（G） 2009 年 5 月 1 日（S）
8	韩国—印度	货物贸易 / 服务贸易	FTA&EIA	2010 年 1 月 1 日
9	韩国—欧盟	货物贸易 / 服务贸易	FTA&EIA	2011 年 7 月 1 日
10	韩国—美国	货物贸易 / 服务贸易	FTA&EIA	2012 年 3 月 15 日
11	韩国—秘鲁	货物贸易 / 服务贸易	FTA&EIA	2011 年 9 月 1 日
12	韩国—土耳其	货物贸易	FTA	2013 年 5 月 1 日
13	韩国—澳大利亚	货物贸易 / 服务贸易	FTA&EIA	2014 年 12 月 12 日
14	韩国—加拿大	货物贸易 / 服务贸易	FTA&EIA	2015 年 1 月 1 日
15	韩国—新西兰	货物贸易 / 服务贸易	FTA/EIA	2015 年 12 月 20 日
16	韩国—中国	货物贸易 / 服务贸易	FTA/EIA	2015 年 12 月 20 日
17	韩国—越南	货物贸易 / 服务贸易	FTA/EIA	2015 年 12 月 20 日
18	韩国—哥伦比亚	货物贸易 / 服务贸易	FTA/EIA	2016 年 7 月 15 日

续表

韩国已生效的 RTA			
序号	RTA 名称	涵盖范围	类型	生效时间
韩国已向 WTO 通报的 RTA			
1	韩国—日本 FTA			
2	韩国—墨西哥 FTA			

资料来源：笔者根据 WTO RTA Database 整理得出。

（二）韩国参与区域经济合作的战略动机和目标

第一，减少经济对外依赖性。

韩国自 20 世纪 60 年代中期开始实行"贸易兴国"战略，完成了向现代工业社会的转变，并成为亚洲"四小龙"成员之一。但是，这种战略却在一定程度上导致了韩国经济发展的对外依存度较高。对外贸易在韩国经济发展中的作用与日俱增，从 1990 年到 2010 年的 20 间，韩国进出口贸易额由占名义 GDP 的 60% 增长至 100%，涨幅高达 40%，明显高于中国、印度、美国、日本。[①] 2003 年，韩国对外贸易依存度为 70.6%，2006 年升至 80%，2008 年突破 100%，2008—2012 年年均保持在 100% 以上。[②] 如此之高的对外贸易依存度降低了韩国抵御外部冲击的能力，在世界经济出现波动时面临的风险更大，更容易陷入经济危机。韩国政府对此高度警惕，通过推动 FTA 进程来拓展原料的进口市场和产品的出口市场，增加对外贸易的主动权，扩大回旋余地，缓解当下所处的被动局面。

第二，寻求出口市场，推动经济发展。

20 世纪 90 年代，在国际区域经济合作如火如荼开展的情况下，韩国给予了高度关切，但并未开始行动。到 1997 年亚洲金融危机爆发后，当时的金大中政府对韩国的经济和社会结构进行了大幅度改革，需要通过区域经济合作进一步开拓市场，引进外资，为改革提供动力。这一时期，APEC 区域多边主

[①]　Milani, F. The Effects of Globalization on Macroeconomic Dynamics in a Trade-Dependent Economy: the Case of Korea ［EB/OL］. BOK Working Paper, 2014（13）: 2-3.

[②]　新华网，韩国经济对外依存度创造历史最高水平［EB/OL］.［2012-08-01］［2015-12-02］.

义和 WTO 全球多边贸易体制前景黯淡,北美、欧洲区域经济合作进程不断加深。韩国成为极少数尚未签订 FTA 的国家之一,为避免在区域经济合作发展中被边缘化,开始意识到在多边贸易进程受阻的情况下启动 FTA 来促进经济发展的紧迫性。2004 年,时任韩国总统卢武铉指出,摆在韩国面前毫无选择余地的课题是通过签署 FTA 拓展海外市场,实现可持续发展,促进开放型贸易发展。[①] 韩国将首批 FTA 对象国锁定在与其在产业结构和贸易商品结构上具有较强互补性,且在农产品敏感领域摩擦较小的国家上,包括智利、新加坡、东盟。2003 年 8 月,韩国出台了《FTA 路线图》,并于次年 5 月对其进行了修改,确立了 FTA 谈判和签署原则,积极与美国、欧盟等发达经济体,以及印度、中国等新兴经济体开展谈判并签署了 FTA,为本国经济发展和开展对外贸易提供了更为广阔的平台。韩国也逐渐从世界 FTA 舞台的边缘迈向中央。2008 年爆发的全球金融危机使韩国深受冲击,当时的李明博政府推出"新亚洲倡议",通过同亚洲国家展开 FTA 谈判,提升彼此间经贸关系,推进韩国市场多元化。[②]

第三,确保资源和能源供应。

韩国国土面积仅 10 万多平方公里,人口 5000 多万。韩国自然资源和能源匮乏,主要依靠进口获得供应。韩国已发现的 280 多种矿物中具有经济价值的不足 60%,主要工业原料都需进口。韩国是世界第八大能源消费国,97% 的能源消费来源于进口,液化天然气和煤炭进口排世界第二,石油进口排世界第四。[③] 当今世界各国对资源和能源争夺激烈,通过签署 FTA 保证资源和能源供应已经成为各国共识。韩国也将签署 FTA 作为打开资源和能源合作的大门,排除经济发展的后顾之忧。

第四,将韩国打造成为东亚区域经济合作的关键枢纽。

近年来,国际区域经济合做出现了新的发展态势,TPP/CPTPP、RCEP 等巨型 FTA 谈判逐渐推进,亚太区域经济合作处于调整期。为了适应这种新的变化,增强在东亚地区的影响力,改善所处的贸易环境,韩国加入了 RCEP 谈判,宣

---

① 廖小健,廖新年.韩国的 FTA 战略[J].外交评论,2005(5):79.

② 凌胜利.韩国的中等强国外交演变[J].当代韩国,2015(1):47.

③ 百度百科[EB/OL].韩国相关资料.

布会考虑加入 TPP/CPTPP。中韩、中日韩 FTA 谈判也分别于 2012 年、2013 年启动。韩国于 2013 年 6 月发布了《新贸易路线图》[①]，提出基于韩国和中国、美国 FTA 的基础上，将韩国打造成连接中国主导的 RCEP 和美国主导的 TPP 之间的关键链条，从而在东亚区域经济一体化中发挥积极作用。《新贸易路线图》强调，韩国应在坚持开放贸易政策，继续在全球铺设 FTA 网络的同时，实行共赢的 FTA 政策，为发展中国家提供其所需的发展援助和合作。在此背景下，韩国分别于 2013 年、2014 年与土耳其、哥伦比亚，澳大利亚签订了 FTA，于 2014 年结束了与加拿大的 FTA 谈判。此外，韩国还启动了与部分东盟国家如印度尼西亚、越南等的 FTA 谈判。在 CPTPP 签订后，韩国也表示会考虑加入该协定。

（三）韩国的区域经济合作战略思路

第一，本着先次后主、先易后难的原则。

韩国选择与主要发达经济体的周边经济体进行 FTA 谈判，在此基础上开展与主要发达经济体的 FTA 谈判。韩国在启动与新加坡、EFTA、加拿大、墨西哥的 FTA 谈判后，启动了与东盟、欧盟、美国的谈判。新加坡是东盟成员，已经与美国、日本、澳大利亚签署了 FTA。韩国通过与新加坡商签 FTA 可以撬开东南亚市场的大门，为其与东盟 FTA 的谈判和签订奠定了基础。而韩国与 EFTA 商签 FTA 为其打开欧洲市场提供了机会，便于与欧盟 FTA 的谈判和签订。同样，韩国与 NAFTA 成员加拿大、墨西哥进行 FTA 谈判，在一定程度上加快了其与美国开展谈判的启动。

韩国 FTA 早期谈判对象锁定在相对容易谈判并达成协定的经济体上，包括智利、新加坡、EFTA。韩国、智利两国贸易互补性强，韩国以生产汽车、电子产品等资本密集型产品为主，可以满足智利对高级工业品的需求。智利具有丰富的自然资源（矿产、森林、渔业等），盛产矿产品、农副产品、水产品等，能够满足韩国对资源产品的需求。两国分别位于南北半球，智利的农业不会给韩国造成太大冲击，韩国政府与其签署 FTA 所面临的来自农业利益集团的压力小；新加坡是一个开放型经济体，商业、金融业、物流业发达，韩国与新加坡签订 FTA 有利于其进入东南亚市场，促进经济发展，提升国际竞

---

① MOTIE. A New Trade Roadmap［EB/OL］. http：//english. motie. go. kr/?p=5460&paged=0.

争力；韩国与 EFTA 签订 FTA 为其打开欧洲市场的大门提供了有利平台。韩国与这些经济体签订 FTA 为其后期开展与欧盟、美国等发达国家进行 FTA 谈判积累了经验，奠定了坚实的基础。

第二，全面高水平同步推进。

韩国作为国际区域经济合作起步较晚的国家，为了赶超其他国家而不至于落后很远，同时也为节省谈判成本，没有采取循序渐进的推进 FTA 谈判的方式。《韩国 FTA 路线图》提出"同时多边行动"和"全面的、高水准的"的FTA 签订原则。韩国政府认为，同时与多个国家签订 FTA 可以实现利益互补，缓解一些产业受到的冲击。比如，韩国与东盟签订 FTA 可以弥补其今后与日本签订 FTA 对汽车行业造成的损失。正是在这一原则的指导下，韩国同时与多国开展了 FTA 谈判。韩国在其第一个 FTA（韩国—智利 FTA）于 2004 年生效的同一年启动了与新加坡的谈判，并于次年与新加坡签订了 FTA。2005年，韩国又启动了与 EFTA、东盟、加拿大的 FTA 谈判。在此后的 7 年时间里，韩国先后启动了与印度、美国、欧盟、墨西哥、海合会、秘鲁、澳大利亚、新西兰、哥伦比亚、土耳其、中国等 FTA 谈判。此外，中日韩 FTA 谈判于 2012 年启动，RCEP 谈判于 2013 年启动。

韩国 FTA 内容广泛且自由化水平高，除了较高程度的货物贸易市场准入外，还涉及服务贸易、投资、知识产权、政府采购等领域，达到实现 FTA 经济效应最大化的目的。韩国—美国 FTA 规定，美国对韩国产品关税削减率为 94.9%。而韩国—欧盟 FTA 规定，欧盟对韩国产品关税削减率为 99.6%。这无疑为韩国企业在短期内进入极具吸引力的美欧市场创造了条件。同时，涉及领域相对较窄的美国—印度、美国—东盟 FTA 也会在今后的谈判中不断完善。[①]

第三，区域经济合作类型多，签约国覆盖范围广。

目前，韩国所签订的 FTA 覆盖发达经济体、发展中经济体和新兴经济体。韩国与美国、欧盟、加拿大、澳大利亚、新加坡、新西兰 5 个发达经济体签订了 FTA，并已生效，与日本的 FTA 谈判正在进行中，与东盟、中国、印度、

---

① Jin-ho，M. et al. The Decade-Long Journey of Korea's FTAs［R］. IIT Working Paper 14-01，PP. 16，2014.

智利、土耳其、秘鲁、越南、哥伦比亚等发展中经济体签订了 FTA，并已生效。除签订 FTA 外，韩国加入了 PTN、APTA、GSTP 等 PSA，还加入了 RCEP 谈判。

四、东盟的区域经济合作战略

（一）东盟参与区域经济合作进展

东盟既注重推进内部一体化进程，也注重加强区域经济合作。东盟于 20 世纪 70 年代末开始内部一体化尝试。1977 年 2 月，东盟五国（新加坡、泰国、马来西亚、菲律宾、印度尼西亚）签署了优惠贸易安排（Preferential Trade Arrangement，PTA）协议。此后，东盟继续推进一体化进程，于 1992 年宣布成立 AFTA，于 2009 年将成员扩增至 10 个，2007 年 11 月批准"东盟共同体蓝图"。在推进内部一体化的同时，东盟积极加强区域外部经济合作。截至 2019 年 2 月初，东盟已经生效的 RTA 达 6 个（见表 7.5）。

表 7.5　东盟已经生效的 RTA

序号	RTA 名称	涵盖范围	类型	生效时间
1	东盟自由贸易区（AFTA）	货物贸易	FTA	1992 年 1 月 28 日
2	东盟—中国	货物贸易 / 服务贸易	FTA&EIA	2005 年 1 月 1 日（G） 2007 年 7 月 1 日（S）
3	东盟—韩国	货物贸易 / 服务贸易	FTA&EIA	2010 年 1 月 1 日（G） 2009 年 5 月 1 日（S）
4	东盟—日本	货物贸易	FTA	2008 年 12 月 1 日
5	东盟—澳大利亚、新西兰	货物贸易 / 服务贸易	FTA&EIA	2010 年 1 月 1 日
6	东盟—印度	货物贸易 / 服务贸易	FTA&EIA	2010 年 1 月 1 日（G） 2015 年 7 月 1 日（S）

资料来源：笔者根据 WTO RTA Database 整理得出。

（二）东盟参与区域经济合作的战略动机和目标

第一，获取东亚区域经济合作的主动权。

纵观东盟参与区域经济合作的历程，东盟一直在为获取东亚区域经济合作主动权努力。东盟成员马来西亚前总理马哈蒂尔于 1990 年提出了东亚区域经济合作的最初构想即"东亚经济集团"。1992 年，东盟成立自由贸易区，通过开展全面经济合作提升在东亚区域经济合作中的影响力，充当了东亚区域经济合作的发起者，起到了示范作用。1997 年亚洲金融危机之后，东盟进一步推动了东亚区域经济合作进程，建立了其主导的"东盟 +N"多个合作机制并驾齐驱的局面。2008 年全球金融危机以来，美国借助 TPP 获取亚太区域经济合作的主导权。在 TPP 不断扩容的冲击下，东盟为维护其在东亚区域经济合作中的主导地位，提出了 RCEP 给予回应

第二，配合大国平衡战略。

东盟国家所处地理位置重要，资源丰富，是大国争夺的重点区域。东盟由发展中国家组成，自身实力薄弱，无法保证本地区的和平与安定。鉴于此，东盟认为，在主要国家（美国、中国、日本、俄罗斯）争夺中，站在任何一方都会伤及自身利益，得不偿失。而最佳策略是在大国争夺中进行斡旋，利用它们之间的矛盾，使其相互制衡，搞大国平衡外交，从而左右逢源，实现利益最大化。而东盟区域经济合作也在一定程度上服务于该战略。东盟通过签订 FTA 将区外国家引入东亚地区，在其主导的 FTA 网络上，占据灵活有利的位置，游离于各大国之间，在国际政治舞台上获取更大的外交回旋空间。

第三，推进内部一体化进程。

东盟在 2007 年提出建立东盟共同体的目标以来，一直致力于推进这一目标的实现。然而，东盟成员经济发展水平和开放程度、制度安排等方面存在很大差异，实现这一目标谈何容易。鉴于此，东盟试图通过与日本、中国等地区经济大国签订 FTA 促进相互间经贸往来，带动这些国家在东盟的投资，促进东盟经济发展。另外，通过 FTA 带来的外部压力，促使东盟各成员开放国内市场，实现经济贸易自由化，推动东盟共同体建设。

（三）东盟的区域经济合作战略思路

第一，在区域经济合作中遵循差别对待的原则。

东盟鉴于其成员之间以及潜在的 FTA 伙伴国之间的经济发展水平的各不相同，而采取了区别对待的原则。如前文所述，东盟根据"10+1"FTA 伙伴国的不同情况对货物贸易制定的关税减让水平和对服务贸易承诺所做出的承诺不尽相同。RCEP 明确提出，考虑到参与方经济发展阶段不同，以适当的方式对最不发达的东盟成员给予差别对待。

第二，兼顾内部一体化与外部区域经济一体化。

1977年，东盟五国（新加坡、泰国、马来西亚、菲律宾、印度尼西亚）签署了PTA，开始了经济一体化的尝试。20世纪80年代末、90年代初，东盟的两大出口市场欧洲和北美一体化进程加快，欧盟和NAFTA成立在即。这种外部压力促使东盟决定加快内部一体化进程。1992年，东盟自由贸易区成立。此后，1997年爆发的亚洲金融危机对东盟各国经济造成了严重冲击，使东盟意识到单靠自身力量无法抵御外部冲击，必须通过加强内部经济融合和外部区域经济合作提升抵御风险的能力。1997年12月，东盟提出到2020年建设成"东盟共同体"的设想。2007年，东盟正式批准到2015年建成"东盟共同体"的设想。在这期间，东盟也致力于推动外部区域经济合作，建立了"10+1""10+3""10+6"机制，并于2012年提出建立RCEP。此外，东盟与美国、海合会、俄罗斯、加拿大的FTA谈判也在进行中。东亚区域经济合作形成东盟主导主要大国参与的"小马拉大车"的局面。

第三，通过推动区域经济合作带动本国经济发展。

东盟成员经济实力弱小，经济发展动力不足，希望通过与周边大国签署FTA建立紧密经济关系，分享大国经济发展带来的红利。参与区域经济合作是东盟赖以生存和发展的基础，只有参与区域经济合作才能保证在国际分工、政治外交、安全等领域的一席之地。并且区域经济合作越深入，获益越大。表7.6显示，东盟及成员参与经济一体化程度越深，获益越大。在"10+6"框架下东盟及其成员GDP增速最大，其次是在"10+3"框架下，而在"10+1"框架下最小。

表7.6　"10+N"机制下东盟及其成员GDP的增长率（单位：%）

国家 / 地区	"10+3"		"10+1"	"10+6"	
	情景1	情景2	情景1	情景1	情景2
日本	0.44	0.44	0.10	0.54	0.54
中国	1.66	4.72	0.20	1.77	4.84
韩国	3.56	3.55	0.20	3.72	3.71
印度尼西亚	1.74	3.94	1.00	1.94	4.14

国家 / 地区	"10+3"		"10+1"	"10+6"	
	情景1	情景2	情景1	情景1	情景2
马来西亚	5.83	8.62	3.30	6.21	9.00
菲律宾	3.94	6.28	2.20	4.18	6.52
新加坡	4.22	4.24	2.30	4.4	4.42
泰国	4.49	7.02	2.80	4.78	7.32
越南	7.08	9.67	5.00	7.33	9.92
其他东南亚国家	0.88	2.91	0.50	0.92	2.95
东盟	3.60	5.67	2.14	3.83	5.89

数据来源：Chirtahivat, S.&Piti, S. "The 2030 Architecture of Association of Southeast Asian Nations Free Trade Agreements"［EB/OL］.ADBI Working Paper, 2013, 419: 23.

备注：情景1指贸易便利化和自由化，情景2指经济技术合作.

五、印度的区域经济合作战略

（一）印度参与区域经济合作进展

20 世纪 90 年代中期之前，印度外交上实行"不结盟"政策，对外贸易上全力保护本国市场免遭外部冲击。受此影响，印度对区域经济合作表现得并不积极，起步较晚。截至 2019 年 2 月初，印度已经生效的 RTA 共 16 项，已向 WTO 通报的共 4 项（见表 7.7）。

表 7.7 印度已经生效及向 WTO 通报的 RTA

印度已生效的 RTA				
序号	RTA 名称	涵盖范围	类型	生效时间
1	亚太贸易协定（APTA）	货物贸易	PSA	1976 年 6 月 17 日
2	发展中国家全球贸易优惠制（GSTP）	货物贸易	PSA	1989 年 4 月 19 日
3	南亚优惠贸易协定（SAPTA）	货物贸易	PSA	1995 年 12 月 7 日
4	印度—斯里兰卡	货物贸易	FTA	2001 年 12 月 15 日
5	印度—阿富汗	货物贸易	PSA	2003 年 5 月 13 日
6	印度—泰国	货物贸易	PSA	2004 年 9 月 1 日

序号	RTA 名称	涵盖范围	类型	生效时间
		印度已生效的 RTA		
7	印度—新加坡	货物贸易 / 服务贸易	FTA&EIA	2005 年 9 月 1 日
8	南亚自由贸易区（SAFTA）	货物贸易	FTA	2006 年 1 月 1 日
9	印度—不丹	货物贸易	FTA	2006 年 7 月 29 日
10	印度—智利	货物贸易	PSA	2007 年 9 月 17 日
11	印度—南方共同市场	货物贸易	PSA	2009 年 6 月 1 日
12	印度—尼泊尔	货物贸易	PSA	2009 年 10 月 27 日
13	印度—东盟	货物贸易 / 服务贸易	FTA&EIA	2010 年 1 月 1 日（G） 2015 年 7 月 1 日（S）
14	印度—韩国	货物贸易 / 服务贸易	FTA&EIA	2010 年 1 月 1 日
15	印度—马来西亚	货物贸易 / 服务贸易	FTA&EIA	2011 年 7 月 1 日
16	印度—日本	货物贸易 / 服务贸易	FTA&EIA	2011 年 9 月 1 日
		印度已向 WTO 通报的 RTA		
1	孟印缅斯泰经济合作组织（BIMSTEC）			
2	印度—欧洲自由贸易联盟 FTA			
3	印度—南部非洲关税联盟 PSA			
4	印度—欧盟 FTA			

资料来源：笔者根据 WTO RTA Database 整理得出。

（二）印度参与区域经济合作的战略动机和目标

第一，扩大出口市场，吸引外资，保证能源供应。

自 20 世纪 90 年代后期以来，印度货物贸易出口额一直呈现快速增长态势，1997 年为 350 多亿美元，到 2006 年突破 1000 亿美元，2010 年突破 2000 亿美元，2011 年突破 3000 亿美元，近几年平均值约为 3000 亿美元。[①] 随着出口额的增加，印度所面临的国外保护主义压力也在加大。印度产品既遭受了

---

① 数据来源：联合国贸易和发展会议数据库。

来自欧美等主要传统出口市场的与标准相关的贸易壁垒（SPS、TBT 等），也遭受了来自南亚和东盟市场的程序性壁垒，阻止印度企业进入其个别行业。[①]在这种情况下，印度确保稳定的出口市场至关重要，而开展区域经济合作来扩大出口市场自然被提上议程。

进入 21 世纪，印度的外商直接投资开始增加，2006 年印度累计吸引外资超过 2000 亿美元，2008 年超过 4000 亿美元，成为发展中国家中吸引外资最多的国家之一。[②]印度作为世界第二大发展中国家，需要大量吸引外商投资来保持经济高速发展。而通过区域经济合作，既可以增加区域内不同经济体之间的相互投资，也能刺激区外国家为规避关税壁垒而选择进入区域经济一体化组织的成员投资。日本、新加坡、韩国等资本相对充裕的国家自然成为印度签订FTA 的重点国家。印度还启动了与其第二大外资来源地欧盟的 FTA 谈判。

通过参与区域经济合作来保证能源供应是很多国家的惯用的策略之一。印度作为世界能源净进口国也把能源合作列入参与区域经济合作的一个重要领域。从印度的 FTA 签订对象国看，马来西亚、印度尼西亚、越南、缅甸都是能源净出口国。与这些国家通过 FTA 进行能源合作既可以依托经济纽带来保证能源的稳定供应，又可以削减能源进口关税壁垒，降低成本。

第二，提升国际影响力，谋求大国地位。

印度的开国总理尼赫鲁曾将复兴印度的愿望描述为，印度要么做一个有声有色的大国，要么就销声匿迹，印度不能在世界扮演二等角色。[③]实现世界大国地位一直是印度的国家战略目标。而要实现这一目标，印度需要走出南亚，冲出亚太。印度的区域经济合作也在一定程度上体现着其在政治上的诉求。印度在 20 世纪 90 年代中期以前受不结盟政策的影响对区域合作持冷漠态度。冷战结束后，印度提出"古吉拉尔主义"，主张与邻国建设和睦相处的新型关系，在处理与南亚区域合作联盟组织成员的关系时，应根据需要做出适当让步，不计回报。在这一政策的指导下印度开始对南亚区域经济合作表现的积极起来，SAPTA 于 1995 年生效，SAFTA 于 2006 年生效。在改善与

---

① 卢欣.印度区域经济一体化战略探析［J］.东北财经大学学报，2011（4）：71.
② 数据来源：联合国贸易和发展会议数据库。
③ 贾瓦哈拉尔·尼赫鲁.印度的发现（中译本）［M］.北京：世界知识出版社，1956：57.

邻国关系的同时，印度还提出了"东向政策"，将发展与东盟关系提升到了战略高度。印度与东盟的区域经济合作取得了一定的进展，双方于 2003 年签订《全面经济合作框架协议》，开启了区域经济合作并于 2010 年成立自由贸易区。此外，印度还与韩国、日本签订了 FTA，加强了与日韩之间的经贸联系。随着"古吉拉尔主义"和"东向政策"的实施，印度改善了与南亚邻国的关系，巩固了其在南亚的地区霸主地位，加强了与东盟、日本和韩国的政治互信和经济融合。通过与日韩开展区域经济合作加强了与这两个国家的经贸联系。印度的这一系列付出在一定程度上赢得了这些国家的支持，提升了在国际事务中的话语权和影响力，为其实现大国目标奠定了基础。

（三）印度的区域经济合作战略思路

第一，立足南亚、走向东亚、进军亚太、面向世界。

纵观印度区域经济合作部署，印度区域经济合作可谓是立足南亚、走向东亚、进军亚太、面向世界。20 世纪 90 年代中后期，印度在"古吉拉尔主义"的影响下，积极发展与南亚邻国友好关系，推动了与南亚国家的区域经济合作，先后与斯里兰卡、不丹、尼泊尔签订 FTA，并推动建立了 SAFTA。1991年，印度推行"东向政策"，开始积极推进与东盟、韩国、日本的区域经济合作进程，并先后签订了双边 FTA，BIMSTEC 谈判也在进行中。印度在推进与南亚、东亚经济体区域经济合作进程的同时，也积极参与亚太区域经济合作。签署 APTA 是印度参与亚太区域经济合作的开始。印度凭借与东盟签订 FTA，自然成为"10+6"机制下的成员，参与东盟峰会，参加 RCEP 谈判，迈出了参与亚太事务的重要一步。此外，印度结束了与中国建立自贸区的联合研究，启动了与澳大利亚、新西兰的自贸区谈判。在进军亚太的同时，印度还把参与区域经济合作的触角伸向了美洲、欧洲、非洲，印度—智利、印度—南方共同市场 FTA 分别于 2007 年和 2009 年生效，与欧盟 FTA 谈判、与南部非洲关税联盟 PSA 谈判都在进行中。

第二，采取务实灵活的谈判策略。

印度在谈判中采取了先易后难、灵活务实、循序渐进的策略。对于部分国家按照先签订全面经济合作框架协议后逐渐推进谈判并达成 FTA，或先签订 PTA 后逐渐推进谈判并达成 FTA 的步骤进行谈判。按照"部门补偿法"原则来弥补大幅度削减关税造成的损失以推进谈判进程，利用在服务贸易领域的竞争优势带来的获益抵消货物贸易领域的损失，利用货物领域里个别部门的获益抵消其他部门的损失。

第三，从多方面选择谈判对象。

印度基于多层面考虑并选择谈判对象。印度与南亚邻国推进区域经济合作除了推动与这些国家经贸往来外，还有改善与它们的关系，在南亚地区树立负责任大国形象战略意图。印度与东盟、日本、韩国推进区域经济合作为了推进国内经济自由化改革，促进与东盟国家的经贸往来，吸引投资，还为配合"东向战略"，改善与东盟的关系，拓展其在东亚的外交空间。印度前总理拉奥曾指出，印度的"东向政策"不仅是一项对外经济政策，还是印度实现世界梦想，融入全球经济的一项战略调整。[1]但是，在是否启动与中国FTA谈判上，印度并没有按照配合"东向政策"的常规出牌。尽管中印双边贸易额高于印度与东亚其他国家双边贸易额，但是印度在与中国于2007年完成建立自贸区可行性报告，并且报告认为两国建立自贸区具备可行性，然而两国间区域经济合作尚未取得实质性进展。沈铭辉（2010）认为，印度在实施区域经济合作战略中有制衡中国的考虑。[2]中印两国历史上有过友好往来，也有过战争交戈。两国间关系深受领土争端、西藏问题等困扰。印度在中国与东盟推进区域经济合作的同时，也加快了与东盟的区域经济合作谈判步伐，并在中国—东盟FTA签订的同一年与东盟签订了FTA。印度将中国视为其获取世界大国地位的强大竞争对手，对中国的防范戒备之心可见一斑。

六、澳大利亚的区域经济合作战略

（一）澳大利亚参与区域经济合作进展

澳大利亚也是以贸易兴国的国家，是多边贸易体制的受益者，一直是WTO多边贸易体制的支持者。进入21世纪，在多边贸易谈判受阻，周边国

---

① Shri Pranab Mukherjee. Speech at Seminar on 'Look East Policy'［EB/OL］.（2007–01–16）［2015–12–05］.印度外交部官网.

② 沈铭辉.东亚经济体FTA战略比较［M］//张蕴岭，沈铭辉.东亚、亚太区域合作模式与利益博弈.北京：经济管理出版社，2010：98.

家和主要贸易伙伴相继投入区域经济合作的情况下，澳大利亚改变了之前对
国际区域经济合作的冷淡态度，开始铺设区域经济合作网络，以防在国际区
域经济合作进程中被边缘化。截至 2019 年 2 月初，澳大利亚已经生效的 RTA
共 13 项，已向 WTO 通报的共 1 项（见表 7.8）。

表 7.8　澳大利亚已经生效及向 WTO 通报的 RTA

澳大利亚已生效的 RTA				
序号	RTA 名称	涵盖范围	类型	生效时间
1	澳大利亚—巴布亚新几内亚	货物贸易	FTA	1977 年 2 月 1 日
2	南太平洋地区贸易与经济合作协（SPARTECA）	货物贸易	PSA	1981 年 1 月 1 日
3	澳大利亚—新西兰	货物贸易 / 服务贸易	FTA&EIA	1983 年 1 月 1 日（G） 1989 年 1 月 1 日（S）
4	澳大利亚—新加坡	货物贸易 / 服务贸易	FTA&EIA	2003 年 7 月 28 日
5	澳大利亚—美国	货物贸易 / 服务贸易	FTA&EIA	2005 年 1 月 1 日
6	澳大利亚—泰国	货物贸易 / 服务贸易	FTA&EIA	2005 年 1 月 1 日
7	澳大利亚—智利	货物贸易 / 服务贸易	FTA&EIA	2009 年 3 月 6 日
8	东盟—澳大利亚—新西兰	货物贸易 / 服务贸易	FTA&EIA	2010 年 1 月 1 日
9	澳大利亚—马来西亚	货物贸易 / 服务贸易	FTA&EIA	2013 年 1 月 1 日
10	澳大利亚—韩国	货物贸易 / 服务贸易	FTA&EIA	2014 年 12 月 12 日
11	澳大利亚—日本	货物贸易 / 服务贸易	FTA&EIA	2015 年 1 月 15 日
12	澳大利益—中国	货物贸易 / 服务贸易	FTA&EIA	2015 年 12 月 20 日
13	CPTPP	货物贸易 / 服务贸易	FTA&EIA	2018 年 12 月 30 日
澳大利亚已向 WTO 通报的 RTA				
1	澳大利亚—海湾合作委员会			

资料来源：笔者根据 WTO RTA Database 整理得出。

（二）澳大利亚参与区域经济合作的战略动机和目标

第一，促进贸易和投资自由化和持续发展。

推动贸易发展、吸引投资是澳大利亚经济外交四大支柱[1]中的两个。澳大

---

① 澳大利亚实现经济外交的四大支柱：推动贸易发展、促进增长、吸引外资、支持商业企业发展。澳大利亚外交贸易部官网.

利亚通过双边、区域、全球贸易协定为本国开辟新的出口市场，维持强大的、有秩序的全球贸易体系。如今，澳大利亚的经济发展比之前任何时候都更依赖于全球经济的发展，其对外贸易额对 GDP 的贡献率已经占到 42%（这一数字自 1900 年以来一直没有低于过 25%）。[①] 1986—2016 年间，澳大利亚通过贸易自由化进一步融入世界经济，更趋向以贸易为导向，2016 年澳大利亚货物和服务贸易额占其名义 GDP 总量的 40%。货物贸易进口关税削减让澳大利亚受益颇多，2016 年真实 GDP 比未降税情景下高 5.4%，降税三十年间的国民收入比未降税情景下多 8400 澳元。[②] 不难看出，澳大利亚经济发展离不开对外贸易和国际投资，而其对外贸易和国际投资的发展依赖于 FTA 伙伴国。因此，通过参与区域经济合作来推动本国贸易和投资持续发展，促进贸易和投资自由化自然成为澳大利亚参与区域经济合作的主要动机之一。

第二，促进商业企业发展。

通过区域经济合作可以为本国商业企业发展带来诸多好处。首先，通过区域经济合作为国内商业企业开拓新的市场，进一步打开产品的国外销路。并通过签订 FTA 等形式建立与潜在出口目的国的经贸关系或进一步加强与主要出口目的国的经贸关系，保证国外市场的稳定。其次，通过区域经济合作能够有效规避贸易转移效应造成的损失。

第三，实现外交和安全利益。

进入 20 世纪 90 年代，澳大利亚面临着一系列新形势。欧洲、北美、东亚区域经济合作的迅猛发展给澳大利亚平添了不少压力。随着亚洲经济的快速发展，亚洲成为世界最具增长潜力的地区，澳大利亚与亚洲各国的经济联系日益紧密，相互依存度越来越高。亚洲金融危机后，东亚一体化进程加快，"10+3" 机制将澳大利亚拒之门外。鉴于形势的变化，澳大利亚唯恐被排除在亚洲经济一体化进程之外，希望与亚洲国家开展区域经济合作的愿望日益强烈。澳大利亚倡议建立"亚太共同体"，并对建立亚太自由贸易区表现积极，试图通过成为亚洲和美国之间的桥梁，提升其在国际舞台上的话语权。此外，

---

① 数据来源：澳大利亚外交贸易部官网.

② Department of Foreign Affairs and Trade AU. Australian Trade Liberalisation：Analysis of the Economic Impacts［EB/OL］.［2019–01–06］. 澳大利亚外交贸易部官网.

亚太地区政治、安全制度建设存在缺陷，澳大利亚希望通过区域经济合作与亚洲国家增强政治互信，实现维护稳定和促进经济发展的目的。[①]

第四，推进实现澳大利亚融入亚洲战略。

20世纪70年代，美国和英国势力逐步从亚洲撤退，亚洲地区局势趋于缓和，东亚经济开始腾飞。进入20世纪90年代，澳大利亚全面融入亚洲，推动建立APEC领导人非正式会议机制，推动建立东盟地区论坛，增加亚洲移民。但自20世纪90年代末，澳大利亚融入亚洲的热情有所下降，在亚洲金融危机后对东南亚国家援助时表现了高傲姿态，领导联合国多国部队干预东帝汶问题，澳大利亚与亚洲国家的关系一度冷淡。2007年，陆克文上台后又恢复了全面融入亚太的政策。这期间，澳大利亚提出建立"亚太共同体"的倡议，建立了东盟—澳大利亚、新西兰自贸区，并热衷于建立亚太自贸区。通过自贸区建设将进一步推动澳大利亚与亚洲国家贸易投资自由化，加强彼此间经贸融合程度。目前，澳大利亚签订并生效的13个RTA中有9个在亚太地区。不难看出，澳大利亚将与亚洲国家开展区域经济合作也是为其全面融入亚洲服务。

（三）澳大利亚的区域经济合作战略思路

第一，区域经济合作的重点放在亚太地区。

澳大利亚之所以将区域经济合作重点锁定为亚太地区，一是亚洲极具发展潜力，二是亚太地区是其对外经贸往来的核心区域。亚洲发展前景看好，是最具经济活力和增长潜力的地区。据美国国家情报委员会预测，亚洲全球影响力（基于GDP、人口、军事支出、科技投资）将于2030年赶超北美和欧洲。[②]另据国际货币基金组织预测，亚洲将于2030年成为世界最大的经济体。[③]在融入亚洲战略指导下，澳大利亚自然将区域经济合作对象重点投向亚洲。亚太地区是澳大利亚主要的经济利益所在，2017年，澳大利亚与APEC成员

---

① Department of Foreign Affairs and Trade AU. Review of Export Policies and Programs［EB/OL］.［2015-12-05］.澳大利亚外交贸易部官网。

② 新浪财经.美国家情报委员会：2030年亚洲影响力将超欧美［EB/OL］.［2012-12-11］［2015-15-05］.

③ 阮宗泽.澳大利亚想演"东成西就"［N/OL］.人民日报海外版，2012年8月29日人民网.

的货物和服务贸易进出口总额高达 5635.5 亿澳元，占其贸易总额的 73.8%。[①]
澳大利亚前十大贸易伙伴中有 7 个国家在亚太地区，包括中国、日本、美国、韩国、新西兰、新加坡、泰国。[②] 这 7 个国家都已经与澳大利亚签订了 FTA，并已生效。此外，澳大利亚签订并批准 CPTPP。不难看出，亚太地区是澳大利亚进行区域经济合作的重点区域。

第二，倾向推进亚太地区走向区域经济合作一体化。

澳大利亚一直为在亚太地区建立开放性区域经济合作机制，推动该地区多边贸易谈判而努力。"二战"后，澳大利亚的出口目的地由欧洲转向亚太地区，主要出口目的国由英国变为美国和亚洲国家。亚太地区对于澳大利亚的重要性与日俱增，澳大利亚也因此努力将自己定位为亚太国家，并将推动亚太区域经济合作作为其经济外交的重要一环。1989 年 1 月，澳大利亚总理霍克提出召开亚太地区部长级会议，讨论加强区域经济合作问题的倡议，并得到周边国家和地区的响应。同年 11 月，澳大利亚承办了首届亚太地区部长级会议，APEC 从此诞生。在 APEC 成立后，澳大利亚捍卫并推动该组织的发展。1990 年，澳大利亚总理基廷明确反对马来西亚总理马哈蒂尔提出的由日本领导的，将美国和澳大利亚排除在外的东亚经济集团（East Asia Economic Groups，EAG）。建立 EAG 的计划也因此破产，由作为 APEC 内部论坛的东亚经济论坛（East Asia Economic Caucus，EAEC）取代。这无疑捍卫了 APEC 在推动亚太区域经济一体化中的地位，表明了澳大利亚志在推动亚太地区而不仅仅是东亚地区的经济一体化。1992 年澳大利亚总理基廷说服美国接受其提出的建立 APEC 领导人会晤机制的设想。正是在澳大利亚的努力下，1993 年首次 APEC 领导人非正式会议召开，APEC 领导人非正式会晤机制从此确立。在这次会议上，APEC 提出了促进区域贸易和投资自由化的长远目标。进入 21 世纪后，东亚地区相继建立了强调本地区身份认同的、具有明显排他性"10+3""10+6"等合作机制。APEC 由于未能指引其成员有效应对亚洲金融危机而遭受质疑。为了避免处于亚太区域经济合作的边缘地位，2008 年 6

---

① 数据来源：澳大利亚外交贸易部官网.
② 数据来源：澳大利亚外交贸易部官网.

月，澳大利亚总理陆克文提出建立包括美国、日本、中国、印度、印度尼西亚、澳大利亚和亚太地区其他国家的"亚太共同体"（Asia Pacific Community, APC）的设想。但是，由于国内外反对呼声强烈等原因，亚太共同体设想无果而终。然而，美国加入 TPP 谈判为澳大利亚继续介入亚太区域经济合作提供了新契机，澳大利亚也紧随其后加入了 TPP 谈判。在加入 TPP 的同时，澳大利亚也吸取历史上与东盟国家关系僵化而百害无一利的教训，于 2013 年加入 RCEP 谈判。这样，澳大利亚既避免了得罪传统盟友美国，也避免得罪东亚经济体，在两者之间获得更大的活动空间。

七、新西兰的区域经济合作战略

（一）新西兰参与区域经济合作进展

新西兰长期以来也一直实施贸易兴国战略，通过积极推进对外贸易来促进经济发展，跟澳大利亚一样对外贸易依赖程度高。近年来，在多边贸易谈判受阻的情况下，新西兰也将区域经济合作视为推动贸易发展的一个重要途径，努力签订高标准、综合的双边和区域贸易协定。1983 年，新西兰与澳大利亚签署了《更紧密关系协定》，拉开了区域经济合作的帷幕。截至 2019 年 2 月初，新西兰已经生效的 RTA 共 12 项，已向 WTO 通报的共 1 项（见表 7.9）。

表 7.9　新西兰已经生效及向 WTO 通报的 RTA

新西兰已生效的 RTA				
序号	RTA 名称	涵盖范围	类型	生效时间
1	南太平洋地区贸易与经济合作协议（SPARTECA）	货物贸易	PSA	1981 年 1 月 1 日
2	澳大利亚—新西兰	货物贸易 / 服务贸易	FTA&EIA	1983 年 1 月 1 日（G） 1989 年 1 月 1 日（S）
3	新西兰—新加坡	货物贸易 / 服务贸易	FTA&EIA	2001 年 1 月 1 日
4	新西兰—泰国	货物贸易 / 服务贸易	FTA&EIA	2005 年 7 月 1 日
5	跨太平洋战略经济伙伴关系协定（TPSEP）	货物贸易 / 服务贸易	FTA&EIA	2006 年 5 月 28 日
6	新西兰—中国	货物贸易 / 服务贸易	FTA&EIA	2008 年 10 月 1 日

新西兰已生效的 RTA				
序号	RTA 名称	涵盖范围	类型	生效时间
7	东盟—澳大利亚、新西兰	货物贸易 / 服务贸易	FTA&EIA	2010 年 1 月 1 日
8	新西兰—马来西亚	货物贸易 / 服务贸易	FTA&EIA	2010 年 9 月 1 日
9	新西兰—中国香港	货物贸易 / 服务贸易	FTA&EIA	2011 年 1 月 1 日
10	新西兰—中国台湾	货物贸易 / 服务贸易	FTA&EIA	2013 年 12 月 1 日
11	新西兰—韩国	货物贸易 / 服务贸易	FTA&EIA	2015 年 12 月 20 日
12	CPTPP	货物贸易 / 服务贸易	FTA&EIA	2018 年 12 月 30 日
新西兰已向 WTO 通报的 RTA				
1	新西兰—俄罗斯			

资料来源：笔者根据 WTO RTA Database 整理得出。

（二）新西兰参与区域经济合作的战略动机和目标

第一，更好地融入亚洲。

"二战"结束后，新西兰通过发展援助和军事部署建立了与亚洲各国建立了紧密联系。新西兰于 2007 年发布的《亚洲白皮书》指出，亚洲在过去 20 年的经济增长位居全球之首，并且将会持续下去。亚洲在全球的影响力与日俱增，是唯一一个能为新西兰未来十年或二十年发展提供更多机会的一个地区。[①] 因此，新西兰需要不为遗力地进一步加强与亚洲各国间的关系，首当其冲就是深化与亚洲各国的经贸关系。同时，亚洲地区一体化迅猛发展，新西兰面临着被排除在部分双边和其他贸易协定之外的危险，新西兰需要积极融入其中，确保自身在正在形成的亚洲区域一体化格局中占有一席之地。FTA 是新西兰拓展亚洲市场，加强与亚洲各国经贸关系的重要途径。此外，东亚峰会、APEC 等区域经济合作机制是其发展与亚洲各国关系的重要平台。

---

① Ministry of Foreign Affairs and Trade. Asia White Paper［EB/OL］.［2015-12-08］. http://www. mfat. govt. nz/Trade-and-Economic-Relations/2-Trade-Relationships-and-Agreements/index. php.

第二，扩大出口，促进经济发展。

新西兰努力通过多种渠道保护和实现贸易利益，其中之一就是签订符合其当前和长远贸易利益的高质量、综合的 FTA，借此影响他国政府实行的贸易规则，为新西兰企业走向国外开拓市场。

新西兰是一个实行开放经济政策的国家，主要依靠出口来推动经济发展，对外贸易依赖度高。1993 年新西兰货物贸易出口额超过 100 亿美元，2004 年超过 200 亿美元，2008 年超过 300 亿美元，2014 年超过 400 亿美元；2005 年新西兰服务贸易出口额超过 100 亿美元，此后总体呈增长态势，2017 年约达 162 亿美元。[①] 新西兰非常重视发展对外贸易，进入 21 世纪，在其他国家积极拓展 FTA 网络的情况下，新西兰也积极投身其中，抓住契机，通过签订 FTA 削减本国商品出口的贸易壁垒，进一步开拓出口市场，促进经济发展。新西兰《政府企业增长规划》（the Government's Business Growth Agenda）设定到 2025 实现出口占 GDP40% 的目标。为此，新西兰将致力于签订并实施 TPP、RCEP，签订与 GCC 的 FTA，升级与中国的 FTA，启动并完成与欧盟 FTA 谈判。新西兰力争实现其对 FTA 伙伴国货物贸易出口额占其出口总额的 80%，服务贸易出口额占其出口总额的 70% 的目标。[②] 2017 年，新西兰前十大贸易伙伴国中有 7 个（中国、澳大利亚、美国、日本、韩国、新加坡、泰国）位于亚太地区。因此，亚太地区是其部署 FTA 的重点地区。[③]

第三，实现外交和安全利益。

新西兰跟澳大利亚一样四面环海，与亚洲隔海相望。亚洲在其地缘政治战略中具有重要的地位。此外，新西兰作为岛屿发展中国家面临着影响力低、经济增长乏力、气候变化、人口密度小等诸多生存和发展的挑战。亚太地区对于新西兰应对这些挑战，实现政治和安全利益至关重要。新西兰日益将亚太地区作为其外交重点地区，通过与亚太其他国家发展双边关系，构建其参与的亚太区域格局，

---

① 数据来源：UNCTAD STAT.

② Ministry of Foreign Affairs and Trade. Strategic Intentions 2015–2019［EB/OL］.［2015–12–08］. http：//www. mfat. govt. nz/Media–and–publications/Publications/index. php.

③ Ministry of Foreign Affairs and Trade，新西兰外交贸易部官网。

为该地区的安全、稳定和繁荣做出有意义的贡献。① 新西兰通过与亚太国家开展区域经济合作，通过紧密的经济联系增强其在该地区的影响力，增强与该地区其他国家之间政治互信。新西兰试图通过加强与亚太地区国家的经济合作促进经济发展，提升国际竞争力。② 新西兰在亚太地区重点发展与澳大利亚、中国、美国、东盟的关系，与澳大利亚建立更亲密的协调关系，加深与美国的高度信任的战略伙伴关系，与中国建立强有力的弹性关系、与东盟国家建立有影响力的关系。③ 而区域经济合作是新西兰进一步发展和巩固与这些国家和国家集团的外交关系的重要途径之一。

（三）新西兰的区域经济合作战略思路

第一，合作重点放在南太平洋地区和亚太地区。

新西兰积极拓展双边和区域经济合作。就双边经济合作而言，新西兰将签订 FTA 的重点放在大洋洲和东亚地区，与澳大利亚、东盟、部分东盟成员、中国、中国香港特区、中国台湾地区签订了 FTA。就区域经济合作而言，新西兰将合作重点放在南太平洋地区和亚太地区，是 SPARTECA 和 APEC 的成员，加入了 TPP、RCEP 谈判。新西兰明确提出，2014—2018 年要推进落实《跨塔斯曼海经济合作协议》，进一步加强与澳大利亚经济合作关系。此外，继续参与亚太区域经济一体化，完成现有的双边和诸边 FTA 谈判，签订并实施协定，确保从现有的 FTA 中获益。签订并实施 TPP 和 RCEP，确保从这些协定中获益。积极参与东盟峰会，进一步融入东亚区域经济一体化。推进 FTAAP 的进一步发展，促进亚太区域经济一体化进程，尤其是推动构建本地区良好的制度环境。④

第二，兼顾多边贸易体系与区域经济合作。

新西兰认为以规则为基础的有效的多边主义会让小国更受益，因此积极

---

① Ministry of Foreign Affairs and Trade. Annual Report 2014–2015［EB/OL］.［2015–12–08］.新西兰外交贸易部官网。

② Ministry of Foreign Affairs and Trade. Statement of Intent 2014–2018［EB/OL］.［2015–12–08］.新西兰外交贸易部官网。

③ Ministry of Foreign Affairs and Trade. Statement of Intent 2014–2018［EB/OL］.［2015–12–08］.新西兰外交贸易部官网。

④ Ministry of Foreign Affairs and Trade. Statement of Intent 2014–2018［EB/OL］.［2015–12–08］.http://www.mfat.govt.nz/Media–and–publications/Publications/index.php.

支持多边体制。在这种外交战略的指导下，新西兰在开展区域经济合作的同时，兼顾多边贸易体系。新西兰把支持多边贸易体系作为其贸易政策基石，推动 DDA 谈判进程，推动本国批准《巴里一揽子协定》，加入 WTO《政府采购协议》，完成拓展 WTO《信息科技协议》产品覆盖范围相关工作，参与关于削减环境产品关税的新协议的谈判，参与 WTO《服务贸易协议》新的服务承诺谈判等。[①]

新西兰把自己定位为一个全球贸易国家，寻求通过强有力的国际贸易规则体系，同时通过高质量、综合的双边和区域贸易协定实现本国利益。[②] FTA 是新西兰扩大出口的一个重要的渠道，已生效 FTA 带来的出口额占其对外贸易出口总额的 51.3%，这一数字将在其与韩国 FTA 生效后达到 54.8%。[③] 目前，新西兰除参与 TPP/CPTPP、RCEP、FTAAP、PACER Plus（《太平洋更紧密经济关系协定 Plus》）等区域合作进程外，积极拓展双边 FTA，签订与韩国的 FTA，完成与中国 FTA 升级谈判，并准备恢复与印度 FTA 谈判，启动与欧盟 FTA 谈判，推动与海湾合作委员会 FTA 的生效。

第二节　亚太区域经济合作主要参与方的利益博弈

某一地区区域经济合作框架的形成是该地区主导国家试图建立其能够发挥独一无二影响力的区域经济合作框架的过程。[④] 亚太区域经济合作主要参与方的利益博弈，表现在对东亚和亚太区域经济合作主导权的争夺上。美国、日本、韩国、东盟对东亚和亚太区域经济合作主导权都表现出浓厚兴趣，彼此都不想让对方主导东亚和亚太区域经济合作。印度、澳大利亚、新西兰则积极介入亚太区域经济合作，择机行事，在大国权力争夺中，左右逢源，避

① Ministry of Foreign Affairs and Trade. Annual Report 2014–2015［EB/OL］.［2015–12–08］. http：//www. mfat. govt. nz/Media–and–publications/Publications/index. php.

② Ministry of Foreign Affairs and Trade. Strategic Intentions 2015–2019［EB/OL］.［2015–12–08］. http：//www. mfat. govt. nz/Media–and–publications/Publications/index. php.

③ Ministry of Foreign Affairs and Trade. Annual Report 2014–2015［EB/OL］.［2015–12–08］. http：//www. mfat. govt. nz/Media–and–publications/Publications/index. php.

④ Hamanaka, S. Trans–Pacific Partnership versus ComprehensiveEconomic Partnership：Control of Membershipand Agenda Setting［EB/OL］. ADB Working Paper 146, 2014.

免被边缘化，努力实现本国利益最大化。亚太区域经济合作中的多重角色使得这一进程充满变数。

一、美国积极谋取亚太区域经济合作主导权

奥巴马担任总统期间，美国推出"亚太再平衡"战略，致力于在亚太地区发挥更大作用[1]，从外交、军事、经济领域多管齐下以获取该地区的主导权。外交上，美国继续保持与澳大利亚、韩国、新加坡等传统盟友的友好关系，同时进一步发展与印度、越南、菲律宾、印度尼西亚等国的关系以防这些国家倒向中国。此外，继续离岸平衡中国、印度、日本等国关系，保持亚太地区主要国家势力均衡。军事上，加强在亚太地区的军事部署，力争到 2020 年，美国将把 60% 的军舰部署到太平洋地区，太平洋司令部届时将拥有更多最先进的技术力量[2]。经济上，金融危机之后，美国亟需通过区域经济合作来开辟国外市场，推动经济复苏。而亚太地区是美国开展经贸往来的重点地区。2017 年，美国前十大进出口贸易伙伴有 5 个在亚太地区，包括中国、加拿大、墨西哥、日本、韩国，它们与美国的贸易总额约占美国贸易总额的 69%。2008—2017 年，亚太地区对美国直接投资额约占美国 FDI 流入总额的 16% 左右，是美国第二大外资来源地。同期，美国对亚太地区直接投资额约占美国对外直接投资总额 15% 左右，是美国第三大对外直接投资目的地。[3] 因此，美国需要借助特定的地区安排来确保其在亚太地区的主导地位，进而实现其在该地区的利益。[4] 美国积极参与东盟地区论坛（ASEAN Regional Forum，ARF）、EAS、APEC 等地区安排广泛介入亚太事务。而 TPP 则是美国实现"亚洲再平衡"战略的具体表现之一。美国认为，TPP 会促进美国经济

① LeonPanetta. The US Rebalance Towards the Asia-Pacific［EB/OL］.［2015-12-08］. http://www.iiss.org/en/events/shangri%20la%20dialogue/archive/sld12-43d9/first-plenary-session-2749/leon-panetta-d67b.

② Susan E. Rice. America's Future in Asia［EB/OL］.［2015-12-08］. https://www.whitehouse.gov/the-press-office/2013/11/21/remarks-prepared-delivery-national-security-advisor-susan-e-rice.

③ 根据美国商务部经济统计局 http://www.bea.gov/index.htm.

④ 吴心伯."美国与东亚一体化"［J］.国际问题研究，2007（5）：47.

发展，是美国维持安全、稳定和国外影响力的基础。TPP将确保未来的世界经济反映美国的利益和价值。美国若不通过TPP书写国际经贸新规则，其竞争者就会推行"弱规则"，威胁到本国工人就业，破坏美国在亚太地区的领导地位。① TPP协议签订后，美国可谓是在获取亚太区域经济合作主导权的进程中迈出了里程碑的一步。亚洲开发银行Shintaro Hamanaka（2012）认为，某一地区不同国家的实力变化会影响FTA的建立。实力下降中的国家倾向在崛起中国家强大到能建立对自身有利的FTA前完成签订能够维护其权力的区域FTA。② 他指出，美国的亚太区域经济合作战略是建立符合其利益、包含加入条款的区域合作框架，而TPP恰好是这样的一个工具。美国试图通过TPP加入条款来"驯服"后加入的国家尤其是中国。中国若想加入TPP，必须改变其"不当行为"。美国实际上是在通过加入条款和议程设置（规则制定）来提升其在亚太区域经济合作中的影响力。③ 美国早前推动APEC机制化、推动建立FTAAP和当前力推TPP的做法都有获取亚太区域经济主导权的意图，是美国在意识到其在亚太地区影响力日渐衰落的情况下做出的应对。美国希望在最短时间内，赶在中国能够主导亚太地区之前完成TPP谈判，中国今后将不得不加入TPP。同时，TPP的加入条款为最终建立FTAAP奠定了基础。

特朗普上台后，放弃了奥巴马时期的"亚太再平衡"战略，但是这并不意味着美国会降低对亚太地区的关注度。美国国务院代理助理国务卿董云裳于2017年3月在谈及特朗普政府亚太政策时表示，特朗普政府已经意识到亚太地区蕴藏着巨大的经济发展潜力，美国还将增强其在亚太的参与度，但不会再使用"亚太再平衡""重返亚太"的表述。④ 美国在亚太地区的重大现实利益让其对该地区难以割舍。纵观美国参与亚太区域经济合作的历程，美国

---

① USTR. Strategic Importance of TPP［EB/OL］.［2015-10-08］. https://ustr. gov/tpp/#/stRTAegic-importance.

② Hamanaka, S. Evolutionary Paths toward a Region-wide Economic Agreement in Asia［J］. Journal of Asian Economics，2012，23（12）：386-387.

③ Hamanaka, S. Trans-Pacific Partnership versus Comprehensive Economic Partnership：Control of Membership and Agenda Setting［EB/OL］. ADB Working Paper 146，2014.

④ 凤凰网. 美国助理国务卿：奥巴马时期的亚太再平衡战略已结束［EB/OL］.（2017-03-15）.［2019-02-07］.

一直在努力构建其主导的亚太区域经济合作安排，以维护和巩固美国霸权。从里根政府的"太平洋经济共同体"到老布什政府的"太平洋共同体"、克林顿政府的"新太平洋共同体"，再到小布什政府支持的FTAAP，以及奥巴马政府力推的TPP，无一不是围绕美国掌控亚太这一战略意图而展开。

二、东盟通过"大国平衡"战略维持东亚区域经济合作的主导权

"冷战"结束后，亚太地区格局走向多极化，主要国家的力量对比呈现均衡化，美、中、日等大国间依赖与排斥、合作与竞争关系共存。这为东盟实施"大国平衡"战略提供了契机。该战略是东盟积极发展与各大国关系，利用它们在追求权力时产生的矛盾进行关系平衡，防止某一大国势力过度膨胀，使这些国家的势力在竞争中达到整体平衡。该战略具有以下特征：积极发展与美、日、中等大国的关系，并保持一定距离以防外来势力过度膨胀；借大国间矛盾进行关系平衡，游离其中，左右逢源，实现本国利益。东盟实现这一战略的主要路径包括：将亚太地区主要大国纳入东盟地区论坛（ASEAN Regional Forum，ARF）、"10+3"机制、东亚峰会、亚欧会议（Asia Europe Meeting，ASEM）等多边合作机制中，以中立身份斡旋其中，平衡各国关系，从中获利；在处理大国关系时，军事上，保持与美国军事合作，防止中国的安全威胁和日本军国主义的卷土重来。经济上，发展与中国和美国经济关系来牵制日本。政治上，发展与中国关系来牵制美国。此外，将印度、澳大利亚、新西兰引入地区大国间的相互制衡中。

东盟利用"大国平衡"战略在东亚区域经济合作机制中平衡大国关系，主导合作进程。首先，在APEC框架下平衡大国关系，维护自身利益。早在APEC筹备期间，东盟主张让美国加入，试图通过美国牵制日本，避免日本控制APEC。后来，为防止美国单独或联合日本主导APEC，东盟又极力支持中国、俄罗斯加入来平衡美、日两国影响力。在APEC运行机制上，东盟联合发展中国家反对美国等发达国家提出的将APEC机制化、制度化的主张，而坚持其松散性。茂物目标的实现方式上，东盟联合中国等发展中国家推翻了美国等发达国家提出的无视各成员经济发展水平和现实情况差异的"全面协调与合作"的CAP，最终确定了IAP、"允许一定灵活性"的原则。此后，美

国因对 APEC 方式不满意，也不信任，而采取灵活机动，择时调整的策略，并为改变 APEC 运行方式做了一些努力。2006 年，美国提出推动 FTAAP 倡议，但未得到 APEC 成员响应。2009 年，美国加入 TPP 谈判，并极力推进谈判进程，致力于打造 21 世纪高标准、全面综合的 FTA。

其次，利用大国间矛盾，占据东亚区域合作主导权。东盟利用中日两国之间的矛盾成功地获取了东亚区域经济合作的主导权。在"10+3"机制形成前，日本于 1997 年提出与东盟定期进行会晤。但是，东盟为避免损害其与中国之间的关系而建议召开东盟、中、日首脑会晤。这种会晤经三方进一步推动完善，形成了东盟主导的"10+3"机制。东亚展望小组于 2001 年建议将"10+3"提升为"东亚峰会"。东盟起初担心自己因此会失去东亚区域经济合作主导权而并未表态。后因其在"10+3"机制中的地位日益巩固而逐渐接受了这一建议。首届东亚峰会于 2005 年召开后，各国积极谋取在这一新的合作平台中的主导权。日本提出将澳大利亚、新西兰、印度纳入进来，并邀请美国以观察员身份列席会议，试图壮大其势力，主导这一新机制。而中国则提出在"10+3"基础上构建东亚共同体，东亚峰会成员仅限于东亚国家，并由东亚国家轮换承办会议。鉴于中日两国分歧，东盟部分国家（越南、印度尼西亚、新加坡）担心东亚合作主导权落入中、日、韩，特别是中国手中，而表示支持日本提出的扩容方案，并提出由东盟国家轮流举办会议，期冀借助印、澳来制衡中国，确保其在东亚合作中的主导地位。这三个国家的提议得到了东盟其他国家的赞成，首届东亚峰会由东盟十国、中、日、韩、印、澳、新 16 国参加。在《吉隆坡宣言》的起草过程中，中、日两国在构建东亚共同体问题上发生了分歧，前者主张在"10+3"的基础上建设，后者则主张以"10+6"为基础，并试图将安全、政治、文化等目标纳入其中，以增强日本在东亚合作中的主导地位。东盟不想让中国主导东亚合作，自然也不会让日本主导，故而在这一问题上支持中国，"东亚共同体"未被作为东亚峰会目标写入《吉隆坡宣言》。不难看出，由于中日两国缺乏政治互信，使得东盟有机可乘，从中搞平衡，建立并巩固了东盟在东亚合作中的主导权。东亚地区形成了"小马拉大车"的合作局面。由此可见，正是在东亚地区中日两大国既竞争又合作的国际关系格局下，东盟利用"大国平衡"外交构建了以其为中心的合作框架。[①]

最后，通过 RCEP 平衡大国间关系。对于东盟而言，辐射状的"东盟+"结构最符合东盟的利益，其他任何整合的大区域性机制都会对东盟东亚合作主导权形成挑战。[②] 首届东盟峰会之后，中、日两国的"10+3"和"10+6"框架之争致使东亚合作进程长期陷入停滞。2009 年，美国携 TPP 介入东亚区域经济合作，打乱了沉寂多年的东盟主导的东亚合作进程。TPP 是美国获取亚太区域经济合作主导权，进而实现"亚太再平衡"战略的经济工具。从 TPP 成员构成、地理范围、协定内容和经济影响深度来看，它打破了以东盟为轴心、以 5 个"10+1"FTA 为辐条的现存的东亚"10++"FTA 网络。[③] 东盟因此深深感受到 TPP 对其东亚合作主导地位的强有力的冲击。2011 年，中国和日本共同提出要加快"10+3"和"10+6"框架建设的联合提案。在这种情况下，东盟基于中、日两国的联合提案提出了东亚区域经济合作的新框架 RCEP。RCEP 在一定程度上稀释了 TPP 对东盟东亚合作主导地位的冲击，迎合了中、日两大国不希望美国主导亚太区域经济合作的这一意愿，同时也使东盟避免了在中、日间"二择一"。可以说，东盟再次利用大国间的矛盾，施展"大国平衡"外交，成功推出 RCEP 设想。

三、日本在中美间搞平衡角逐东亚乃至亚太区域经济合作的主导权

近年来，日本推行更为积极主动的亚太战略，努力恢复亚太强国地位。政治上，通过文化输出，通过地区和多边外交平台扩大本国的影响力，树立良好的国际形象，谋求实现"政治大国"目标。利用日美同盟关系，借助美国"重返亚洲"之机，提升日本在亚太地区的影响力。军事上，通过修改"和平宪法"、解禁集体自卫权、突破"武器出口三原则"扩军备战，由防御战略转向进攻战略，致力于打造地区军事大国。经济上，逐步将通过对外经济援

---

　　① 王玉主.RCEP 倡议与东盟"中心地位"［J］.国际问题研究，2013（5）：53.

　　② 张蕴岭，沈铭辉.东亚、亚太区域合作模式与利益博弈［J］.经济管理出版社，2010：4.

　　③ 毕世鸿.RCEP：东盟主导东亚地区经济合作的战略选择［J］.亚太经济，2013（5）：21.

助拓展海外市场，促进经济发展的战略调整为通过多元化的外交手段促进经济发展的战略。多渠道参与区域经济合作力争角逐亚太区域经济合作主导权，如签订双边 EPA，加入 TPP，启动中日韩 FTA 谈判、牵头商签 CPTPP 等。积极开展资源、能源外交，确保经济发展的需要。拓展基础设施技术出口市场，通过技术出口带动经济发展。大力发展旅游业，拉动需求，促进就业，带动经济发展。

参与区域经济合作一直以来都是日本实现亚太战略的重要战略步骤。早在 20 世纪 60 年代初，日本就对亚太区域经济合作表现出很高的积极性，发起成立了 PBEC 和 PAFTAD 两个民间组织。但是，当时日本的国际影响力有限，这些举措并未得到其他亚太国家的积极响应。进入 20 世纪 80 年代，日本经济实力强盛，经济竞争力连续 8 年位居世界榜首，成为世界第一债权国，最大资本输出国。日本经济的发展在一定程度上助长了成为政治大国的诉求，努力通过推进亚太区域经济合作，提升在亚太地区影响力。1980 年，日本联合澳大利亚建立了 PECC。1989 年，日本又联合澳大利亚、韩国推动成立了 APEC。这一时期，日本在东亚地区构建了以其为为主导的东亚区域经济合作体系。东亚地区出现了以日本为雁首、亚洲"四小龙"为雁身，亚洲"四小虎"为雁尾的"雁行国际分工模式"。日本凭借强大的经济实力在亚太地区进行经济扩张，将亚太地区作为开展贸易和投资的重点区域。同时，积极开展对亚太国家进行经济援助，突显其在推动亚太区域经济合作中的主导地位。

20 世纪 90 年代以后，日本经济增长乏力，至今仍未走出泥潭。尽管如此，日本一直没有放弃追求东亚区域经济合作的主导权。在积极与其他国家进行双边 EPA 谈判的同时，积极介入东亚区域经济一体化进程，推进"东亚共同体"构想，反对建立东亚自由贸易区，力推"10+6"机制，借此稀释中国在东亚区域经济合作中的影响力。日本前首相鸠山由纪夫在阐述"东亚共同体"时指出，日本要在东亚建立一个持久的经济、安全框架来实现在中美两个大国夹缝中政治、经济独立，保护本国国家利益。[①] 因冲绳基地搬迁事件和钓

---

① 　鸠山由纪夫. 私の政治哲学 [J]. Voice, 2009, 9. 转引自孙承. 十年来日本对外经济战略的选择——从东亚共同体到两个贸易协定 [J]. 日本学刊, 2012（5）: 99.

鱼岛撞船事件，日美及中日关系陷入僵局，"东亚共同体"被搁置。之后，美国"重返亚洲"为日美关系的恢复提供了机会。美国加入 TPP 谈判后，积极拉拢日本加入。尽管日本国内对其是否加入 TPP 存在分歧，但是日本最终还是选择加入了 TPP。日本加入 TPP 除经济考虑之外，还有借助美国制衡中国，主导东亚乃至亚太区域经济合作的目的。《日本经济新闻》社论认为，日本参加 TPP 将提升 TPP 的影响力。日本处在中美两大国之间，同时又与东盟的经贸往来密切。因此，日本应充分利用这一有利战略条件，通过构建经济秩序发挥在亚太区域经济合作中的主导地位。[①] 在加入 TPP 谈判的同时，日本还加入了 RCEP 谈判，同中、韩两国启动了 FTA 谈判。日本加入 TPP 试图通过美国来制衡中国，与美国共同主导重建地区秩序。但是，日本也不想因此过分刺激中国，毕竟中国与日本贸易额大于其与美国贸易额，保持与中国经贸关系至关重要。而美国推出 TPP 是为获取亚太区域经济合作主导权。日本通过中日韩 FTA 和 RCEP，打"中国牌"来牵制 TPP 的影响。同时，日本还可以利用 TPP 来提升其在 RCEP 谈判中的影响力。事实上，日本是在中美间两头下注，试图在两国博弈间获得最大收益。在美国退出 TPP 后，日本抓住有利时机，积极主导并引领商签 CPTPP，获得亚太区域经济合作主动权。

四、韩国谋求成为连接亚太区域经济合作的关键链条

近年来，韩国一直把亚洲尤其是东北亚作为其外交重点攻关地区。卢武铉政府提出"东北亚均衡者"构想、李明博政府提出"新亚洲倡议"、朴槿惠政府提出的"东北亚和平合作"构想。政治上，谨慎处理与东北亚四大强国（中国、美国、俄罗斯、日本）的关系，具体包括进一步巩固韩美同盟关系，推进韩中、韩俄的双边战略合作，有节制地冷落日本以防与其关系恶化。韩国试图通过处理好与这四大国关系来获得更多的外交回旋空间和生存资源。经济上，积极推进与亚洲国家的 FTA 谈判，建立彼此间良好的经贸往来关系。推动东北亚各国在能源、电子等领域的合作，着力打造东北亚利益共同体。

---

① 日本主導でアジア太平洋に強い絆を［R］.日本経済新聞，2011 年 11 月 15 日.转引自孙承.十年来日本对外经济战略的选择——从东亚共同体到两个贸易协定［J］.日本学刊，2012（5）：103.

安全上，打造以韩国为核心的东北亚多边和平合作机制，将东北亚双边矛盾纳入多边框架下解决。在推进该机制建设上，主张采取由易到难、循序渐进、稳步推进的方式。

亚洲金融危机爆发后，韩国改变了坚定支持 APEC 地区多边主义和 WTO 全球多边主义的立场，开始将注意力转向区域经济合作。1998 年，韩国启动了与智利的 FTA 谈判，并启动了与美国、日本、新西兰、泰国 FTA 可行性研究。在韩国的积极推动下，"东亚展望小组"和"东亚研究小组"分别于 1999 年和 2001 年成立。韩国于 2003 年 8 月发布了《FTA 路线图》，指出了短期 FTA 签署对象（智利、新加坡、欧洲自由贸易联盟、日本），中期 FTA 签署对象（墨西哥、加拿大、东盟、中国），长期 FTA 签署对象（欧盟、美国、印度等）。[①] 对比表 6.4 可以看出，在实际操作过程中，韩国提前签署并生效了与东盟的 FTA。究其原因，中国与东盟签署的《全面经济合作框架协议》刺激了韩国加快与东盟 FTA 谈判的进程。[②] 韩国这一举动有稀释中国—东盟 FTA 对其带来的冲击，阻碍中国获取东亚区域经济合作领导权的战略意图。除此之外，韩国还提前签署并生效了与印度、欧盟、美国的 FTA。相比之下，韩日 FTA 搁置，韩中 FTA 推迟。韩国与发达国家现行签署并生效 FTA 主要出于以下考虑：首届东亚峰会后，中日两国就"10+3""10+6"框架之争致使东亚区域经济合作进程长期停滞，以及日韩领土争端、历史问题，韩国推迟了与中国 FTA，搁置了与日本 FTA 的谈判。韩国这一调整主要出于以下考虑：可以避免在两个大国之间很难做出"站队"选择，符合韩国谨慎地处理与东北亚大国关系的原则；通过与美国签署 FTA，可以进一步巩固美韩同盟关系。与美国、欧盟签署 FTA 可以优化韩国经贸结构以便在未来与中、日 FTA 谈判中处于有利地位；开展在 FTA 战略实施中的大国外交，在与中、日两国 FTA 谈判中游刃有余，像东盟主导东亚区域经济合作一样主导东北亚经济合作。[③] 美国加入 TPP 谈判后，中日两国于 2011 年提出共同加快推进"10+3""10+6"框架建设。随后，

---

① 许祥云. 从韩国 FTA 变化历程看中韩 FTA 的前景 [J]. 当代韩国，2009 年冬季号：9.

② 卢冠峰，李磊，李荣林. RCEP 与 TPP 及中国的应对策略 [J]. 国际经济合作，2014（1）：85.

③ 刘重力，盛玮. 中日韩 FTA 战略比较研究 [J]. 东北亚论坛，2008（1）：57.

东盟基于中日这一提议提出 RCEP 倡议。中韩、中日韩自贸区谈判也分别于 2012 年、2013 年启动。在此情况下，韩国将 FTA 战略目标调整为将韩国打造成连接中国主导的 RCEP 和美国主导的 TPP 之间的关键链条，继续在 FTA 谈判中进行大国平衡，以便获得有利谈判地位。CPTPP 签订后，韩国表示对加入该协定感兴趣，以期通过加入 CPTPP，拓展本国参与亚太区域经济合作回旋空间。

五、印、澳、新积极融入亚太权力体系，期冀分得一杯羹

"冷战"结束以后，印度历届政府都把实现"有声有色的大国"作为战略目标。而印度实现这一宏伟战略目标需要分三步走：首先在南亚地区称霸，其次在亚太地区崛起，最后成为世界一流大国。当前，印度正在努力实现第二步目标。20 世纪 90 年代，印度开始实施"东向政策"。该政策分为两个阶段：第一阶段为 20 世纪 90 年代到 21 世纪初，印度在这期间主要是加强与东盟国家的经贸往来。第二阶段为 21 世纪初至今，印度在这期间将东向政策延伸至东北亚和南太平洋地区，并将合作内容由以经济领域为主转变为经济、政治、安全领域并重。对印度而言，亚太地区主要行为体（美、中、日、俄、东盟）与其在该地区的利益有重要关系，印度积极发展与这几个行为体的关系，充分利用它们之间的矛盾，搞平行外交，获益于各方。印度"东向政策"旨在通过加强与东南亚、东北亚、南太地区国家的经济联系，扩大影响力，谋求成为亚太地区强国，进而谋求实现"世界大国"。印度把东南亚作为进入亚太地区的跳板。在这一政策的推动下，印度加强了与东南亚国家的经贸往来。如前文所述，东盟的"大国平衡"战略为印度介入东南亚提供了契机。在东盟的支持下，印度成为东盟峰会成员。2010 年，印度与东盟签订了 FTA。此后，印度还与韩国、日本签订了 FTA，并加入 RCEP 谈判，拓展了东北亚市场，扩大了在该地区的影响力。在进入东亚地区的同时，印度还向南太地区渗透，与澳大利亚和新西兰的 FTA 正在谈判中。2014 年，印度提出将"东向政策"升级为"东向行动政策"，旨在进一步加强与亚太各国之间的关系，实现政治、经济、安全战略目标，以更为积极的姿态融入亚太地区多边机制，寻求提升

其在该地区的影响力和话语权。^① 由此可见，印度今后将继续斡旋于亚太大国之间，借助该地区多边合作机制进一步融入亚太权力体系中。

澳大利亚和新西兰近些年来也积极融入亚洲。澳大利亚自 20 世纪 70 年代开始融入亚洲。20 世纪 80 年代，提出"全面融入亚洲"。进入 21 世纪以来，推行在"亚洲世纪"下融入亚洲策略。由此可见，澳大利亚融入亚洲不是权宜之计，而是一项长期战略。澳大利亚融入亚洲主要是基于经济因素考虑，加强与亚洲国家的经贸往来，尽可能地参与亚太区域经济合作机制，获取经济利益。澳大利亚除积极与多个亚太国家签订双边 FTA 外，还加入了东亚峰会成员，并且参加了 RCEP、TPP 谈判。澳大利亚在经济上融入的同时，并未忘记自己是"西方一员"，丝毫未放松对亚洲的防范。澳大利亚借美国推行"亚太再平衡"战略的有利时机进一步巩固美澳同盟关系。澳大利亚表示，欢迎并支持美国通过"亚太再平衡"战略更多地关注该地区，平衡与该地区国家的关系。^② 澳大利亚在外交、军事、经济等方面积极配合美国实施"亚太再平衡"战略。外交上，协助美国防范与遏制中国。军事上，加强与美国军事合作，配合美国调整亚太军事部署。经济上，积极参与美国主导的 TPP 谈判，协助美国获取亚太区域经济合作的主导权，希冀实现参与亚太区域经济合作的经济利益最大化。

新西兰认为，需要加快发展与亚洲国家的政治、经济、社会关系，进一步融入亚洲。新西兰《亚洲白皮书》将新西兰亚洲战略概括为四个方面：融入东亚一体化进程中。除了继续与东南亚和东北亚传统伙伴国保持良好关系外，还将对该地区新兴国家（中国、印度）给予更多关注。鉴于东盟在东亚区域一体化中的重要作用，新西兰将其作为外交重点公关国家。新西兰在深化与整个东盟关系的同时，还将深化与东盟成员的关系；成为亚洲国家的好邻国。对部分亚洲国家（越南、印尼、老挝等）进行发展援助，帮助这些国家消除贫困。开展防务和安全合作，打击恐怖主义和跨境犯罪，给予亚洲国家执法机构必要的援助。与亚洲有关国家加强边境安全合作，为双方人员流动和货

---

① 葛红亮. 莫迪政府"东向行动政策"析论［J］. 南亚研究，2015（1）：69.

② Abbott，T. The U. S. and Australia Make Common Cause in the Pacific［EB/OL］［2015-12-10］. 澳大利亚"总理官网"。

物运输提供便利。与亚洲国家就环境问题开展合作；搭乘亚洲国家经济发展快车，促进本国经济发展。通过官方和非官方渠道加强与亚洲国家的经济联系。与主要的亚洲伙伴国签署双边 FTA 或其他贸易协定。在亚洲主要国家设立出口办公室，为本国在亚洲投资企业提供便利。提高旅游业服务质量，更好地服务来自亚洲的游客。致力于在亚洲打造新西兰品牌；进一步了解亚洲。鼓励新西兰人和新西兰相关机构了解亚洲和亚洲民族。发展与亚洲国家的教育往来，吸引更过来自亚洲国家的留学生。鼓励新西兰学校设置亚洲国家语言课程，鼓励新西兰学生学习亚洲国家语言。加强与亚洲国家文化交往，增进彼此文化了解。吸引亚洲国家技术人才移民新西兰，助力新西兰经济发展。不难看出，新西兰也将参与亚洲地区经济一体化作为一项重要战略，并将 EAS、APEC、RCEP、TPP/CPTPP 等区域经济合作机制作为其进一步融入亚洲，分享亚洲经济增长福利的平台。

第三节　亚太区域经济合作的未来发展趋势

2010 年 APEC 日本领导人非正式会议发表的《通向 FTAAP 之路》指出，FTAAP 应在现有的区域经济合作安排（"10+3""10+6"、TPP 等）的基础上实现。2014 年《APEC 推动实现 FTAAP 的北京路线图》再次强调在现有的区域经济合作安排的基础上建立 FTAAP，并提出在支持和充实多边贸易体制的基础上实现 FTAAP。2015 年 APEC 菲律宾领导人非正式会议指出，TPP、RCEP 将是通向 FTAAP 的可能路径。2017 年 APCE 越南领导人非正式会议提出，致力于全面系统推进并最终实现 FTAAP。建立 FTAAP 是亚太区域经济合作的长期愿景。美国退出 TPP 之后，CPTPP 作为高水平、高标准的 FTA 签订并生效，与此同时美国声称会考虑重返 TPP，而 CPTPP 在处理 TPP 涉美条款上采取了冻结或修改策略，为美国重返 TPP 预留了空间。未来亚太区域经济合作的未来发展趋势存在三种可能：RCEP 逐步并入 TPP/CPTPP 后融合为 FTAAP；TPP/CPTPP 和 RCEP 趋同后融合成 FTAAP；TPP/CPTPP 和 RCEP 在 FTAAP 框架下进行整合。然而，这只是三种可能性，未来的亚太区域经济合作机制如何发展主要取决于主要参与方的利益博弈和亚太地区的现实发展需要。

一、RCEP 逐步并入 TPP/CPTPP 后融合为 FTAAP

低标准的 RCEP 作为其成员加入高标准 TPP/CPTPP 的预备阶段，达到 TPP/CPTPP 标准的 RCEP 成员先行并入 CPTPP，未达标的成员继续留在 RCEP 发展，达标后加入 TPP/CPTPP。待 RECP 成员都并入 TPP/CPTPP 后，两者最终融合成 FTAAP。学者们对于这一路径的可行性看法不尽一致。早在 2005 年，美国经济学家 C. Fred Bergsten（2005）就指出，将现存的 FTA、EPA 以及其他次区域贸易协定进行整合是实现 FTAAP 的唯一途径。[①] 日本学者早稻田大学教授 Shujiro URTA（2013）认为，RCEP 很大的一个特点是为发展中国家提供经济合作平台，而 TPP 不是非常重视经济合作。两大机制间是互补关系而非替代关系。无法达到 TPP 要求的发展中国家可以通过 RCEP 促进经济发展，待达到 TPP 标准后再行加入 TPP。[②] 亚洲开发银行研究院原院长 Masahiro Kawai（2013）和亚洲开发银研究院研究主管 Ganeshan Wignaraja（2013）认为，TPP 和 RCEP 并不相互排斥，有可能被证明是互补的。它们是建立更大的亚太 FTA 的主要路径，但实现这一目标需要成功解决中美 FTA 签订所面临的难题。一个和谐的亚太会考虑将两大机制整合在一起，这是实现亚太共同体的一个双赢途径。[③]

值得一提的是，部分学者认为，RCEP 并入 TPP/CPTPP 的前景并不乐观。社科院研究员陆建人（2014）认为，TPP 和 RCEP 融合为 FTAAP 的路径难以走通。TPP 和 RCEP 在自由化程度不同，仅就原产地规则而言，合并后跟从的一方将付出更高的代价。美国不会为此而屈从 RCEP 标准而降低 TPP 标准，至多为 RCEP 部分成员设定过渡期。此外，TPP 和 RCEP 合并还面临着中美 FTA 尚未建立带来的市场隔绝、要素流通不畅等问题。而受中美两国经济因

---

① Bergsten，C. F. A New Strategy for APEC［EB/OL］.（2005-09-06）［2015-12-10］. http://www.pecc.org/resources/trade-and-investment-1/2024-a-new-strtaegy-for-apec.

② URTA，S. Constructing and Multilateralizing the Regional Comprehensive Economic Partnership: An Asian Perspective［R］. ADBI Working Paper 449，Dec.，2013.

③ Kawai，M. Policy Transition posted by Asian FTAs，The Future of the World Trading System: Asian Perspectives［R］. ADBI & CEPR，PP. 89-90，2013.

素和政治因素干扰，双边 FTA 在短期内将难以达成。[①] 南开大学胡扬（2013）通过对东亚机制（"10+3""10+6"）和亚太机制（TPP）的三个相互关联的区域内贸易指标（区域内贸易份额、区域内贸易密集度、区域内向化指数）对比分析得出，与亚太机制相比，东亚机制的内部相互依赖程度更高。TPP 随着成员的扩大区域内部贸易联系将会不断下降。因此，建立 FTAAP 的更好选择是沿东亚机制路径进行。[②] 南洋理工大学研究员 Deborah Kay Elms 认为，现存的"10+1"协定和 TPP 存在质量鸿沟。RCEP 实行的特殊的、区别对待的原则，参与谈判国对特定敏感产品的保护使其难有大的抱负。因此，TPP 和 RCEP 合并的可能性非常渺茫。即使两者能够合并，但是通过这种方式来满足 21 个 APEC 成员的需求不是什么好的方法。[③] 日内瓦国际与发展问题研究所教授 Cédric Dupont（2013）认为，东盟不会将其在东亚区域经济合作中的主导地位拱手相让。因此，TPP 和 RCEP 在更大的区域经济合作框架（FTAAP）下合并到一起是不现实的。[④]

二、TPP/CPTPP 和 RCEP 趋同后融合为 FTAAP

TPP/CPTPP 和 RCEP 各自独立发展，并行推进。RCEP 可以通过不断提高和深化，逐步与 TPP/CPTPP 标准看齐，两者最终自然融合为 FTAAP。澳大利亚奥克兰大学教授 Rob Scollay（2013）认为，TPP 和 RCEP 长期共存，不断扩大成员，最终发展成 FTAAP。两者的重要性取决于它们各自吸纳成员的能力。而中国的选择将发挥关键性作用。[⑤] TPP 和 RCEP 在推进建设 FTAAP 的过程

---

① 陆建人. 简析实现亚太自由贸易区的五条路径［J］. 广西大学学报（哲学社会科学版），2014（5）: 35-36.

② 胡扬. 亚太区域一体化的路径选择——东亚机制和亚太机制的比较［J］. 亚太经济，2013（5）: 35.

③ Elms, D. The Trans-pacific Partnership Agreement: Looking Ahead to the Next Step［R］. ADBI Working Paper 447, Dec. 2013.

④ Dupont, C. ASEAN+, RCEP and TPP: A Clash of Integration Concepts.［R］The Future of the World Trading System: Asian Perspectives, CEPR&ADBI, 2013: 115.

⑤ Schollay, R. TPP, RCEP and Prospects for Eventual Convergence［EB/OL］. Nov. 14, 2013. http://www.pecc.org/resources/trade-and-investment-1/2016-tpp-rcep-and-prospects-for-eventual-convergence.

中是互补的而不是相互竞争的①，两大机制间潜在融合和可借鉴性已经初露端倪②。美国布兰戴斯大学教授 Peter A.Petri（2013）认为，TPP 和 RCEP 存在竞争与合作的关系，两大机制在框架结构和语言使用上有较大重叠。这表明谈判参与方在谈判议题和实施途径上的共识在增加，从而为亚太区域经济一体化奠定了基础。在不同亚太经济体之间博弈的最后阶段，一个整合的自贸协定对中国和美国将是一份大礼。③日本爱知大学教授 Goro Takahashi（2013）认为，RCEP 和 TPP 应该融合形成 FTAAP，最终建立亚太共同体。RCEP 和 TPP 之间存在的进口关税等敏感问题以及各成员对敏感问题的态度差异是它们进行融合的最大障碍。然而，这些差异的存在恰恰为两大机制融合到一起提供了前提和动力。④

三、TPP/CPTPP 和 RCEP 在 FTAAP 框架下进行整合

TPP/CPTPP 和 RCEP 都被纳入今后建立的 FTAAP 框架下，FTAAP 在 TPP/CPTPP 和 RCEP 的基础上整合和深化。C. Fred Bergsten（2005）指出，FTAAP 把东亚国家和美国共同纳入亚太地区，可以避免东亚一体化和西半球一体化相隔离，避免在"太平洋中间画线"。⑤ Jefferry J.Schott（2015）指出，TPP 和 RCEP 既不相互替换也不相互排斥。几乎一半的 RCEP 谈判参与方都是 TPP 成员，其他部分成员（韩国、印度尼西亚、泰国、菲律宾）也

---

①　Kenichi Kawasaki. TPP vs RCEP—Competitor or Complements？［EB/OL］. Nov. 13, 2013. http：//www. pecc. org/resources/trade–and–investment–1/2021–tpp–vs–rcep–competitor–or–compliments.

②　刘阿明．亚太自由贸易区构建路径的比较分析——兼论中国的战略选择［J］.世界经济与政治论坛，2015（2）：53.

③　彼得·派特瑞．"TPP 和 RCEP 谈判的经济学"［M］//唐国强.亚太与东亚区域经济一体化的形势与建议.北京：世界知识出版社，2013：18，23.

④　Takahashi, G. The Barriers and Solutions to Integration of the EAFTA and TPP［J］. Journal of Global Policy and Governance，2013（2）：271–285.

⑤　Bergsten, C. F. Embedding Pacific Asia in the Asia Pacific：The Global Impact of an East Asian Community［EB/OL］. Speech at the Japan National Press Club, Tokyo, September 2, 2005. http：//xueshu. baidu. com/s?wd=paperuri%3A%2805c9207bb3ab23801afc8d51bfa22f60%29&filter=sc_long_sign&sc_ks_para=q%3DEmbedding%20Pacific%20Asia%20in%20the%20Asia%20Pacific%3A%20The%20Global%20Impact%20of%20an%20East%20Asian%20Community&tn=SE_baiduxueshu_c1gjeupa&ie=utf–8.

在考虑加入 TPP。中国和印度官员也在认真研究加入 TPP 对其国内改革策略的影响。[①] 日本经济贸易产业研究会研究员 Kawasaki Kenichi（2013）也认为，TPP 和 RCEP 在建立 FTAAP 过程中是互补的而不是竞争的。[②] 然而，在 FTAAP 框架下整合 TPP/CPTPP 和 RCEP 所面临的困难巨大。这种路径有两个难点：第一，美、日等发达国家和缅甸、老挝、柬埔寨能否在规定时间内纳入 FTAAP 框架下；第二，低标准的 RCEP 能否充分过渡到高标准的 TPP，而不会在 FTAAP 框架下 "稀释" TPP 新规则。[③] Peter A.Petri 和 Ali Abdul-Raheem（2014）检验和比较了 TPP、RCEP 的不同收益。结果表明，以高标准来加强 RCEP 和 TPP 将获益最大。FTAAP 恰如一个 "雨伞协定"（Umbrella agreement），通过设定相对高的标准，促进亚太地区的自由化，为发展阶段不同的经济体提供不同水平的规则。但是，建立 FTAAP 所面临的障碍和建成时间难以预测，整合 TPP 和 RCEP 也将遇到更大的困难，需要创造一个更加有利的地缘政治环境。[④]

---

① Schott，J. J. Planning for an FTAAP, Speech at the Conference on "FTAAP: Asia-Pacific Economic Integration by 2020 and Beyond"，Beijing，Oct. 15-16，2015.

② Kenichi，K. The Relative Significance of EPAs in Asia-Pacific［EB/OL］. RIETI Discussion Paper Series，2013，14-E-009：1.

③ Schott，J. J. Asia-Pacific Economic Integration：Projecting the Path Forward"，in Tang Guoqiang and Petri，A. P.，eds.，New Directions in Asia Pacific Economic Integration，East-West Center Press，2014：246-253. 转引自盛斌，果婷. 亚太区域经济一体化博弈与中国战略选择［J］. 世界经济与政治，2014（10）：19.

④ Petri，A. P. &Abdul-Raheem，A. Can RCEP and the TPP be Pathway to FTAAP ？［EB/OL］. Chapter 2，State of the Region，PECC，Oct. 2014. http：//www. pecc. org/state-of-the-region-reports/265-2014-2015/595-chapter-2-can-rcep-and-the-tpp-be-path-ways-to-ftaap.

第八章 中国参与亚太区域经济合作的策略建议

根据前文分析，亚太区域经济合作机制近些年呈现出新的变化，亚太地区是中国实施自贸区战略的重要布局点，中国是亚太区域经济合作的主要参与方。本章梳理了中国参与亚太区域经济合作的现状，结合中国首份关于自贸区建设的文件分析了中国参与区域经济合作的战略。最后，结合理论分析和指数分析以及 CGE 模型测量结果提出了中国参与亚太区域经济合作策略。

第一节 中国的区域经济合作战略

一、中国参与区域经济合作进展

2001 年之前，中国由于集中精力进行"入世"谈判，因而 FTA 起步较晚。进入 21 世纪以来，在全球多边贸易谈判步履维艰以及大国 FTA 战略的助推下，中国在积极参与和维护全球多边贸易体制的同时，加快了区域经济合作步伐。"入世"至今的十多年间，中国 FTA 从无到有，由远及近，初步构建起东西呼应，遍布全球的格局，成为我国开展区域经济合作的重要形式。

截至 2019 年 2 月初，中国已经签订的自由贸易协定共有 18 个，涉及 25 个国家和地区，包括：中国—东盟、中国—东盟（"10+1"）升级、中国—新加坡、中国—巴基斯坦、中国—新西兰、中国—智利、中国—智利升级、中国—秘鲁、中国—哥斯达黎加、中国—冰岛、中国—瑞士、中国—澳大利亚、中国—韩国、中国—新加坡升级、中国—马尔代夫、中国—格鲁吉亚自由贸易协定，内地与香港、澳门特区分别签署的更紧密经贸关系安排（Closer Economic Partnership Arrangement，CEPA）。正在谈判的自贸协定有 14 个，包括中国与

海湾合作委员会、中国—挪威、中国—斯里兰卡、中国—以色列、中国—格
鲁吉亚、中国—毛里求斯、中国—摩尔瓦多、中国—巴拿马、中日韩自贸协定、
《区域全面经济合作伙伴关系协定》（RCEP）、中国—新西兰升级、中国—秘
鲁升级、中国—韩国自贸协定第二阶段、中国—巴基斯坦自贸协定第二阶段
谈判。此外，中国已经完成了与印度的FTA联合可行性研究，正在与哥伦比亚、
斐济、尼泊尔、巴新、加拿大、孟加拉国、蒙古国开展FTA联合可行性研究，
与瑞士开展升级谈判研究。中国还加入了亚太贸易协定。《亚太贸易协定》前
身为《曼谷协定》。《曼谷协定》签订于1975年，是在联合国亚太经济社会委员
会（简称"亚太经社会"）主持下，在发展中国家之间达成的一项优惠贸易安排，
现成员包括中国、孟加拉国、印度、老挝、韩国和斯里兰卡。2005年11月2日，
《曼谷协定》第一届部长级理事会决定将《曼谷协定》更名为《亚太贸易协定》。
2018年7月1日，《亚太贸易协定第二修正案》正式生效实施。

表8.1 中国FTA进展情况

已签署的FTA	正在谈判的FTA	正在研究或研究完毕的FTA
中国—东盟	中国—海湾合作委员会	中国—印度（研究完毕）
中国—东盟（"10+1"）升级	中日韩自贸区	中国—哥伦比亚（正在研究）
中国—新加坡	《区域全面经济合作伙伴	中国—斐济（正在研究）
中国—巴基斯坦	关系协定》（RCEP）	中国—尼泊尔（正在研究）
中国—新西兰	中国—挪威	中国—巴新（正在研究）
中国—智利	中国—斯里兰卡	中国—加拿大（正在研究）
中国—智利升级	中国—以色列	中国—孟加拉国（正在研究）
中国—秘鲁	中国—毛里求斯	中国—蒙古国（正在研究）
中国—哥斯达黎加	中国—摩尔多瓦	中国—瑞士升级（正在研究）
中国—冰岛	中国—巴拿马	
中国—瑞士	中国—新加坡升级	
中国—澳大利亚	中国—新西兰升级	
中国—韩国	中国—巴基斯坦FTA第	
中国—马尔代夫	二阶段谈判	
中国—格鲁吉亚	中国—韩国FTA第二阶	
中国—新加坡升级	段谈判	
内地—香港特区CEPA	中国—秘鲁自贸协定升	
内地—澳门特区CEPA	级谈判	

资料来源：依据中国自由贸易区服务网（http：//fta.mofcom.gov.cn/）资料整理得出。

二、中国参与区域经济合作的战略动机和目标

（一）争取区域经济合作的主动权

20世纪90年代以来，区域经济合作迅猛发展。相比之下，WTO西雅图会议失败，多哈回合谈判中断，多边贸易体制进程受阻。各国逐渐认识到开展区域经济合作的诸多好处，比如在区域经济合作框架下，更能够有针对性、灵活地解决区域内存在的问题；合作内容可以涉及WTO框架之外的议题，如劳动、环境、知识产权等；通过加强经济合作增进相互间政治信任，维护地区安全稳定。具体到东亚地区，日本、韩国在20世纪90年代末都启动了区域经济合作。在这种情况下，中国明显感到参与区域经济合作的紧迫性和必要性。为避免在"轮轴—辐条"效应中被边缘化，沦为辐条国，中国在加入WTO后迅速调整自己的贸易战略，积极对外商谈双边自由贸易协定。奥巴马时期，美国实施"亚太再平衡"战略，通过TPP介入亚太区域经济合作，力图获取区域经济合作主导权。亚太区域经济合作形势也因此变得更为复杂。中国希望通过积极参与区域经济合作，跻身国际经贸新规则制定者的行列，避免在未来的国际贸易格局中处于边缘位置。

（二）保证能源资源供给

随着中国经济的快速增长，工业化、城镇化进程的深入推进，居民消费结构的不断升级，中国对能源资源尤其是石油、矿产等的需求越来越大。然而，中国能源资源供应面临着一系列挑战，包括：优质能源资源不足制约着能源供应能力的提高空间；能源资源地理分布不均衡增加了供应运输的难度；粗放型经济增长方式、环保压力、能源开采加工技术落后等加剧了能源供需矛盾。中国作为发展中国家所具备的资本、技术、人力资源有限，在立足国内的基础上，重视开展国际能源资源合作，利用国外资源缓解国内经济发展过程中面临的能源资源制约，确保能源资源的安全与稳定。从中国已经签署和正在谈判的FTA所涉及的30多个国家和地区来看，有相当一部分属于重要的能源资源生产国，如新西兰的技术、资本、畜牧和林业资源，澳大利亚的技术、资本、铁矿和农业资源，智利的铜矿等。能源资源的互补是中国选择自贸区伙伴国家的重要考虑因素之一。

（三）扩大对外开放，以开放促改革

1978 年，中国召开十一届三中全会，做出了实行改革开放的重大历史性决策。40 年来，中国先后建立了经济特区，开放了沿海、沿江、沿边、内陆地区，加入了 WTO，从"引进来"到"走出去"，形成了开放型经济。目前，中国货物贸易进出口总额、吸收利用外资、外汇储备等均居世界榜首。然而与此同时，中国经济发展进入了"新常态"，对外开放面临新的机遇和挑战。在这种情况下，中国需要转变经济发展方式，改革不合理的收入分配制度，改变陈旧落后的管理体制，打破不合理的既得利益和利益集团，全面提高对外开放水平，实施更为主动的开放战略，以开放促发展。国务院发布的《关于加快实施自由贸易区战略的若干意见》指出，加快实施自由贸易区战略是中国适应经济全球化新趋势的客观要求，是全面深化改革、构建开放型经济新体制的必然选择。

三、中国的区域经济合作战略思路

2007 年 10 月，党的十七大报告首次明确提出中国要"实施自由贸易区战略，加强双边多边经贸合作"。2012 年 11 月，十八大报告再次强调中国要"统筹双边、多边、区域、次区域开放合作，加快实施自由贸易区战略，推动同周边国家互联互通"。十八届三中、五中全会进一步要求，立足周边，加快实施自由贸易区战略，形成辐射全球的高标准自贸区网络。2015 年 12 月，国务院发布了第一个关于自贸区建设的战略性、综合性文件——《关于加快实施自贸区战略的若干意见》，从顶层设计了未来自贸区建设，明确提出了具体目标和措施。这是中国首个关于自贸区建设的战略性、综合性文件。

《关于加快实施自由贸易区战略的若干意见》明确指出中国今后加快实施自贸区战略的思路：立足周边、辐射"一带一路"沿线国家、面向全球。中国这一开展区域经济合作的思路实际上是秉承了其"大国是关键，周边是首要，发展中国家是基础，多边是舞台"的外交工作思路。近期，中国将加快推进与周边国家和地区 FTA 进程，并逐步提升现有合作水平，将 FTA 伙伴国范围辐射到周边大部分国家和地区，努力实现与 FTA 伙伴国贸易额占中国对外贸易总额的比重达到或超过多数发达国家和新兴经济体的水平。中长期，建成

包括周边国家和地区，涵盖"一带一路"沿线国家，辐射五大洲重要国家的全球 FTA 网络，实现大部分对外贸易和双向投资自由化和便利化。①

首先，立足周边。中国重视与周边国家开展区域经济合作，从表 7.1 可以看出，中国已经签署和正在商谈的 FTA 伙伴国大多数都是中国的周边国家。这也是中国一贯秉持的"坚持与邻为善、以邻为伴，坚持睦邻、安邻、富邻"周边外交原则的具体体现。习近平总书记指出，要以周边为基础加快实施自由贸易区战略，扩大贸易、投资合作空间，构建区域经济一体化新格局。②中国坚持"亲、诚、惠、容"的周边外交理念，通过与周边国家开展区域经济合作，努力让自身的发展更好惠及这些国家，让这些国家从中国经济快速发展中获得"红利"。此外，区域内部经济联系的加强将促进政治关系的稳定，欧盟、东盟的经验都证明了这一点。中国与周边国家进行区域经济合作在一定程度上有利于与这些国家建立稳定的政治关系，确保有利于经济持续发展的良好周边环境。

其次，辐射"一带一路"沿线国家。中国于 2013 年提出了建设"一带一路"的重大倡议。"一带一路"建设旨在促进经济要素有序自由流动、资源高效配置和市场深度融合，推动沿线各国实现经济政策协调，开展更大范围、更高水平、更深层次的区域合作，共同打造开放、包容、均衡、普惠的区域经济合作架构。③《关于加快实施自由贸易区战略的若干意见》指出，中国结合周边自由贸易区建设和推进国际产能合作，积极同"一带一路"沿线国家商建自由贸易区，形成"一带一路"大市场，将"一带一路"打造成畅通之路、商贸之路、开放之路。就现实而言，除"一带一路"沿线东亚地区经济体外，中国与其他经济体的 FTA 数量少，而且一体化程度相当低，如中巴 FTA 仅涉及货物贸易和服务贸易。④ 因此，中国与"一带一路"沿线经济体拓展区域

---

① 国务院. 关于加快实施自由贸易区战略的若干意见［EB/OL］.（2015-12）［2015-12-08］. http://www.gov.cn/zhengce/content/2015-12/17/content_10424.htm.

② 习近平：习近平谈治国理政［M］.北京：外文出版社，2014：298.

③ 推动共建丝绸之路经济带和 21 世纪海上丝绸之路的愿景与行动［EB/OL］. http://news.xinhuanet.com/gangao/2015-06/08/c_127890670.htm.

④ 竺彩华、韩剑夫，"一带一路"沿线 FTA 现状与中国 FTA 战略［J］.亚太经济，2015（4）：48.

经济合作空间很大，需要进一步推进。

最后，面向全球。中国 FTA 伙伴覆盖亚洲、欧洲、拉丁美洲、大洋洲，包括双边、区域 FTA，内容涉及广泛，有货物贸易自由化（关税减让、原产地规则、贸易救济等）、服务贸易、投资、旅游、科技、环保、劳工、人员流动等。FTA 伙伴国选择标准多元化，中国考虑到能源资源战略需求与新西兰、智利、澳大利亚签署 FTA，缓解能源资源供应紧张。为扩大出口，建立稳定的出口市场，与东盟签署了 FTA。为获得区域主导权，扩大外交回旋空间，与巴基斯坦签署了 FTA。这种务实、灵活的原则在一定程度上为中国面向全球铺设 FTA 网络提供了更为广阔的谈判空间。依据《关于加快实施自由贸易区战略的若干意见》，中国将争取同大部分新兴经济体、发展中大国、主要区域经济集团和部分发达国家建立自由贸易区，构建金砖国家大市场、新兴经济体大市场和发展中国家大市场等。[①]

第二节　中国参与亚太区域经济合作的策略

一、多层面、全方位参与亚太区域经济合作

（一）积极推进东亚区域经济合作进程

（1）中国与亚太区域经济合作主要参与方的贸易依赖程度指数分析

综合贸易份额指数、拓展后的贸易密集指数、HM 指数[②]是分别测算两个国家间的绝对贸易依存度、相对贸易依存度、贸易依赖对称性的三个常用指数。笔者将亚太区域经济合作主要参与方即美国、东盟、日本、韩国、印度、澳大利亚、新西兰、加拿大、智利、秘鲁、墨西哥作为研究对象，将考察的数据时间段定为 2009—2017 年。

①中国与亚太区域经济合作主要参与方的绝对贸易依存度

综合贸易份额指数（Trade Share Index）是两国之间的进出口额之和占两

---

① 国务院. 关于加快实施自由贸易区战略的若干意见［EB/OL］. http://www.gov.cn/zhengce/content/2015-12/17/content_10424.htm.

② 余振、沈铭辉、吴莹，非对称依赖与中国参与亚太区域经济一体化路径选择——基于贸易指数实证分析［J］. 亚太经济，2010（3）：16-18.

国总的进口额和出口额之和的比重，因同时考虑了进口和出口，故能更全面地反映两个国家间的绝对贸易依存度。公式为：

$$S_{ij} = (x_{ij}+x_{ji}+m_{ij}+m_{ji}) \times 100\%/ (x_i+x_j+m_i+m_j)\qquad(8.1)$$

其中，x_{ij} 为 i 国对 j 国的出口额，x_{ji} 为 j 国对 i 国的出口额，m_{ij} 为 i 国自 j 国的进口额，m_{ji} 为 j 国自 i 国的进口额。x_i 为 i 国的总出口额，x_j 为 j 国的总出口额，m_j 为 j 国的总进口额，m_i 为 i 国的总进口额。S_{ij} 的取值范围在 [0，1] 之间，数值越大，说明两国之间的贸易依赖程度越高。测算结果如表 8.2。

表 8.2　中国与亚太经济体综合贸易份额指数测算结果

年份\国家	美国	东盟	日本	韩国	印度	澳大利亚	新西兰	加拿大	智利	秘鲁	墨西哥
2009	0.1394	0.1037	0.1381	0.1027	0.0318	0.0486	0.0047	0.0262	0.0160	0.0061	0.0191
2010	0.1368	0.1067	0.1353	0.1023	0.0340	0.0532	0.0049	0.0248	0.0172	0.0067	0.0209
2011	0.1298	0.1098	0.1295	0.0988	0.0332	0.0564	0.0052	0.0249	0.0165	0.0069	0.0211
2012	0.1320	0.1129	0.1193	0.0956	0.0291	0.0558	0.0054	0.0254	0.0163	0.0074	0.0216
2013	0.1354	0.1182	0.1091	0.0961	0.0269	0.0579	0.0064	0.0247	0.0159	0.0072	0.0217
2014	0.1412	0.1234	0.1068	0.0974	0.0280	0.0556	0.0068	0.0240	0.0153	0.0069	0.0227
2015	0.1358	0.1142	0.0988	0.0956	0.0305	0.0546	0.0056	0.0239	0.0141	0.0069	0.0212
2016	0.1352	0.1224	0.1048	0.0956	0.0303	0.0564	0.0064	0.0232	0.0155	0.0080	0.0215
2017	0.1349	0.1457	0.1275	0.1128	0.0297	0.0560	0.0084	0.0246	0.0187	0.0110	0.0216
均值	0.1356	0.1175	0.1188	0.0996	0.0304	0.0548	0.0060	0.0246	0.0162	0.0075	0.0213

数据来源：根据 UN Comtrade 数据库、UNCTAD STAT 数据库相关数据计算得出。

依据表 8.2，中国与美国和东亚经济体综合贸易份额指数幅度范围为 0.09—0.14，而中国与智利等美洲国家、澳大利亚、新西兰、印度的综合贸易份额指数幅度为 0.005—0.06，中国与美国和东亚经济体的绝对贸易依存度要高于其与智利等美洲国家、澳大利亚、新西兰、印度的绝对贸易依存度。从综合贸易指数均值看，中国与美国、日本、东盟、韩国的贸易依存关系比较明显，中国与新西兰、秘鲁的贸易依存关系不明显，数值接近 0。

②中国与亚太区域经济合作主要参与方的相对贸易依存度

拓展后的贸易密集指数（Trade Intensity Index）同时考虑了进口和出口，

可以更全面地反映两个国家间的贸易相对依赖程度。公式为：

$$I_{ij}=\left[\left(x_{ij}+x_{ji}+m_{ij}+m_{ji}\right)/\left(x_i+x_j+m_i+m_j\right)\right]/\left[\left(x_i+x_j+m_i+m_j\right)/\left(2x_w+2m_w\right)\right]\quad(8.2)$$

其中，x_{ij}、x_{ji}、m_{ij}、m_{ji}、x_i、x_j、m_j、m_i 所指代内容同上，x_w 为全球出口总额，m_w 为全球进口总额。若 I_{ij} 大于 1，则 i 国和 j 国间的依赖程度高于它们对全球市场整体的依赖。测算结果如表 8.3。

表 8.3　中国与亚太经济体贸易密集指数测算结果

年份\国家	美国	东盟	日本	韩国	印度	澳大利亚	新西兰	加拿大	智利	秘鲁	墨西哥
2009	1.4425	1.3859	2.0820	1.7872	0.6048	0.9678	0.1057	0.4632	0.3500	0.1363	0.3594
2010	1.3592	1.3064	1.8672	1.6211	0.5872	0.9609	0.0982	0.4055	0.3385	0.1358	0.3575
2011	1.2995	1.3279	1.7849	1.5343	0.5522	0.9982	0.1018	0.4019	0.3187	0.1366	0.3563
2012	1.2586	1.3100	1.5873	1.4307	0.4633	0.9429	0.1021	0.3922	0.2999	0.1390	0.3456
2012	1.2568	1.3336	1.4457	1.3888	0.4099	0.9422	0.1151	0.3683	0.2784	0.1274	0.3342
2014	1.2938	1.3618	1.3946	1.3664	0.4179	0.8829	0.1172	0.3473	0.2600	0.1192	0.3371
2015	1.1833	1.1286	1.1766	1.2006	0.3843	0.6650	0.0854	0.3086	0.2112	0.1050	0.2757
2016	1.2270	1.2725	1.2935	1.2654	0.4294	0.7273	0.1022	0.3143	0.2440	0.1277	0.2933
2017	1.3953	1.7106	1.7965	1.6953	0.6170	1.0777	0.1582	0.4367	0.3490	0.2085	0.3411
均值	1.3018	1.3486	1.6031	1.4766	0.4962	0.9072	0.1095	0.3820	0.2944	0.1373	0.3334

数据来源：根据 UN Comtrade 数据库、UNCTAD STAT 数据库相关数据计算得出。

从表 8.3 可以看出，中国与美国、东盟、日本、韩国的贸易密集指数均超大于 1，中国与这些经济体的贸易依赖关系超过它们对全球市场的整体依赖。而中国与智利等美洲国家、澳大利亚、新西兰、印度的贸易密集指数均小于 1，中国与这些国家的贸易依赖关系低于它们对全球市场的整体依赖。因此，中国与美国和东亚经济体的相对贸易依存度较高。

③中国与亚太区域经济合作主要参与方的贸易依赖对称性

HM（Hubness Measurement Index）指数反映了 FTA 网络中潜在的"轴心—辐条"关系。公式为：

$$HM_j=x_{ij}/x_i\times\left(1-m_{ij}/m_j\right)\quad\quad\quad\quad(8.3)$$

其中，x_{ij}、x_i、m_{ij} 和 m_j 所指代的内容同上。HM_j 的取值范围在 [0，1]，数值越大，说明 i 国出口对 j 国市场的依赖程度越大。测量结果如表 8.4、8.5。

表 8.4　中国出口对亚太经济体 HM 指数测算结果

年份\国家	美国	东盟	日本	韩国	印度	澳大利亚	新西兰	加拿大	智利	秘鲁	墨西哥
2009	0.1752	0.0741	0.0622	0.0305	0.0234	0.0131	0.0016	0.0142	0.0029	0.0014	0.0101
2010	0.1702	0.0733	0.0572	0.0294	0.0244	0.0120	0.0015	0.0135	0.0035	0.0018	0.0111
2011	0.1616	0.0746	0.0603	0.0301	0.0253	0.0116	0.0017	0.0127	0.0041	0.0019	0.0123
2012	0.1622	0.0837	0.0592	0.0289	0.0224	0.0122	0.0016	0.0130	0.0046	0.0021	0.0131
2012	0.1564	0.0927	0.0547	0.0266	0.0211	0.0098	0.0015	0.0125	0.0044	0.0023	0.0128
2014	0.1580	0.0965	0.0510	0.0273	0.0223	0.0095	0.0016	0.0121	0.0039	0.0021	0.0134
2015	0.1638	0.0749	0.0447	0.0260	0.0240	0.0109	0.0017	0.0118	0.0040	0.0021	0.0141
2016	0.1594	0.0701	0.0432	0.0251	0.0248	0.0103	0.0016	0.0115	0.0038	0.0019	0.0139
2017	0.1417	0.0715	0.0475	0.0291	0.0309	0.0110	0.0018	0.0142	0.0045	0.0021	0.0165
均值	0.1610	0.0790	0.0533	0.0281	0.0243	0.0111	0.0016	0.0128	0.0040	0.0020	0.0130

数据来源：根据 UN Comtrade 数据库、UNCTAD STAT 数据库相关数据计算得出。

表 8.5　亚太经济体出口对中国 HM 指数测算结果

年份\国家	美国	东盟	日本	韩国	印度	澳大利亚	新西兰	加拿大	智利	秘鲁	墨西哥
2009	0.0456	0.0892	0.1659	0.2256	0.0569	0.2107	0.0911	0.0300	0.2335	0.1520	0.0091
2010	0.0531	0.0958	0.1728	0.2377	0.0768	0.2465	0.1105	0.0322	0.2419	0.1513	0.0135
2011	0.0542	0.1013	0.1761	0.2297	0.0537	0.2671	0.1231	0.0367	0.2271	0.1498	0.0165
2012	0.0548	0.0997	0.1619	0.2343	0.0494	0.2885	0.1484	0.0415	0.2303	0.1684	0.0149
2012	0.0590	0.1040	0.1642	0.2496	0.0475	0.3383	0.2065	0.0425	0.2469	0.1720	0.0164
2014	0.0574	0.1037	0.1661	0.2419	0.0410	0.3305	0.1987	0.0360	0.2438	0.1818	0.0144
2015	0.0574	0.1083	0.1605	0.2483	0.0351	0.3172	0.1752	0.0376	0.2595	0.2186	0.0124
2016	0.0569	0.1076	0.1600	0.2382	0.0330	0.3080	0.1937	0.0395	0.2840	0.2327	0.0139
2017	0.0562	0.1173	0.2112	0.2325	0.0405	0.2865	0.2218	0.0418	0.2731	0.2613	0.0156
均值	0.0549	0.1030	0.1710	0.2375	0.0482	0.2881	0.1632	0.0375	0.2489	0.1876	0.0141

数据来源：根据 UN Comtrade 数据库、UNCTAD STAT 数据库相关数据计算得出。

依据表 8.4，中国出口对美国、东盟、日本、韩国、印度、墨西哥、加拿大 7 个经济体的市场依赖程度位列中国对亚太区域经济合作主要参与方市场依赖程度的前六。依据表 8.5，澳大利亚、智利、韩国、秘鲁、日本、新西兰、东盟 7 个经济体对中国市场的依赖程度位列亚太区域经济合作主要参与方出口对中国市场依赖程度前六。不难看出，中国与日本、韩国、东盟呈现相互依赖的贸易关系，具有明显的对称性。而中国对美国、印度、墨西哥、加拿大的贸易依赖关系是单方面的、非对称的，澳大利亚、智利、秘鲁、新西兰对中国的贸易依赖关系也是单方面、非对称。

（2）积极推进东亚区域经济合作进程

依据前文中国与亚太区域经济合作主要参与方贸易依赖程度的指数分析结果，中国与东盟、日本、韩国的绝对贸易依赖程度和相对贸易依赖程度都较高，中国与这三个经济体的贸易关系呈现较强的对称依赖。不难看出，这些国家将可以从加快推进东亚一体化进程中获得较大收益。目前，中国已经完成与东盟完成了自贸区升级谈判，并签订了《中国与东盟关于修订〈中国—东盟全面经济合作框架协议〉及项下部分协议的议定书》。可以说，中国—东盟自由贸易区对于加强和巩固双方经贸关系意义重大。目前，中国是东盟第一大贸易伙伴，东盟是中国第三大贸易伙伴。2017 年中国和东盟贸易额达 5148.2 亿美元，是 2003 年的 6.6 倍。2017 年中国和东盟累计双向投资总额已超过 2000 亿美元。[①]中国—东盟自贸区的建设成果为推动东亚一体化进程打下了坚实的基础。

推进东亚一体化进程的另一个关键问题是加快中日韩 FTA 建设进程。从中日韩三国合作关系发展现状看，中韩 FTA 已签订并生效。中日韩三方合作关系逐步恢复并回归正轨，其标志是 2015 年 3 月中日韩三国外长时隔三年后再次召开会议。之后，三国又于 11 月召开了领导人会议，标志着三国合作全面恢复。此后，受东北亚局势和中日关系恶化，三国领导人会议再次进入停摆。2018 年 5 月，三国召开了第七次领导人会议，推动中日韩 FTA 谈判时本次会议的主要议题之一。中日韩 FTA 谈判于 2012 年 11 月启动，目前三国已经进行了 14 轮 FTA 谈判。保持三边关系朝良好态势发展是中日韩 FTA 谈判顺利进行的关键，中国应抓住当下机会加快推进中日韩谈判。三国在推动中日韩

---

① 数据来源：21 世纪经济报道．

FTA 谈判中具有一定的战略利益契合点：三国都受益于全球自由贸易，推动中日韩 FTA，向世界传递出三国坚定推动经济全球化和自由贸易的共同立场，有助于应对当前贸易保护主义、单边主义，捍卫全球自由贸易体制；推动中日韩 FTA 有助于充分发挥三国间产业互补性。中国地大物博，自然资源丰富，市场广阔，产业和贸易结构偏向劳动密集型，可为日本和韩国提供市场、劳动力、资源。而日本、韩国在资本、技术和创新能力上有优势，日本丰厚资本和尖端技术可供中国引进，韩国的成功产业化和经济结构调整经验可供中国借鉴。通过建设自贸区，三国间关税和非关税壁垒降低，各类资源配置更趋合理，市场规模得以扩大，劳动生产率得以提高，从而推动彼此间经济发展，实现共同繁荣；从中日韩 FTA 的进展看，中韩 FTA 先于中日韩 FTA 签署，日韩 FTA 自 2005 年中断后一直没有再启动，中日 FTA 一直没有提上议事日程。就困扰中日韩 FTA 谈判的历史问题而言，这些问题事关三国的民族感情和民意，处理不好将会使三国失去合作的民意基础。因此，三国应从合作大局考虑，妥善处理好历史遗留问题至关重要。

（二）积极参与亚太地区巨型 FTA 建设

（1）密切关注 CPTPP 生效后的发展动向

对于中国而言，CPTPP 生效对其 GDP、福利、贸易条件都会产生一定的负面影响，对于产业产生的影响因产业差异而有所不同。与 TPP 比较，CPTPP 对中国的负面影响明显减弱。如表 8.6 所示，在 TPP 情景下，中国 GDP 下降 0.23%，福利减少 36.94 亿美元，贸易条件恶化。而在 CPTPP 情境下，中国 GDP 下降 0.12%，福利减少 19.79 亿美元，受损程度较小，贸易条件恶化程度也较小。

表 8.6　TPP/CPTPP 对中国产生的宏观经济效应

	GDP（%）	福利（亿美元）	贸易条件
TPP	−0.23	−36.94	−0.16
CPTPP	−0.12	−19.79	−0.11

数据来源：赵灵翡，郎丽华．从 TPP 到 CPTPP：我国制造业国际化发展模拟研究——基于 GTAP 模型的分析［J］.国际商务——对外经济贸易大学学报，2018（5）：66–68.

同样，在 TPP 和 CPTPP 情境下，中国产业所受影响也不一样。如表 8.7 所示，在 TPP 情景下和 CPTPP 情景下，中国各产业部门的产出和进出口都会受到一定程度的冲击，以制造业各部门变动最为明显。比较而言，在 CPTPP 情境下，各产业部门产出和进出口受损程度降低。

表 8.7　TPP/CPTPP 对中国产生的微观经济效应

（%）

	TPP			CPTPP		
	产出	进口	出口	产出	进口	出口
农林牧副渔业	−0.14	−1.14	−2.97	−0.05	−0.5	−0.57
采矿业	0.08	−0.05	0.13	0.05	−0.04	0.15
农副食品制造业	−0.48	−0.69	−7.76	−0.2	−0.42	−3.41
纺织服装制造业	−0.10	−0.43	−0.6	−0.09	−0.26	−0.28
皮革木材制造业	0.07	−0.45	−0.04	0.01	−0.27	−0.09
基础重工业制造业	0.06	−0.27	−0.29	0.02	−0.19	−0.25
电子机械设备制造业	0.12	−0.35	−0.14	0.05	−0.22	−0.13
公共事业	0.08	−0.25	0.31	0.04	−0.15	0.15
社会商业服务业	0.01	−0.32	0.34	0.01	−0.19	0.22

数据来源：赵灵翡，郎丽华. 从 TPP 到 CPTPP：我国制造业国际化发展模拟研究——基于 GTAP 模型的分析［J］. 国际商务——对外经济贸易大学学报，2018（5）：66−68.

目前，CPTPP 已经生效，成为亚太地区首个巨型 FTA，而日本成为亚太区域经济合作规则制定的"领头羊"。CPTPP 得以签订跟日本在一些领域做出较大让步是分不开的。对日本而言，CPTPP 的政治意义和规则制定意义要大于经济意义。日本之所以力推 CPTPP，旨在获得亚太区域经济合作的主导权，削弱中国的影响力。中国需要对 CPTPP 做进一步研究和评估，做好积极应对准备，在适当时机可以考虑加入 CPTPP。

（2）稳步推进 RCEP 谈判

RCEP 谈判作为当前亚洲规模最大的 FTA 谈判，参与方人口约占全球一半，GDP 总值、贸易额和吸引外资额约占全球三分之一。[①] 总体而言，RCEP 建成后将对中国的宏观经济产生积极影响。如表 8.8 所示，RCEP 建成后，尽

---

① 商务部国际司.《区域全面经济伙伴关系协定》（RCEP）第 10 轮谈判在韩国釜山举行［EB/OL］.（2015−10−23）［2015−12−12］.

管中国贸易条件趋向轻微恶化，贸易收支顺差部分缩减，但其 GDP、福利、进口、出口都呈现增长。

表 8.8　RCEP 对中国的宏观经济影响

	GDP（%）	福利（亿美元）	进口（%）	出口（%）	贸易条件	贸易平衡（亿美元）
RCEP	0.12	29.48	4.21	3.15	−0.15	−44.86

数据来源：陈淑梅，倪菊华.中国加入"区域全面经济伙伴关系"的经济效应基于 GTAP 模型的模拟分析［J］.亚太经济，2014（2）：128−131.

表 8.9 列出了 RCEP 对中国产业的影响。总体而言，中国在 RCEP 方案下，就产出而言，除采掘业、机械电子和运输设备、其他制成品、其他服务业等部门的产出下降外，其他部门产品的产出均有所增长，但增幅不明显。其中其他制成品（皮革、木材、纸制品等）将遭受较大冲击。就进口而言，所列部门产品进口都呈现增长，增幅最大的当属纺织服装。就出口而言，除公共设施建设、交通和通讯、其他服务业外，其他部门产品都有所增长，增幅最大的是加工食品和饮料。中国劳动密集型产业保持出口优势的同时，资本密集型产业的出口竞争力也在提升。

表 8.9　RCEP 对中国产业的影响

	产出（%）	出口（%）	进口（%）
农业	0.04	6.06	7.20
采掘业	−0.36	5.75	0.64
加工食品和饮料	1.37	23.50	4.21
纺织服装	1.18	3.84	11.38
机械电子和运输设备	−0.20	2.96	4.09
钢铁及其他金属制品	0.21	5.54	5.82
其他制成品	−0.50	3.24	6.96
公共设施建设	0.36	−0.90	0.66
交通和通讯	0.00	−0.06	0.26
其他服务业	−0.16	−1.57	0.53

数据来源：陈淑梅，倪菊华.中国加入"区域全面经济伙伴关系"的经济效应基于 GTAP 模型的模拟分析［J］.亚太经济，2014（2）：128−131.

　　根据王孝松、武皖（2018）测算结果，中国可以通过推动 RCEP 签订并生效来抵消 CPTPP 带来的不利影响。[①] 中国作为 RCEP 的主要参与方应积极发挥协调作用促进谈判早日完成。RCEP 有利于东亚区域经济合作进一步提升，推动东亚区域经济一体化迈向一个新的台阶。

　　（3）积极推进 FTAAP 建设

　　中国 GDP 在包含不同成员数目的 FTAAP 框架下会呈现不同程度的增长。如表 8.10 所示，在经 TPP 扩容后建立的包括 21 个成员的 FTAAP 框架下，中国 GDP 增值最大，为 8371 亿美元，增长 4.9%。其次，在经 TPP 扩容后建立的包括 17 个成员的 FTAAP 框架下中国 GDP 增值为 8086 亿美元，增长 4.7%。而在经 RCEP 扩容后建立的包括 21 个成员的 FTAAP 框架下，中国 GDP 增值为 5206 亿美元，增长 3%，增幅明显低于前两种情况。

表 8.10　FTAAP 对中国 GDP 的影响（单位：10 亿美元，以 2007 美元价格为基础）

FTAAP17（TPP 扩容而来）		FTAAP21（TPP 扩容而来）		FTAAP21（RCEP 扩容而来）	
GDP 增加值	GDP 变化率	GDP 增加值	GDP 变化率	GDP 增加值	GDP 变化率
808.6	4.70%	837.1	4.90%	520.6	3.00%

　　数据来源：Petri，A.P.& Abdul-Raheem，A. "Can RCEP and the TPP bePathway to FTAAP？"［EB/OL］.Chapter2，State of the Region，PECC，Oct.2014.

　　http：//www.pecc.org/state-of-the-region-reports/265-2014-2015/595-chapter-2-can-rcep-and-the-tpp-be-path-ways-to-ftaap. 作者运用可计算一般均衡模型计算得出。

　　备注：GDP 基准值为 172490 亿美元；FTAAP17 是在 TPP12 的基础上纳入中国、印尼、韩国、菲律宾、泰国；FTAAP21 则包括了 APEC21 个成员。

　　彭支伟和张伯伟（2013）[②] 也从宏观经济层面和微观经济层面测度了 FTAAP 框架下中国可能获得的收益。结果显示，在 FTAAP 框架下，中国 GDP、福利、进出口增幅都高于 TPP 框架下的相应数值。但是，中国的贸易条件将进一步恶化，贸易逆差也进一步拉大。就产业层面而言，除木材纸质

---

　　① 王孝松，武皖 . CPTPP 建立的影响及中国的应对策略探究［J］. 区域与全球发展，2018（3）：46-71.

　　② 彭支伟、张伯伟，TPP 和亚太自由贸易区的经济效应及中国对策，国际贸易问题，2013（4）：89.

品、纺织品、服装、汽车、服务业产出降低外，其他产品的产出以及所有产品的进出口都呈现增长，且增幅较中国加入 TPP 的方案下大。通过对比 TPP、RCEP、FTAAP 对中国产生的宏观经济效应和产业效应可以得出，中国在 FTAAP 方案下 GDP、福利、进口、出口等宏观经济效益指标增幅较大，但同时所面临的贸易条件也更加恶化，贸易逆差更大。FTAAP 对中国的产业产出、产品进出口的影响也明显好于 RCEP 和 TPP 所产生的影响。可见，FTAAP 将为中国带来更为积极的经济效应。

美国经济学家 John Gilbert（2010）采用一般均衡模型计算得出，FTAAP 所带来的福利效要高于亚太地区任何其他形式的经济合作。[①] 彭支伟和张伯伟的测算结果也表明，FTAAP 对美国、中国、日本、韩国总体受益也高于 TPP。鉴此，相关国家不会轻易放弃 FTAAP 这块肥肉的，中国可以顺势逐步推进 FTAAP，逐步确立在推进 FTAAP 建设中的地位，不断提升影响力。中国于 2014 年承办 APEC 会议，将推动 FTAAP 建设列入会议重点议程。在中国的积极协调下，会议决定成立 FTAAP 专家组，对 FTAAP 建设进行战略性研究。相关方已于 2016 年完成这一研究，并获 APEC 领导人非正式会议通过。目前，APEC 成员就在 APEC 框架下推进 FTAAP 建设已经达成共识，接下来需要进一步研究何时推进以及如何推进等问题。而推进 FTAAP 建设进程的关键在于哪个国家来主导这一进程，实际上也是各国对亚太区域经济合作主导权的战略博弈过程。因此，中国在推动 FTAAP 建设进程中需要注意做好与亚太区域经济合作主要参与方的协调和沟通工作。

（三）推进自贸区建设，构建大市场

加快与周边国家自贸区谈判工作，构建周边大市场。目前，中国与周边国家签订的 FTA 集中在东亚地区。中国需要加快与其他周边国家自贸区谈判工作，如与南亚的斯里兰卡的自贸区谈判工作，与巴基斯坦第二阶段自贸协定谈判工作，与西亚的巴勒斯坦、以色列、海合会自贸区谈判工作，逐步建立合作共赢的周边大市场。

---

① ABAC，Preliminary Assessment of the Proposal for a Free Trade Area of theAsia-Pacific（FTAAP），An Issues Paper for the APEC Business Advisory Council，2004，pp. 27.

　　推进与"一带一路"沿线经济体自贸区谈判，构建"一带一路"大市场。目前，中国与"一带一路"沿线国家自贸区建设情况并不理想，所签订的FTA主要集中在东亚国家，与其他国家的FTA数量少且质量低。[①] 目前，"一带一路"沿线经济体与中国签订FTA的仅有6个，与中国正在谈判的FTA共7个，完成可行性研究的1个，正在进行可行性研究的1个。因此，中国需要稳步推进与"一带一路"沿线经济体的FTA建设，努力建成"一带一路"大市场，拓宽FTA战略空间。桑百川等（2015）对中国与"一带一路"经济体贸易竞争性和互补性的CI指数测算结果显示，中国与东南亚、南欧、中欧、南亚地区的出口结构相似度较高，出口贸易竞争性较强。然而，这些地区的出口结构又和中国的进口结构结合度较高，贸易互补性较强；中国与西亚、中亚、地中海地区的出口结构相似度较低，出口贸易竞争性较低。同时，这些地区的出口结构和中国进口结构结合度较低，贸易互补性低；中国与东欧地区出口结构相似度低，出口贸易竞争性较低。同时，该地区的出口结构和中国的进口结构结合度较高，贸易互补性较强。[②] 鉴此，中国需要根据贸易关系的类型采取不同的FTA谈判策略。中国进口与东南亚、南欧、东欧、中欧、南亚地区国家的出口贸易互补性较强，中国对这些地区的国家具有较大的进口贸易发展潜力，与这些地区国家开展自贸区谈判相对容易些。通过自贸区建设加强与这些国家的互联互通，进一步优化贸易结构，培养新的贸易增长点；中国进口与西亚、中亚、地中海地区国家出口贸易互补性低，但具合作前景。这些地区国家能源资源相对丰富，出口结构以资源能源产品为主，而这些产品正是中国进口依存度较高的产品。中国与这些国家推进自贸区建设可以确保能源资源稳定供应，缓解能源资源供应紧张问题。

　　推进与新兴市场国家[③]自贸区建设，构建新兴经济体大市场。目前，中国尚未跟绝大多数新兴市场国家签订或商谈双边FTA，跟巴基斯坦签订并生效

　　① 竺彩华，韩剑夫."一带一路"沿线FTA现状与中国FTA战略［J］.亚太经济，2015（4）：48.
　　② 桑百川，杨立卓.拓展我国与"一带一路"国家的贸易关系［J］.经济问题，2015（8）：3.
　　③ 本书所指的新兴市场国家包括巴西、俄罗斯、印度、南非、越南、菲律宾、印度尼西亚、巴基斯坦、孟加拉国、埃及、伊朗、墨西哥、尼日利亚、土耳其14个国家。

了 FTA，完成了与印度建立自贸区可行性的研究，越南、菲律宾、印度尼西亚作为东盟成员与中国签订了 FTA。可以说，新兴市场国家是中国 FTA 战略的真空地带。桑百川等（2010）对中国与新兴市场国家贸易竞争性和互补性的 CI 指数测算结果显示，中国与菲律宾、墨西哥、土耳其的出口贸易结构较相似，出口贸易竞争性较强。与其他新兴市场国家出口贸易竞争性较弱；中国出口结构与绝大多数新兴市场国家进口结构结合度较高，贸易互补性较强。中国进口结构与墨西哥、菲律宾、印尼、巴西、南非、印度 6 国出口结构结合度较高，贸易互补性较强。① 鉴此，中国可以优先考虑与墨西哥、菲律宾、印尼、巴西、南非、印度、俄罗斯等国签订 FTA。中国对这些国家的进口和出口都具有较大的潜力，FTA 谈判相对容易。对于其他新兴市场国家（孟加拉国、伊朗、尼日利亚、土耳其、埃及），中国需要通过与这些国家在加强政府间合作，逐步增进相互信任的基础上循序渐进地商谈 FTA。

二、建设高水平的自由贸易区，推进自贸协定深度一体化②

目前，中国签订并生效的 FTA 主要包含了"第一代"贸易政策即"WTO+"贸易政策，包括工业产品、农业产品、海关程序、出口税、SPS、TBT 等 14 项议题。而只有个别 FTA 涉及少数"第二代"贸易政策，即"WTO-X"贸易政策，包括反腐败、竞争政策、知识产权、环境法、知识产权、投资等 37 项议题。"WTO+"贸易政策下的议题名称及内容见表 8.11，"WTO-X"贸易政策议题名称及内容见表 8.12。

表 8.11　"WTO+"贸易政策下的议题名称及内容

议题名称	内容
工业品	关税自由化；消除非关税措施
农业品	关税自由化；消除非关税措施
海关程序	提供信息；新法律法规的网上发布；培训

---

① 桑百川，李计广 . 拓展我国与主要新兴市场国家的贸易关系——基于贸易竞争性与互补性的分析［J］. 财贸经济，2010（10）：70-72.

② 笔者基于 Henrik Horn、Petros C. Mavroidis、André Sapir 三人分析美国、欧盟所签订的 FTA 的深度一体化时所用的方法选取分析中国所签订的 12 个 FTA 的深度一体化。

议题名称	内容
出口税	消除出口税
SPS	确认 WTO 协议中 SPS 相关权利和义务；统一 SPS 措施
TBT	确认 WTO 协议中 TBT 相关权利和义务；提供信息；统一规则；互认协议
国营贸易企业	独立竞争管理机构的建立和运行；生产和营销环境的非歧视；提供信息；确认 GATT 第 17 条
反倾销	保留 WTO 协定中反倾销相关权利和义务
反补贴	保留 WTO 协定中反补贴相关权利和义务
国家救助	评估反竞争行为；国家救助价值和分配的年度报告；提供信息
公共采购	逐步开放；国民待遇或非歧视原则；法律法规的网上发布；公共采购机制规范
TRIMS	本地化程度和外商直接投资出口绩效的相关规定
GATS	服务贸易自由化
TRIPs	统一标准；执行；国民待遇、最惠国待遇

资料来源：Horn，H.et al. "Beyond the WTO？ An anatomy of EU and US preferential trade agreements"［EB/OL］.Bruegel Blueprint Series，2009，VII：14-15.

表 8.12 "WTO-X"贸易政策下的议题名称及内容

议题名称	内容
反腐败	影响国际贸易和投资活动的刑事犯罪的相关法规
竞争政策	实施禁止反竞争商业行为政策；统一竞争法；独立竞争管理机构的建立和运行
消费者保护	统一消费者保护法；信息和专家交流；培训
数据保护	信息和专家交流；项目合作
环境法	制定环境标准；执行国家环境法；建立违反环境法的惩罚机制；发布环境法律法规
投资	交流信息；制定法律框架；统一和规范程序；国民待遇；建立争端解决机制
资本流动	资本流动自由化；禁止采取新的限制措施
劳动市场管制	国家劳动市场法规；确认国际劳工组织承诺；执行

续表

议题名称	内容
知识产权	加入 TRIPs 协定中所没提到的国际条约
农业	进行现代化项目的技术支持；信息交流
视听领域合作	推动行业发展；鼓励合作生产
民事保护	实施统一规则
创新政策	参与框架计划；促进技术转让
文化合作	进行项目合作，推广当地文化
经济政策对话	交换观点；联合研究
教育和培训	提高普教水平的措施
能源	信息交流；技术转让；联合研究
金融援助	进行金融援助和金融援助管理的规则
健康	防控疾病；开发健康信息系统；交流信息
人权	尊重人权
非法移民	签订再接纳协议；阻止和控制非法移民
违禁毒品	吸毒者的治疗和康复；阻止毒品消费的联合行动；减少毒品供应；交流信息
产业合作	援助进行现代化项目；信贷融资的准入和便利化
信息社会	交流信息；传播新技术；培训
采矿	交流信息和经验；制定联合倡议
洗钱	统一标准；技术和管理援助
核安全	制定法律法规；放射性物质的监管和运输
政治对话	统一各党派对国际问题的立场
公共管理	技术援助；交流信息；联合研究；培训
区域合作	促进区域合作；技术援助项目
研究和科技	联合研究项目；学者交流；建立公私关系
中小企业	技术援助；融资便利化
社会事务	协调社会安全系统；工作环境的非歧视
统计数据	统一统计方法；培训
税收	援助改革财政系统
恐怖主义	交流信息和经验；联合研究
签证和庇护	交流信息；起草法规；培训

资料来源：Horn，H.et al. "Beyond the WTO？ An anatomy of EU and US preferential trade agreements"［EB/OL］.Bruegel Blueprint Series，2009，VII：14−15.

注：作者原文中共 38 项，在此忽略"立法近似"（Approximation of legislation）一项，该项内容为"欧共体立法在本国立法中的应用"。

表 8.13 分别比较和分析了选取的中国已签订的 12 个 FTA 中所包含的"WTO+"贸易政策下 14 个项目数量及相关项目的覆盖率。12 个 FTA 包含了较多的"WTO+"贸易政策下的项目，所含项目平均数约 11 个，项目平均覆盖率约为 78%。所选 FTA 均包含工业品、农业品、SPS、技术壁垒、反倾销、反补贴、GATS 7 个项目，但都不包含"国家救助"，仅 3 个 FTA 中包含"国营贸易企业"。

表 8.13　中国签订的 FTA 中 "WT0+" 贸易政策下的项目覆盖情况

	中国–东盟	中国–新加坡	中国–巴基斯坦	中国–新西兰	中国–智利	中国–秘鲁	中国–哥斯达黎加	中国–冰岛	中国–瑞士	中国–澳大利亚	中国–韩国	中国–格鲁吉亚
工业品	√	√	√	√	√	√	√	√	√	√	√	√
农业品	√	√	√	√	√	√	√	√	√	√	√	√
海关程序		√	√	√	√	√	√	√	√	√	√	√
出口税		√	√	√	√	√	√	√	√	√	√	√
SPS	√	√	√	√	√	√	√	√	√	√	√	√
技术壁垒	√	√	√	√	√	√	√	√	√	√	√	√
国营贸易企业		√				√					√	
反倾销	√	√	√	√	√	√	√	√	√	√	√	√
反补贴	√	√	√	√	√	√	√	√	√	√	√	√
国家救助												
公共采购		√	√	√	√	√	√	√	√	√	√	
TRIMS				√							√	√
GATS	√	√	√	√	√	√	√	√	√	√	√	√
TRIPs				√	√	√	√	√	√	√	√	√
项目总数	7	11	9	12	11	12	11	11	11	11	13	11
项目覆盖率（%）	50	79	64	86	79	86	79	79	79	79	93	79

续表

	中国－东盟	中国－新加坡	中国－巴基斯坦	中国－新西兰	中国－智利	中国－秘鲁	中国－哥斯达黎加	中国－冰岛	中国－瑞士	中国－澳大利亚	中国－韩国	中国－格鲁吉亚
具有实际约束力的项目数	3	11	7	12	8	12	11	9	7	6	9	6
具有实际约束力的项目占比（%）	43	100	78	100	73	100	100	82	64	55	69	55

资料来源：根据中国自由贸易区服务网 FTA 文本内容分析得出。

注：研究中剔除了内地与香港特区、澳门特区签订的 CEPA 以及大陆和台湾地区签署的 ECFA；"项目款覆盖率"是指某项 FTA 所涉及"WTO+"贸易政策下项目的数量占"WTO+"贸易政策下项目总数的百分比；"项目执行率"是指某项 FTA 所涉及的"WTO+"贸易政策下项目中具有实际约束力的可执行项目数量占项目总数的百分比。

表 8.14 分别比较和分析了选取的中国已签订的 12 个 FTA 中所包含的"WTO-X"贸易政策下 37 个项目数量及相关项目的覆盖率。12 个 FTA 所包含的"WTO-X"贸易政策下的项目数量较少，所含项目数平均为 6 个，项目平均覆盖率仅为 16%。所选 FTA 均包含"投资"，而"反腐败""数据保护""资本流动""民事保护""创新政策""经济政策对话""金融救助""健康""人权""非法移民""违禁毒品""产业合作""洗钱""核安全""政治对话""社会事务""统计数据""税收""恐怖主义""签证和庇护"共 20 项内容均未涉及。可见，中国在"WTO-X"贸易政策上还有很多项目未开放，区域经济合作需要进一步深化。

表 8.14　中国签订的 FTA 中"WT0-X"贸易政策下项目覆盖情况

	中国－东盟	中国－新加坡	中国－巴基斯坦	中国－新西兰	中国－智利	中国－秘鲁	中国－哥斯达黎加	中国－冰岛	中国－瑞士	中国－澳大利亚	中国－韩国	中国－格鲁吉亚
反腐败												
竞争政策						√	√	√	√		√	√

续表

	中国－东盟	中国－新加坡	中国－巴基斯坦	中国－新西兰	中国－智利	中国－秘鲁	中国－哥斯达黎加	中国－冰岛	中国－瑞士	中国－澳大利亚	中国－韩国	中国－格鲁吉亚
消费者保护				√								
数据保护												
环境法					√				√		√	√
投资	√	√	√	√	√	√	√	√	√	√	√	√
资本流动												
劳动力市场管制		√		√	√	√		√	√			
知识产权						√	√	√	√	√	√	√
农业	√					√	√					
视听领域合作						√					√	
民事保护												
创新政策												
文化合作					√	√	√				√	
经济政策对话												
教育和培训					√	√		√				
能源	√										√	
金融救助												
健康												
人权												
非法移民												
违禁毒品												
产业合作												
信息社会	√					√	√				√	
采矿业	√				√	√						
洗钱												
核安全												
政治对话												
公共管理						√	√					
区域合作	√	√										

续表

	中国－东盟	中国－新加坡	中国－巴基斯坦	中国－新西兰	中国－智利	中国－秘鲁	中国－哥斯达黎加	中国－冰岛	中国－瑞士	中国－澳大利亚	中国－韩国	中国－格鲁吉亚
研究与技术					√	√	√	√			√	
中小企业	√			√	√	√	√				√	
社会事务												
统计数据												
税收												
恐怖主义												
签证和庇护												
项目总数	7	3	1	4	8	13	9	6	5	2	10	4
项目覆盖率（%）	18	8	3	11	22	35	24	16	14	5	27	11
具有实际约束力的项目数	0	1	1	4	3	5	3	3	3	1	2	0
具有实际约束力的项目占比（%）	0	33	100	100	38	38	33	50	60	50	20	0

资料来源：根据中国自由贸易区服务网 FTA 文本内容分析得出。

注：研究中剔除了内地与香港特区、澳门特区签订的 CEPA 以及大陆和台湾地区签署的 ECFA；"项目款覆盖率"是指某项 FTA 所涉及"WTO-X"贸易政策下项目的数量占"WTO-X"贸易政策下项目总数的百分比；"项目执行率"是指某项 FTA 所涉及的"WTO-X"贸易政策下项目中具有实际约束力的可执行项目数量占项目总数的百分比。

Henrik Horn、Petros C.Mavroidis、André Sapir 认为，FTA 文本中所用语言的严谨程度会影响到具体项目的实际约束力。若条文所用语言较含糊、宽泛，会在一定程度上影响相关条款的实际约束力，导致签约国无法有效利用该条款捍卫自己的正当权益。鉴此，表8.13、表8.14 还分别列出了所选取 FTA 所涉及的"WTO+"贸易政策和"WTO-X"贸易政策项目中具有实际约束力的项目数量及其可执行率，以便更客观地反映所选取 FTA 的真实合作深度。依据表8.13，中国已签订的 FTA 所涉及的"WTO+"贸易政策下项目中具有实际约束力项目的平均执行率达 78%，这说明中国的区域经济合作在朝纵深方向发展。依据表 8.14，中国已签订的 FTA 所涉及的 "WTO-X" 贸易政策下项目中具有实际约束力项目的执行率较低，平均执行率仅为 44%。这在一定程度上反映了 "WTO-X" 贸易政策下项目对中国而言标准较高，执行难度较大。

不难看出，中国已签订 FTA 所涉及 "WTO+" 贸易政策下的项目覆盖率和可执行率明显高于所涉及 "WTO-X" 贸易政策下的项目覆盖率和可执行率。这说明中国已签订的 FTA 在 WTO 框架内 "第一代" 贸易政策的合作较深，而在 WTO 框架之外的 "第二代" 贸易政策下的合作需要进一步深化。中国在积极推进 "第一代" 贸易议题谈判的同时，应审时度势地加快 "第二代" 贸易议题谈判进程。在此过程中，要充分发挥上海等自由贸易试验区先行先试作用，做好事前事中事后的监管工作，继续做好贸易救济工作，完善各项支持机制。

三、妥善处理中美关系，积极探索双边合作路径

"冷战" 结束后，美国成为世界上唯一的超级大国。于是，确保自己的霸主地位不受挑战成为其全球战略重点。可以说，美国花了九牛二虎之力才将苏联击败，绝不情愿看到出现另一个能与自己相抗衡的对手。因此，防止一个世界性或地区性的霸权国家的产生成为其战略的优先考虑。具体到亚太地区就是要防止该地区大国称霸亚洲，威胁其霸权地位。近年来，亚太地区的重要性日益升高。该地区有 21 个 APEC 经济体、25 个太平洋经济合作理事会成员、东盟 10 国、太平洋岛国论坛 16 国，还有部分观察员国家，人口总数、GDP 总量均占世界第一。后金融危机时代，亚太地区更是对全球经济起了重要的引领和推动作用。在这种情况下，奥巴马不得不调整战略布局，将战略重心转向亚太地区。美国 FTA 固然对多边贸易体制起着推动作用，但是这种推动是和美国利益的实现联系在一起的。美国凭借强大的实力和影响力将 FTA 作为实现地区和全球战略的重要工具之一，试图通过 FTA 完成对发展中国家的政治改造，推行其民主和价值观。美国在亚太地区铺设 FTA，试图稀释中国在该地区的影响力。

特朗普上台后，美国参与区域经济合作重点转向双边 FTA。目前，美国尚未形成系统明确的亚太战略，但可以肯定的是亚太地区仍然是美国高度关注的地区。近两年，美国动作频繁，从经济、政治、安全等方面对中国进行防范和打击，中美关系一度出现历史性倒退。就经济而言，美国肆意滋事，破坏两国经贸关系的良性发展。2017 年 8 月，美国发起对中国与技术转让、知识产权相关政策和行为的"301 调查"。2018 年 3 月，美国依据 1962 年《贸易扩展法》232 条款对欧盟、日本、加拿大、墨西哥、中国等国进口的钢铝产品征收惩罚性关税。2018 年 7 月，美国又挑起对中国贸易战。2018 年 8 月，美国将 44 家中国企业和机构列入出口限制黑名单。并通过《外国投资风险审查现代化法案》(The Foreign Investment Risk Review Modernization Act of 2018, FIRRMA)，限制中国企业赴美投资和进行并购。就政治而言，美国在台湾问题和南海问题上进行挑衅，碰触两国交往底线。特朗普签署《台湾旅行法》，提升与中国台湾地区交往的层次，严重违反一个中国原则和中美三个联合公报规定，给双边关系及台海局势造成严重干扰。此外，美国把中国在南海的正常合理的维权行动污蔑为对南海进行"军事控制"。就安全而言，2018 年 1 月，美国公布《国防战略报告》，将中国视为战略竞争对手。8 月，特朗普签署《2019 年国防授权法案》，充斥对华战略防范和遏制。针对美国对华战略咄咄逼人之势，中国需要做好两方面工作：遵循联合国宪章和恪守国际法和国际公认的国际关系准则，本着"有理、有利、有节"，"不愿打、不怕打、必要时不得不打"的原则，维护本国合法权益，努力使损失最小化；坚定不移地推进经济全球化，扩大和深化对外开放，推进国内改革，努力提升本国经济增长效率和可持续性；欧盟和日本签订 EPA 以及 CPTPP 生效之后，美、日、欧存在签订 FTA 以及美国重返 TPP 的可能性。鉴此，中国需要密切关注美国 FTA 战略发展动向，扩大与相关方利益契合点，加快中欧和中美投资协定谈判并择时商签 FTA，努力推进中日韩 FTA 谈判和 RCEP 谈判，拓展国际区域经济合作回旋空间，努力避免美欧日联手对付中国。

参考文献

中文部分

[1] 敖丽红，赵儒煜. 关于中日韩自贸区建设的理论与实证分析［J］. 东北亚论坛，2013（4）: 73–81.

[2] 蔡宏波，黄建忠. 中国自由贸易区战略的有效性: 基于商品竞争性与互补性的分析［J］. 商业经济与管理，2010（3）: 41–50.

[3] 蔡宏波. 我国自由贸易区的贸易流量效应: 基于面板数据的引力模型分析［J］. 国际贸易问题，2010（1）: 25–31.

[4] 曹云华，朱幼恩. 论东盟的区域经济一体化战略［J］. 暨南学报（人文科学与社会科学版），2005（1）: 1–8.

[5] 陈寒溪. 美国"重返亚洲"对东亚合作的影响［J］. 国际关系学院学报，2012（4）: 41–46.

[6] 陈淑梅，倪菊华. 中国加入"区域全面经济伙伴关系"的经济效应——基于 GTAP 模型的模拟分析［J］. 亚太经济，2014（2）: 125–133.

[7] 陈淑梅，全毅. TPP、RECP 谈判与亚太经济一体化进程［J］. 亚太经济，2013（2）: 3–9.

[8] 陈淑梅，赵亮. 广域一体化新视角下东亚区域合作为何选择 RCEP 而非 TPP？［J］. 东北亚论坛，2014（2）: 50–58.

[9] 陈松川. 亚太地区政治经济新格局及中国的对策［J］. 亚太经济，

2010（1）: 6-10.

[10] 陈文敬. 我国自由贸易区战略及未来发展探析［J］. 理论前沿, 17: 9-12.

[11] 陈咏梅. 美国 FTA 范式探略［J］. 现代法学, 2012（5）: 145-153.

[12] 程宏亮. 北美自由贸易区: 一种"美国模式"的地区主义战略［J］. 复旦国际关系评论, 2009（6）: 169-183.

[13] 程继康. 均势理论与东盟外交战略转变探析［J］. 华中师范大学研究生学报, 2014（2）: 127-131.

[14] 崔兑旭. 韩国自由贸易协定（FTA）的推进战略［J］. 当代韩国, 2006 年春季号: 27-31.

[15] 邓应文. 东盟区域经济合作与外部因素［J］. 亚太经济, 2009（3）: 18-33.

[16] 东艳, 冯维江, 邱薇. 深度一体化: 中国自由贸易区战略的新趋势［J］. 当代亚太, 2009（4）: 111-136.

[17] 董丹. 东亚自由贸易区: "10+3"与"10+6"的收益比较［J］. 日本研究, 2010（4）: 18-21.

[18] 对外经济贸易大学国际经济研究院课题组. 中国自贸区战略: 周边是首要［M］. 北京: 对外经济贸易大学出版社, 2010 年版。

[19] 范斯聪. 北美自由贸易区的发展过程及其政治解读［J］. 江汉论坛, 2013（12）: 36-40.

[20] 方笑君, 孙宇. 新时期亚太经济一体化进程分析［J］. 国际贸易, 2012（4）: 54-57.

[21] 冯昭奎.10+3: 走向东亚自由贸易区之路［J］. 世界经济与政治, 2002（3）: 21-26.

[22] 符大海. 亚太新双边主义兴起的原因研究———一个政治经济学的分析视角［J］. 国际商务———对外经济贸易大学学报, 2008（5）: 53-60.

[23] 高晓梅. 日本、美国、东盟的亚太战略［J］. 亚太经济, 1997（4）: 5-9.

[24] 葛红亮. 莫迪政府"东向行动政策"析论［J］. 南亚研究, 2015（1）: 62-79.

[25] 宫占奎.亚太地区 FTA 整合问题研究［J］.南开学报（哲学社会科学版），2013（4）：56-63.

[26] 宫占奎，黄春媛.APEC 进程 25 年：回顾与展望［J］.亚太经济，2014（2）：3-9.

[27] 宫占奎，钱波.APEC 贸易自由化与釜山路线图［J］.国际贸易，2006（4）：40-43.

[28] 宫占奎，于晓燕.APEC 贸易投资自由化 20 年：成就与展望［J］.当代亚太，2009（4）：97-109.

[29] 宫占奎，于晓燕.APEC 演进轨迹与中国的角色定位［J］.改革，2014（11）：5-16.

[30] 宫占奎，于晓燕.国际区域经济一体化进程与中国［J］.东北亚论坛，2011（4）：14-20.

[31] 龚红柳.TPP 协定下的常规争端解决机制：文本评析与启示［J］.国家行政学院学报，2016（1）：88-92.

[32] 顾六宝，杨宏玲.中印参与方际经济一体化的实践及战略意图探析［J］.河北大学学报（哲学社会科学版），2009（6）：50-54.

[33] 韩国外交部.东北亚合作构想［R］.2015，1-18.

[34] 韩立余.TPP 国有企业规则及其影响［J］.国家行政学院学报，2016（1）：83-87.

[35] 韩献栋.美国"亚太再平衡"背景下韩国的外交安全战略［J］.现代国际关系，2015（3）：9-15.

[36] 何永江.竞争性自由化战略与美国的区域贸易安排［J］.美国研究，2009（1）：99-119.

[37] 贺平，沈陈.RCEP 与中国的亚太 FTA 战略［J］.国际问题研究，2013（3）：44-57.

[38] 胡俊芳.中日韩自由贸易区贸易效果的实证分析［J］.复旦大学出版社，2007.

[39] 胡庆江.东亚自由贸易区（EAFTA）路径选择研究［M］.北京：北京大学出版社，2013.

[40] 胡杨.亚太区域一体化的路径选择——东亚机制和亚太机制的比较 [J].亚太经济，2013（5）：31-35.

[41] 胡志勇.冷战后印度对外战略观论析 [J].南亚研究季刊，2014（2）：14-20.

[42] 华晓红，庄芮，汤碧.国际区域经济合作——理论与实践 [M].北京：对外经济贸易大学出版社，2007.

[43] 黄粤，周磊.区域经济一体化过程中的"轮轴-辐条"结构研究 [J].长春大学学报，2009（7）：8-11.

[44] 黄正多，李燕.多边主义视角下的印度"东向政策" [J].南亚研究，2010（4）：86-95.

[45] 季剑军.中国参与亚太区域一体化的两种路径选择 [J].对外经贸实务，2013（1）：12-15.

[46] 姜鸿，张相文.自由贸易区下产业安全模型及中国自由贸易区战略选择 [J].宏观经济研究，2010（10）：44-48.

[47] 姜跃春.亚太区域经济合作新变化及中日韩合作 [J].东北亚论坛，2013（2）：59-64.

[48] 金佑炯，黄鹏.亚太自由贸易区（FTAAP）可行性及韩国的应对 [J].国际商务研究，2011（5）：56-60.

[49] 荆林波，袁平红.中国加快实施自由贸易区战略研究 [J].国际贸易，2013（7）：47-51.

[50] 柯雷，赵曙东."10+1"自由贸易区在规模经济下的贸易模式研究[J].亚太经济，2003（4）：11-13.

[51] 孔繁颖，李巍.美国的自由贸易区战略与区域制度霸权 [J].当代亚太，2015（2）：82-110.

[52] 邝梅.东亚FTA格局与中国战略选择 [J].东北亚论坛，2015（1）：21-29.

[53] 蓝建学.新时期印度外交与中印关系 [J].国际问题研究，2015（3）：51-63.

[54] 李冰.战后日本在亚太地区的战略选择[J].日本问题研究，2014（6）：

1-9.

[55] 李勃然，黄凤志.韩国朴槿惠政府东北亚外交战略的调整及其影响
[J].国际论坛，2014（3）：7-12.

[56] 李德峰.日本当代亚太战略评析[J].长春理工大学学报（社会科学
版），2015（9）：21-24.

[57] 李富有，何娟.美国自由贸易协定战略及中国的应对措施[J].西安
财经学院学报，2007（3）：66-70.

[58] 李光辉，袁波.东盟FTA战略的新进展及影响[J].东南亚纵横，
2010（1）：19-24.

[59] 李恒.从"10+3"看东亚区域经济合作的方式[J].经济经纬，2004
（6）：31-35.

[60] 李宏岳.中国参与方际区域经济合作的战略思考[J].经济问题探索，
2010（1）：33-39.

[61] 李惠茹，张鹏杨."10+6"区域服务贸易合作发展的特征及前景分析
[J].河北大学学报（哲学社会科学版），2013（3）：39-44.

[62] 李俊久.日本FTA战略论析[J].当代亚太，2009（2）：110-128.

[63] 李丽.印度FTA战略及其对中国的启示[J].印度洋地区研究，
2014（2）：94-105.

[64] 李平，李娜.区域经济一体化的新制度经济学解释[J].2005（2）：
72-75.

[65] 李荣林，赵滨元.中国当前FTA贸易效应分析与比较[J].亚太经济，
2012（3）：110-114.

[66] 李荣林，高越.APEC成员间建立FTA的影响因素研究[J].世界经
济研究，2010（11）：75-80.

[67] 李瑞林.区域经济一体化研究[M].北京：人民出版社，2009.

[68] 李巍，张玉环.美国自贸区战略的逻辑———一种现实制度主义的解释
[J].世界经济与政治，2015（8）：127-154.

[69] 李文韬.美国推进亚太自由贸易区战略构想的政治经济分析[J].亚
太经济，2009（1）：38-42.

[70] 李文韬.日本针对亚太自由贸易区构想的策略选择与立场［J］.现代日本经济，2009（1）：37-41.

[71] 李向阳.亚太地区发展报告［M］.社会科学文献出版社，2011.

[72] 李秀石.试析日本亚太外交战略［J］.现代国际关系，2009（1）：13-19.

[73] 李艳芳.印度的东亚自由贸易区政策实施及特点［J］.南亚研究季刊，2013（2）：56-61.

[74] 李玉举.中国双边自由贸易区建设的进展、成效及意见［J］.国际经济合作，2013（4）：34-48.

[75] 梁双陆，程晓军.国际区域经济一体化理论综述［J］.经济问题探索，2007（1）：40-46.

[76] 廖小健，廖新年.韩国的FTA战略［J］.外交评论，2005（10）：79-85.

[77] 林利民.未来5—10年亚太地缘政治变局与中国［J］.现代国际关系，2012（4）：8-15.

[78] 林晓光.从地缘战略看亚太地区大国关系：中美日印的外交博弈［J］.南亚研究季刊，2015（2）：18-26.

[79] 凌胜利.韩国的中等强国外交演变：从卢武铉到朴槿惠［J］.当代韩国，2005（1）：42-55.

[80] 刘阿明.亚太自由贸易区构建路径的比较分析——兼论中国的战略选择［J］.世界经济与政治论坛，2015（2）：41-57.

[81] 刘勃然.美中俄"夹缝"中朴槿惠政府外交战略［J］.人民论坛，2015（11）：246-248.

[82] 刘勃然.朴槿惠政府东北亚"楔三角"外交战略探析［J］.辽宁大学学报（哲学社会科学版），2015（6）：162-168.

[83] 刘昌黎.日本FTA/EPA的新进展、问题及其对策［J］.日本学刊，2009（4）：12-18.

[84] 刘晨阳."跨太平洋战略经济伙伴关系协定"与美国亚太区域合作新战略［J］.国际贸易，2010（6）：56-59.

[85] 刘晨阳, 于晓燕. 亚太区域经济一体化问题研究 [M]. 天津: 南开大学出版社, 2009: 278-342.

[86] 刘晨阳, 袁燕. 面向未来的亚太伙伴关系与 2014 年后的 APEC 进程 [J]. 南开学报 (哲学社会科学版), 2015 (2): 6-14.

[87] 刘晨阳. "跨太平洋战略经济伙伴协定" 发展及影响的政治经济分析 [J]. 亚太经济, 2010 (3): 57-59.

[88] 刘澄, 王东峰. 区域经济一体化的新制度经济学分析 [J]. 亚太经济, 2007 (2): 26-28.

[89] 刘均胜, 沈铭辉. 亚太区域合作制度的演进: 大国竞争的视角 [J]. 太平洋学报, 2012 (9): 59-65.

[90] 刘胜湘, 邬超. 从霸权稳定论看美国的亚太再平衡战略——兼论中国的应对之策 [J]. 东北亚论坛, 2015 (5): 71-83.

[91] 刘岩. 中国潜在自由贸易伙伴的战略选择: 基于贸易效应的局部均衡分析 [J]. 国际商务——对外经贸大学学报, 2013 (4): 15-26.

[92] 刘洋. 基于经济视角的澳大利亚 FTA 战略 [J]. 国际经济合作, 2015 (5): 34-38.

[93] 刘雨辰, 李慧明. 美国亚太再平衡战略的制衡逻辑——兼论中美互动的关系样态 [J]. 太平洋学报, 2014 (10): 48-60.

[94] 刘中伟, 沈家文, 宋颖慧. 跨太平洋伙伴关系协议: 中国与亚太区域合作的新机遇 [M]. 北京: 经济管理出版社, 2014.

[95] 刘重力, 盛玮. 中日韩 FTA 战略比较研究 [J]. 东北亚论坛, 2008 (1): 54-60.

[96] 刘重力, 王小洁. 东亚区域合作主导权之争的政治经济学分析 [J]. 南开学报 (哲学社会科学版), 2014 (4): 44-53.

[97] 刘重力, 杨宏. 美国重返亚洲对中国东亚地区 FTA 战略的影响——基于 TPP 合作视角的分析 [J]. 东北亚论坛, 2012 (5): 48-58.

[98] 卢欣. 印度区域经济一体化战略探析 [J]. 东北财经大学学报, 2011 (4): 70-75.

[99] 陆建人. APEC20 年: 回顾与展望, 国际贸易问题 [J]. 2010 (1): 3-9.

[100] 陆建人.简析实现亚太自由贸易区的五条路径［J］.广西大学学报（哲学社会科学版），2014（5）：37-38.

[101] 陆建人.亚太地区双边自由贸易协定及其影响［J］.经济研究参考，2003（1）：17-26.

[102] 陆建人.中国－东盟自由贸易区：经验、问题及对两岸签订 ECFA 的启示［J］.亚太经济，2010（5）：39-43.

[103] 孟夏.中国参与区域经济合作的政治经济分析［J］.南开学报（哲学社会科学版），2010（4）：81-92.

[104] 孟夏，宋丽丽.竞争性自由化格局中的大国经济利益——美国视角的分析［J］.南开学报（哲学社会科学版），2012（4）：67-77.

[105] 彭支伟，张伯伟.TPP 和亚太自由贸易区的经济效应及中国的对策［J］.国际贸易问题，2013（4）：83-95.

[106] 平力群.日本调整 FTA 战略的动因——基于保护与支持产业发展的视角［J］.现代日本经济，2014（3）：41-51.

[107] 齐兴霞.朴谨惠时代的韩国东北亚政策分析［J］.当代韩国，2013（1）：32-41.

[108] 全毅.APEC 北京会议：承先启后、继往开来［J］.亚太经济，2014（6）：3-6.

[109] 全毅.APEC 面临的挑战与中国的责任［J］.和平与发展，2013（4）：85-90.

[110] 全毅.TPP 对东亚区域经济合作的影响：中美对话语权的争夺［J］.亚太经济，2012（5）：12-18.

[111] 全毅，沈铭辉.区域全面经济伙伴关系（RCEP）的中国视角［J］.国际贸易，2014（6）：57-61.

[112] 全毅.亚太地区双边 FTA 新浪潮与中国的战略选择［J］.东南学术，2003（4）：75-83.

[113] 全毅.TPP 和 RCEP 博弈背景下的亚太自贸区前景［J］.和平与发展，2014 年，5：75-89.

[114] 任怀峰.中国实施自由贸易区战略简论［J］.广西社会科学，2009

（1）: 44-46.

[115] 阮宗泽. 美国"亚太再平衡"战略前景论析［J］. 世界经济与政治, 2014（4）: 4-20.

[116] 桑百川, 李计广. 拓展我国与主要新兴市场国家的贸易关系——基于贸易竞争性与互补性的分析［J］. 财贸经济, 2011（10）: 69-74.

[117] 沈陈. 从 TTP 看亚太兼容性合作与中国战略选择［J］. 东南亚南亚研究, 2014（2）: 36-40.

[118] 沈铭辉. 跨太平洋伙伴关系协议（TPP）的成本收益分析: 中国的视角［J］. 当代亚太, 2012（1）: 6-34.

[119] 沈铭辉. 美国的区域合作战略: 区域还是全球? ——美国推动的行为逻辑［J］. 当代亚太, 2013（6）: 70-94.

[120] 沈铭辉. 亚洲经济一体化——基于多国 FTA 战略角度［J］. 当代亚太, 2009（4）: 45-71.

[121] 沈铭辉. 对构建中国 FTA 战略的思考［J］. 新视野, 2009（6）: 56-58.

[122] 沈铭辉. 中国参与双边 FTA: 历程与前瞻［J］. 国际经济合作, 2010（4）: 4-9.

[123] 沈铭辉. 中日韩自贸区的经济学分析［J］. 国际经济合作, 2011（3）: 38-42.

[124] 盛斌. 亚太自由贸易区: 亚太区域经济一体化的新选择［J］. 国际经济合作, 2014（11）: 9-12.

[125] 盛斌. 亚太自由贸易区的政治经济分析: 中国视角［J］. 世界经济与政治, 2007（3）: 62-71.

[126] 盛斌, 果婷. 亚大区域经济一体化博弈与中国的战略选择［J］. 世界经济与政治, 2014（10）: 4-21.

[127] 师学伟. 21 世纪初印度大国理念框架下的亚太外交战略［J］. 南亚研究, 2011（3）: 66-84.

[128] 石静霞, 马兰.《跨太平洋伙伴关系协定》（TPP）投资章节核心规则解析［J］. 国家行政学院学报, 2016（1）: 78-82.

[129] 舒波.北美自由贸易区成效分析及利益比较［J］.世界经济研究，2004（7）：59-62.

[130] 思瑞坎.美国重返亚太新战略与印度的政策选择［J］.南亚研究季刊，2013（1）：27-30.

[131] 宋国友.TPP：地缘影响、中美博弈及中国选择［J］.东北亚论坛，2016（2）：67-74.

[132] 宋静.美国因素影响下的亚太、东亚合作机制之争［J］.世界经济与政治论坛，2011（1）：48-57.

[133] 宋兰旗.亚太区域经济一体化的进程与影响因素［J］.经济纵横，2012（12）：87-89.

[134] 宋玉华，张海燕.中国FTA战略面临的挑战及中欧FTA的地位研究［J］.南开学报（哲学社会科学版），2013（4）：64-72.

[135] 苏浩.东亚开放地区主义的演进与中国的作用［J］.世界经济与政治，2006（9）：43-51.

[136] 孙承.十年来日本对外经济战略的选择——从东亚共同体到两个贸易协定［J］.日本学刊，2012（5）：95-108.

[137] 孙承.亚太经济合作的历史、现状与展望［J］.国际经贸研究，1994（1）：18-22.

[138] 孙阁斐.中国自由贸易区战略分析研究［J］.商业时代，2014（11）：22-24.

[139] 孙君健.澳大利亚对美国"重返亚太"战略的反应［J］.现代国际关系，2014（8）：36-43.

[140] 汤碧.基于包容性增长的中国参与方际区域经济合作战略［J］.求索，2012（8）：17-19.

[141] 汤靖.区域全面经济伙伴关系整合困境及其对中国经济福利与产业的影响分析［J］.财贸经济，2014（8）：85-92.

[142] 汤靖.TPP与RCEP：中国在亚太区域经济整合新秩序下的挑战与策略［J］.全球化，2013（6）：63-72.

[143] 唐国强.跨太平洋洋伙伴关系协定与亚太区域经济一体化研究［M］.

北京：世界知识出版社，2013.

[144] 唐国强，王震宇.亚太自由贸易区：路线图与优先任务［J］.国际问题研究，2015（1）：75–87.

[145] 万璐.美国TPP战略的经济效应研究——基于GTAP模拟的分析［J］.当代亚太，2011（4）：60–73.

[146] 汪占熬，陈小倩.亚太区域经济一体化的走势及我国对策［J］.经济纵横，2013（4）：121–124.

[147] 汪长明.新地区主义视角下的冷战后亚太地区合作［J］.东南亚纵横，2009（1）：50–54.

[148] 王浩.过度扩张的美国亚太再平衡战略及其前景论析［J］.当代亚太，2015（2）：4–37.

[149] 王金波.RCEP知易行难：兼论与中国的策略选择［J］.南洋问题研究，2014（4）：60–67.

[150] 王金强.TPP对RCEP：亚太地区合作背后的政治博弈［J］.亚太经济，2013（3）：15–20.

[151] 王丽娜，周明月.中国参与区域经济合作的现状及战略选择［J］.辽宁师范大学学报（社会科学版），2009（5）：31–34.

[152] 王微微.区域经济一体化的经济增长效应及模式研究［M］.北京：中国社会科学出版社，2013.

[153] 王炜.韩国FTA战略的背景、效果及推进方向［J］.当代世界，2015（3）：62–65.

[154] 王玉婷.论美国《自由贸易协定》的新特点及应对策略［J］.对外经济贸易实务，2009（4）：28–31.

[155] 王玉主，富景筠.当前亚太区域合作形势分析［J］.亚太经济，2013（4）：3–7.

[156] 王玉主.小国集团的能动性——东盟区域合作战略研究［J］.当代亚太，2013（3）：93–110.

[157] 王玉主.亚洲区域合作的路径竞争及中国的战略选择［J］.当代亚太，2010（4）：73–87.

[158] 韦宗友.美国战略重心东移及其对东亚秩序的影响［J］.国际观察，2012（6）：60-67.

[159] 魏磊，张汉林.美国主导跨太平洋伙伴关系协议谈判的意图及中国对策［J］.国际贸易，2010（9）：54-58.

[160] 文燉.韩国FTA政策与东亚区域主义的未来［J］.当代韩国，2010年冬季号：49-46.

[161] 吴金平，赵景峰.东亚区域经济一体化的历史演进：一个制度变迁视角［J］.亚太经济，2009（3）：8-12.

[162] 吴心伯.美国与东亚一体化［J］.国际问题研究，2007（5）：47-52.

[163] 徐刚.TPP协议达成对中国经济的长短期影响［J］.中国银行业，2015（11）：59-61.

[164] 徐明琪.经济利益与地缘政治的深层次纠结——澳大利亚的亚太战略角色分析［J］.学术前沿，2013（9）：45-51.

[165] 许祥云.从韩国FTA政策变化历程看中韩FTA的前景［J］.当代韩国，2009年冬季号：7-12.

[166] 宣烨.区域经济一体化与FDI流入：理论与实证研究［M］.合肥：合肥工业大学出版社，2007.

[167] 薛协峰.地区主义的本质特征——多样性及其在亚太的表现［J］.国际经济评论，2002（1）：51-55.

[168] 严卫京.中国自由贸易区建设现状与对策［J］.国际经济合作，2012（4）：68-70.

[169] 杨红强，武亮.美国全球FTA战略调整的制度分析［J］.商业时代（学术评论），10：68-69.

[170] 杨军红.中国自由贸易区的新制度经济学分析［J］.武汉理工大学学报（社会科学版），2009（6）：29-32.

[171] 杨思灵.试析印度加强与亚太国家战略合作及其影响［J］.南亚研究，2012（1）：1-13.

[172] 杨晓萍.印度"东向"中的东北部与次区域合作［J］.亚太经济，2014（4）：17-22.

[173] 杨勇.亚太区域一体化新特征与中国的策略选择［J］.亚太经济，2012（5）：19-24.

[174] 尹翔硕，郎永峰.中国与 FTA 伙伴国／地区贸易密集度及互补性分析［J］.南开学报（哲学社会科学版），2011（4）：9-18.

[175] 尤宏兵.中国 FTA：特征、障碍与建设原则［J］.对外经贸实务，2010（11）：40-42.

[176] 于晓燕.澳大利亚推进 TPP 谈判的政治经济分析［J］.亚太经济，2012（6）：9-15.

[177] 余振，沈铭辉，吴 莹.非对称依赖与中国参与亚太区域经济一体化路径选择——基于贸易指数实证分析［J］.亚太经济，2010（3）：15-19.

[178] 余振，沈铭辉，吴莹.中国 FTA 战略中的国际环境合作：现状、问题、对策［J］.世界经济与政治论坛，2009（5）：96-101.

[179] 袁波，金波."10+6"与"10+3"，孰难孰易——基于东盟 5 个"10+1" FTA 的比较分析［J］.国际贸易，2010（12）：41-47.

[180] 张海琦，李光辉.TPP 背景下中国参与东亚区域经济合作的建议［J］.国际经济合作，2013（3）：24-27.

[181] 张鸿.关于中国实施自由贸易区战略的思考［J］.国际贸易，2009（3）：14-19.

[182] 张鸿.区域经济一体化与东亚经济合作［M］.北京：人民出版社，2006.

[183] 张力.美国"重返亚太"战略与印度的角色选择［J］.南亚研究季刊，2012（2）：1-7.

[184] 张力.印度莫迪政府外交政策初探［J］.南亚研究季刊，2014（2）：1-13.

[185] 张明亮.韩国的东盟战略——以其"新亚洲构想"为视角［J］.东北亚论坛，2010（2）：89-95.

[186] 张晓静.东亚区域贸易协定的深度一体化及对中国的启示［J］.国际商务——对外经济贸易大学学报，2015（3）：76-84.

[187] 张亚斌，范子杰.国际贸易格局分化与国际贸易秩序演变［J］.世

界经济与政治，2015（3）：30-46.

[188] 张义明.浅析中国"自由贸易区战略"的新区域主义特征［J］.东南亚纵横，2009（1）：46-49.

[189] 张玉环，李巍.自由贸易协定的政治经济学研究述评［J］.国际政治研究，2014（2）：110-128.

[190] 张云燕.从功能主义到建构主义——国际区域经济合作研究的三种范式［J］.世界经济与政治，2005（4）：36-41.

[191] 张蕴岭.亚太经济一体化与合作进程解析［J］.外交评论，2015（2）：1-11.

[192] 张蕴岭，沈铭辉.东亚、亚太区域合作模式与利益博弈［M］.北京：经济管理出版社，2010.

[193] 张蕴岭.中国参与和推动东北亚区域经济合作的战略［J］.东北亚论坛，2013（1）：3-9.

[194] 张振江.亚太自由贸易区：美国战略与中国应对［J］.世界经济与政治，2009（4）：50-56.

[195] 赵江林.APEC主题、议题变化与发展方向——兼议中国APEC政策主张的有效性［J］.亚太经济，2014（2）：14-20.

[196] 赵金龙.中国在东北亚地区的FTA战略选择：基于CGE模型的比较研究［J］.东北亚论坛，2008（9）：8-13.

[197] 赵晋平.中国FTA战略日渐清晰［J］.瞭望新闻周刊，2005（36）：42-44.

[198] 赵晋平等.跨太平洋伙伴关系协定：经济影响及对策［M］.北京：中国财政经济出版社，2013.

[199] 赵丽娜.区域经济一体化新发展及中国的战略选择［J］.理论学刊，2013（11）：40-46.

[200] 赵嵘.东亚区域合作中的"10+3"机制［J］武汉大学学报，2005（5）：367-371.

[201] 郑学党，庄芮.RCEP的动因、内容、挑战及中国对策［J］.东南亚研究，2014（1）：34.

[202] 郑昭阳."10+1"和"10+3"贸易合作的比较分析［J］.亚太经济,2003（5）: 72-75.

[203] 钟海涛,袁波.东盟 FTA 战略的新进展及影响［J］.国际贸易,2010（1）: 45-50.

[204] 周士新.亚太地区经济合作的路径选择［J］.国际经济合作,2013（3）: 28-32.

[205] 周文贵.北美自由贸易区:特点、运行机制、借鉴与启示［J］.国际经贸探索,2004（2）: 16-21.

[206] 周永生.21 世纪初日本对外区域经济合作战略［J］.世界经济,2008（4）: 69-75.

[207] 朱颖.美国全球自由贸易协定战略［J］.上海师范大学学报(哲学社会科学版),2008（5）: 36-45.

[208] 朱颖.自由贸易协定与美国对中东战略［J］.西亚北非,2009（4）: 42-46.

[209] 朱颖.试论亚太区域经济合作中的双边主义特征［J］.当代亚太,2005（10）: 15-22.

[210] 竺彩华.东亚经济合作的新抉择:TPP 还是 RCEP？［J］.和平与发展,2013（2）: 13-28.

[211] 竺彩华,冯兴艳.世界经济体系演变与巨型 FTA［J］.外交评论,2015（3）: 46-71.

[212] 竺彩华.亚太区域合作新变化及其对中国的启示［J］.国际经济合作,2012（2）: 70-76 页.

[213] 祝滨滨.后危机时期东北亚区域经济合作制度化建设的几点思考［J］.经济纵横,2012（8）: 54-57.

[214] 庄芮,杨亚琢,王悦媛.APEC 与 TPP 的路径比较与中国策略分析［J］.亚太经济,2014（2）: 21-25.

[215] 庄芮,郑学党.中日韩 FTA 货物贸易谈判策略研究——基于日韩产品在中国市场的贸易竞争关系分析［J］.国际经贸探索,2013（7）: 25-35.

[216] 庄芮.中印参与区域经济合作现状分析与比较［J］.当代亚太,

2007（2）：44–51.

[217] 庄芮.香港在中国自由贸易区战略中的地位和作用［J］.国际经济合作，2011（12）：16–20.

[218] 庄芮.亚太区域经济合作下的中国FTA战略［J］.国家行政学院学报，2012（3）：26–30.

[219] 庄芮，张国军.亚太区域经济合作与中国—东盟自贸区建设［J］.宏观经济管理，2013（6）：67–69.

英文部分

[1] ABAC&PECC.An APEC Trade Agenda? The Political Economy of a Free Trade Area of the Asia Pacific［R］.2006，1–180.

[2] Abbott，M.F. NAFTA and the Legalization of World Politics：A Case Study［J］.International Organization，2000，54：519–547.

[3] Aggarwal，V.K.&Urta.，S. Bilateral Trade Agreements in the Asia–Pacific［M］.Routledge，2006.

[4] Aminian，N.et al.A Comparative Analysis of Trade and Economic Integration in East Asia and Latin America［J］.Economic Change and Restructuring，2009（42）：105–137.

[5] Andrew，E.Towards a Single Market：A 21st Century Vision for Asia Pacific Economic Integration［J］.Journal of East Asian Economic Integration，2010，14.

[6] Anonymous. China–ASEAN FTA：Winners and Losers［R］.Asia Monitor：South East Asia Monitor，2010，21.

[7] Anonymous. Full Establishment of China–ASEAN Free Trade Area［R］.Filipino Reporter，2010，38.

[8] Areerat，T.et al.Tans Pacific Strategic Economic Partnership With Japan，South Korea and China integrate：General Equilibrium Approach［J］.American Journal of Economics and Business Administration，2012，4（1）：40–46.

[9] Ba，AD. Is China Leading? China，Southeast Asia and East Asian

integration［J］.Political Science，2014，66（2）: 143–165.

[10] Baharumshah，A.Z.et al. Is a Regional Trade Bloc a Preclude to Multilateral Trade Liberalization? Empirical Evidence from the ASEAN–5 Economies ［J］.Journal of Asian Economics，2007，18.

[11] Baldwin，R. A Domino Theory of Regionalism［R］.NBER Working Paper，1993（4465）: 1–23.

[12] Baldwin，R.，Multilateralizing Regionalism: Spaghetti Bowls as Building Blocks on the Path to Global Free Trade，NBER Working Paper，10.3386/w12545，2006（12545）:1–47.

[13] Banerjee S. Asia and US Global Strategy［J］.Economics and Political Weekly，2012（10）: 4187–4188.

[14] Beeson，M. Asymmetrical Regionalism: China，Southeast Asia and Uneven Development［J］.East Asia，2010（27）: 329–347.

[15] Bergsten，C.F. The Free Trade Area of the Asia Pacific: A Constructive Approach to Multilateralizing Asian Regionalism［R］.ADBI Working Paper，2011（336）: 1–23.

[16] Bhattacharya，S.K.&N.B.，Biswa. Free Trade Agreement between People's Republic of China and India: Likely Impact and Its Implications to Asian Economic Community［R］.ADB Institute Discussion Paper，2006（59）: 1–31.

[17] Bo，C&Woo，Y.P. Measuring Economic Integration in the Asia–Pacific Region: A Principal Components Approach［J］.Asian Economic Papers9: 2，2010（9）: 121–143.

[18] Bonciu，F. Analysis of Japan's Existing and Forthcoming Free Trade Agreements in the Asia–Pacific and Global Context［J］.Romanian Economic and Business Review，2013，8.

[19] Boutin，J.D.K. Balancing Act: Competition and Cooperation in US Asia–Pacific Regionalism［J］.Japanese Journal of Political Science，2011，12.

[20] Bower，E. Beyond TPP: Shaping an Economic Strategy in Asia［J］.Global Forecast，2016: 63–64.

[21] Brain,B. Learning from Europe.Lessons for Asian Pacific regionalism［J］. Asia Europe Jounal，2004（2）：387-397.

[22] Cai，K.G. The Political Economy of Economic Regionalism Northeast Asia：A Unique and Dynamic Pattern［J］.East Asia，1999（Summer）：7-46.

[23] Cavoli，T. Exploring Dimensions of Regional Economic Integration in East Asia：More than the Sum of its Parts?［J］.Journal of Asian Economics，2012（23）.

[24] Cheong，I.& J.Tongzon. Comparing the Economic Impact of the Trans-Pacific Partnership and the Regional Comprehensive Economic Partnership［J］. Asian Economic Paper，2013，12（2）：144-170.

[25] Cheong，I. Korea's Position on CK FTA，CJK FTA，TPP & RCEP：A Personal Viewpoint［J］.CNCPEC Seminar，2013（11）：14-15.

[26] Cheow，E.T.C. Strategic Relevance of Asian Economic Integration［J］. Economic and Political Weekly，2005，9.

[27] Chia，S.Y. Trade and Investment Policies and Regional Economic Integration in East Asia［R］.ADBI Working Paper，2010（210）：1-39.

[28] Chiang，M. The Potential of China-Japan-South Korea Free Trade Agreement［J］.East Asia，2013（30）.

[29] Chin，G.& Stubbs，R. China，Regional Institution Building and the China‐ASEAN Free Trade Area［J］.Review of International Political Economy，2011（8）.

[30] Chong-Soon，L.&Moon，D. Impacts of Sequential Free Trade Agreements in East Asia：A CGE and Political Economy Analysis［J］.Global Economic Review，2010（39）：365-381.

[31] Chunding，Li et al. Numerical General Equilibrium Analysis of China's Impacts from Possible Mega Trade Deals［R］.NBER Working Paper，2014（20425）：1-53.

[32] Chunding，Li.& John，W. How Close is Asia Already Being a Trade Bloc?［R］.NBER Working Paper，2014（20424）：1-44.

[33] Chunding，Li.& John，W. China and the TPP：A Numerial Simulation

Assessment of the Effects Involved [R].NBER Working Paper, 2012 (18090): 1–46.

[34] Chunding, Li.& John, W. China' s Regional and Bilateral Trade Agreements [R] .NBER Working Paper, 2014 (19853): 1–26.

[35] Crone, D. The Politics of Emerging Pacific Cooperation [J] .Pacific Affairs, 1992 (1): 67–83.

[36] Dai, C. Economic Cooperation and Regional Stability in East Asia: Perspective from China [J] .Journal of Global Policy and Governance, 2013 (2): 133–143.

[37] Das, R.M.et al. Regional Integration and Cooperation in Asia—An Indian Perspective [J] .Global Journal of Emerging Market Economies, 2015 (3): 373–394.

[38] Dent, C. Freer Trade, More Regulation? Commercial Regulatory Provisions in Asia–Pacific Free Trade Agreements [J] .Competition & Change, 2010, 14.

[39] Dent, C. Japan, China and East Asian Regionalism: Implications for the European Union [J] .Asia Europe Journal, 2009 (7): 161–178.

[40] Department of Foreign Affairs and Trade AU.Review of Export Policies and Programs [R] .2008.

[41] Desai, V.V. The Political Economy of Regional Cooperation in South Asia [R] .ADB Working Paper Series on Regional Economic Integration, 2010, 7: 1–48.

[42] Dinda, S. China integrates Asia with the World : An Empirical Study [J] . Journal of Chinese Economic and Foreign Trade Studies, 2014 (7): 70–89.

[43] Feinberg, R. Voluntary Multilateralism and Institutional Modification: The First Two Decades of Asia Pacific Economic Cooperation (APEC) [J] .R.Feinberg, 2008 (3): 239–258.

[44] Feng, Y.&Genna, M.G. Regional integration and Domestic Institutional Homogeneity: A Comparative Analysis of Regional Integration in the Americas [J] . Pacific Asia and Western Europe, 2003, 15.

[45] Findlay, C.&S.Urata Free Trade Agreements in The Asia Pacific [J] .

World Scientific Studies in International Economics，2009（11）: 332.

[46] Florian，M.&Volz，U. Trade Creation and the Status of FTAs: Empirical Evidence from East Asia［J］.Review of World Economics，2011（147）: 429–456.

[47] Fukunaga，I. Taking ASEAN+1 FTAs towards the RCEP: A Mapping Study［R］.ERIA Discussion Paper Series，2013（1）: PP1–38.

[48] Grossman,G.M.& Elhanan,H. The Politics of Free Trade Agreements［R］. NBER Working Paper，1993（4597）: 1–52.

[49] Gui,G. US Role in the Leadership of Economic Integration in East Asia［J］. Canadian Social Science，2012，8.

[50] Hamanaka，H. Evolutionary Paths toward a Region–wide Economic Agreement in Asia［J］.Journal of Asian Economics，2012（23）: 383–394.

[51] Helpman，E. Politics and Trade Policy［R］.NBER Working Paper，1995（5309）: 1–36.

[52] Holst，D.H. Growth and Trade Horizons for Asia: Long–term Forecasts for Regional integration［R］.ADB Working Paper，2005（74）: 1–44.

[53] Horn，H.et al. Beyond the WTO? An anatomy of EU and US preferential trade agreements［J］.Bruegel Blueprint Series，2008（VII）: 14–15.

[54] Hwang，H. APEC and Emerging Regionalism in North East Asia［J］. Asia Europe Jounal，2006（4）: 1013–1030.

[55] Inkyo，C. Regionalism and Free Trade Agreements in East Asia［J］. Asian Economic Papers，2003，2.

[56] Ministry of Foreign Affairs of Japan. Japan Revitalization Strategy——Japan is Back［R］.2013（6）: 1–142.

[57] Ministry of Foreign Affairs of Japan. Japan Revitalization Strategy——Japan's Challenge for the Future［R］.2014（6）: 1–179.

[58] Jhee，B.K. Public Support for Regional Integration in Northeast Asia: An Empirical Test of Effective and Utilitarian Models［J］.International Political Science Review，2009，1.

[59] Jin–ho，Y.et al. The Decade–Long Journey of Korea's FTAs［R］.IIT

Working Paper，2014（1）：1–56.

[60] John，R. Reshaping the Asia Pacific Economic Order［J］.Pacific Affairs，2008（81）：96–97.

[61] Joshua，K. Pax Asia–Pacific? East Asian Integration and Its Implications for the United States［J］.Washington Quarterly，2007（30）：67–77.

[62] Jugurnath，B.et al. Asia/Pacific Regional Trade Agreements：An empirical study［J］.Journal of Asian Economics，2007，18.

[63] Kang，J.W. The Noodle Bowl Effect：Stumbling or Building Block?［R］. ADB Economics Working Paper，2015（446）：1–23.

[64] Kassim，Y.R. Asia Pacific Economic Leadership：Shifting from the US to China?［J］.Pacnet，2014（14）.

[65] Katzenstein，P.J. Regionalism and Asia［J］.New Political Economy，2000（5）：353–368.

[66] Kawai，M. A Closer Look at East Asia's Free Trade Agreements［J］. East Asia Forum，2011（1）.

[67] Kawai,M. East Asian Economic Regionalism：Progress and Challenges［J］. Journal of Asian Economics，2005（16）.

[68] Kawai，M.& Ganeshan，W. Asia's Free Trade Agreements：How is Business Responding?［R］.ADB&ADBI，2011：1–306.

[69] Kawai，M. Asian FTAs：Trends，Prospects，and Challenges［R］.ADB Working Paper，2010（226）：1–46.

[70] Kawai，M. ASEAN+3 or ASEAN+6：Which Way Forward?［R］.ADB Institute Discussion Paper，2007（77）：1–52.

[71] Kawasaki，K. The Macro and Sectoral Significance of an FTAAP［R］. Economic and Social Research Institute，2012（Aug）：3–12.

[72] Kerr，D. Greater China and East Asian Integration：Regionalism and Rivalry［J］.East Asia，2004，Vol.21.

[73] Kim，Y.H. The Optimal Path of Regional Economic Integration between Asymmetric Countries in the North East Asia［J］.Journal of Policy Modeling，2005

(27): 295-312.

[74] Kim, N-K. European Experience for East Asian Integration: Ideas, National Interests, and the International Circumstance [J] .Asia Europe Journal, 2009, 9.

[75] Kim, J. Sub-regionalism, Regionalism, Trans-regionalism: Implications for Economic Integration and International Trade Policies [J] .Asia Europe Journal, 2003 (1): 183-196.

[76] Kodama, Y. Asia Pacific Economic Integration and the GATT/WTO Regime [J] .Kluwer Law International, 2000.

[77] Koopmann, G.& Vogel, L. Regionalization of Trade and Regionalism in Trade Policy - Patterns, Strategies and Impact [J] .Intereconomics, 2008, Vol.10.

[78] Kumar, R.& Manjeeta, S. India's Role in South Asia Trade and Investment Integration [J] .ADB Working Paper, 2009 (32): 1-52.

[79] Lakatos, C.&Terri, W. Investment Creation and Diversion Effects of the ASEAN-China Free Trade Agreement [J] .Economic Modeling, 2012, Vol.29.

[80] Lee, C. Characteristics and Prospects for East Asian Economic Integration: A Korean Perspective [J] .Economic Change and Restructuring, 2008 (4): 331-344.

[81] Lee, H.et al. Regional Integration in Asia and its Effects on the EU and the North America [J] .Journal of Asian Economics, 2009, Vol.20.

[82] Lee, J.W.&K.Shin. Does Regionalism Lead to More Global Trade Integration in East Asia? [J] .The North American Journal of Economics and Finance, 2006, Vol.17.

[83] Lim C.L, D.K.et al. The Trans-Pacific Partnership: A Quest for a Twenty-first Century Trade Agreement [M] .Cambridge University Press, 2012.

[84] Linn, J.F.&T.David. The New Impetus towards Economic integration between Asia and Europe [J] .Asia Europe Journal, 2006, Vol.3.

[85] Liqing, Z&Z.Sun. Effects of China's Rise on East Asian Economic

Integration〔J〕.Economic Change and Restructuring, 2008, Vol.41.

[86] Lori, W. TPP: NAFTA on Steroids〔J〕.Nation, 2012, Vol.295.

[87] Mager, M. Competition and Bilateralism in Trade Policy: the Case of Japan's Free Trade Agreements〔J〕.Review of International Political Economy, 2005（5）: 804-828.

[88] Maggi, G.&R-C.Andres. A Political-economy Theory of Trade Agreements〔R〕.Working Paper, 2005（11716）: 1-56.

[89] Mastanduno, M. Models, Markets, and Power: Political Economy and the Asia-Pacific, 1989-1999〔J〕.Review of International Studies, 2000, Vol.26.

[90] McDonald, S.et al. Asian Growth and Trade Poles: India, China, and East and Southeast Asia〔J〕.World Development, 2008（2）: 210-234.

[91] Menon, J.& C.M.Anna. Realizing an ASEAN Economic Community: Progress and Remaining Challenges〔R〕.ADB Economics Working Paper, 2015, No.432.

[92] New Zealand MFAT. Annual Report〔R〕.2014—2015: 1-127.

[93] New Zealand MFAT. Our Future with Asia〔R〕.2007: 1-74.

[94] New Zealand MFAT. Strategic Intentions 2015 - 2019〔R〕.2014, 1-20.

[95] New Zealand MFAT. Statement of Intent 2014 - 2018〔R〕.2014, 1-30.

[96] MOCIE Korea. Building Hub of North Korea".2002, 1-18.

[97] Molders, F.& V.Ulrich. Trade Creation and the Status of FTAs: Empirical Evidence from East Asia〔J〕.Review of World Economics, 2011, Vol.147.

[98] Muhamad, N. Economic Integration in Asia-Pacific〔J〕.International Trade Forum, 2014, Vol.4.

[99] Nagayasu, Jun. Macroeconomic Interdependence in Ease Asia〔J〕.Japan and the World Economy, 2010（22）: 219-227.

[100] NG, TH.& L.Y.Damaris. Has Regional Integration Led to Greater Risk-Sharing in Asia〔R〕.ADB Working Paper, 2014（135）: 1-48.

[101] 0Nicolas, F. The Political Economy of Regional Integration in East Asia〔J〕.Economic Change and Restructuring, 2008（41）: 345-367.

[102] 0O'Connor, P. The Trans-Pacific Partnership: A Trade Agreement of Inclusion, not Containment [J] .PacNet, 2016, Jan.6.

[103] 0Park, C-G. Japan's Leadership Shifts: From the East Asian Crisis to the Establishment of an ASEAN+3Summit [J] .International Area Studies Review, 2006, Vol.9.

[104] 0Park, S-H.&Y.L.Jeong. APEC at a Crossroad: Challenges and Opportunities [R] .Asian Perspective, 2009, Vol.33.

[105] 0Peter, C.C.Y.&D.Ciuriak. The FTA Music Is Playing in Asia: After ECFA, Will Taiwan Join the Dance? [J] .International Trade Journal, 2012, Vol.26.

[106] 0Petri, P., A. The TPP and Asia-Pacific Integration: A Quantitative Assessment [M] .Peterson Institute for International Economics, East-West Center, Washington, DC, 2012, 11.

[107] 0Plummer, M.G. ASEAN-EU Economic Relationship: Integration and Lessons for the ASEAN Economic Community [J] .Journal of Asian Economics, 2006, Vol.17.

[108] 0Pomfret, R.&Sourdin, P. Have Asian Trade Agreements Reduced Trade Costs? [J] .Journal of Asian Economics, 2009, Vol20.

[109] 0Pushpa, T. The Politics and the Economics of Integration in Asia and the Pacific [J] .ASEAN Economic Bulletin, 2012, Vol.36.

[110] 0Ravenhill, J. The New Bilateralism in the Asia Pacific [J] .Third World Quarterly, 2003 (24): 299-317.

[111] Schott., J.S. Understanding the Trans-Pacific Partnership [M] .Peterson Institute for International Economics Washington DC, 2013.

[112] Shen, C. Asia-Pacific Inclusive Cooperation and China's Strategic Choice [J] .Journal of the Humanities and Social Sciences, 2014, Vol.9.

[113] Shintaro, H. Trends of Trade Interdependence and Proliferation of FTAs in Asia: 1980-2010 [J] .Global Economy Journal, 2012, Vol.12: 1-24.

[114] Skulska, B. Process of the Economic Integration of China with ASEAN

Countries An Overview［J］.Folia Oeconomica Stetinensia，2010，Vol.10.

[115] Sohn，C-H.&Hongshik，L. Trade Structure，FTAs，and Economic Growth［J］.Review of Development Economics，2010，Vol.14.

[116] Song.，G& Y.Wenjin. China's Free Trade Agreement Strategies［J］. The Washington Quarterly，2012，Vol.35.

[117] Su，H. Regionalism in Competition：EU Experience and its Theoretical Implications for Asian Integration［J］.Journal of Global Policy and Governance，2012，Vol.1.

[118] Takahashi，G. The Barriers and Solutions to Integration of the EAFTA and TPP［J］.Journal of Global Policy and Governance，2013，Vol.2.

[119] Tan，K-Y.et al. Strategic Interests of ASEAN-5 in Regional Trading Arrangements in the Asia-pacific［J］.Asia Pacific Journal of Management，1999，Vol.16.

[120] The ASEAN Secretariat. A Blueprint for Growth ASEAN Economic Community 2015：Progress and Key Achievements".

[121] The ASEAN Secretariat. ASEAN Economic Community Blueprint 2025".

[122] The ASEAN Secretariat. ASEAN Economic Community—at a Glance".

[123] The U.S.White House. National Security Strategy 2010".

[124] The U.S.White House. National Security Strategy 2015".

[125] TPP and RCEP：Competing or Complementary Model of Economic Integration?"，The Brookings Institution Forum，2014，Feb.，14.

[126] Urata，S. Constructing and Multilateralizing the Regional Comprehensive Economic Partnership：An Asian Perspective［R］.ADBI，2013，No.449：1-27.

[127] Urata，S. Japan's Free Trade Agreement Strategy［J］.The Japanese Economy，2009，Vol.36.

[128] Walley，J. Why Do Countries Seek Regional Trade Agreements?［R］. NBER，1998：1-29.

[129] Wang，H. Comparative Regionalization：EU Model and East Asia's Practice for Regional Integration［J］.Journal of Global Policy and Governance，

2013，Vol.2.

[130] Weixing, H. Building Asia–Pacific Regional Institution: the Role of APEC［J］.Procedia–Social and Behavioral Sciences，2013（77）: 65–73.

[131] Weller, S.A. Failure and strategic projects: Australia's Asia–Pacific vision［J］.Geoforum，2009（40）: 136–144.

[132] Wignaraja,G. Will South Asia Benefit from Pan–Asian Integration？［J］. South Asia Economic Journal，2015，Vol.2.

[133] Womack，B. Northeast Asia in a Multinodal World［J］.East Asia，2014（31）: 171–182.

[134] Woohyoung, K. A Study on the Feasibility of an FTAAP and Korea's Strategy［J］.International Area Review，2010，Vol.13.

[135] Xin, L. A General Equilibrium Analysis of the TPP Free Trade Agreement With and Without China［J］.The Journal of Applied Economic Research，2014（8）: 115–136.

[136] Yuen，S.C.&J.R，Hur. Small Hubs，Large Spokes and Overlapping Free Trade Agreements［J］.The World Economy，2008，Vol.31.

[137] Yunling Zhang & Minghui Shen. The Status of East Asian Free Trade Agreement［R］.ADBI Working Paper，2011，No.282: 1–40.

[138] Zhu，H. Building the New Silk Road across the Pacific.Economic and Trade Relations between China and Latin America after the Financial Crisis in 2008 ［J］.

[139] Revista de Globalizacion，Competitividad y Gobernabilidad，2012（6）: 115–135.

附录　TPP 协定的主要内容

章目	条目	条目内容	章目	条目内容
序言	一		第二十二章 竞争力和商务便利化	定义；竞争力和商务便利化委员会；利益相关人的参与；争端解决的不适用
第一章 初始条款和一般定义	A 节：初始条款；B 节：一般定义		第二十三章 发展	总则；促进发展；基础广泛的经济增长；妇女和经济增长；教育、科技、研究和创新；联合发展活动；发展委员会；与其他章的关系；争端解决的不适用
第十一章 金融服务		定义；范围；国民待遇；最惠国待遇；金融机构的市场准入；跨境贸易；新金融服务；特定信息的待遇；高级管理人员和董事会；不符措施；例外；承认；透明度和特定措施管理；自律监督组织；支付和清算系统；快速提供保险服务；后台办公功能的行使；具体承诺；金融服务委员会；磋商；争端解决；附件 11-A 跨境贸易；附件 11-B 具体承诺；附件 11-C 不符措施；附件 11-D 负责金融服务的主管机关；附件 11-E		
第十二章 商务人员临时入境		定义；范围；申请程序；临时入境的市场准入；商务旅行；信息提供；商务人员临时入境委员会；合作；与其他章节的关系；争端解决		

续表

章目	条目	章目	条目内容	章目	条目内容
第二章 货物的国民待遇和市场准入	A节：定义、范围；B节：国民待遇，关税联制，关税免除，修理或改变后再人境的货物，价值可忽略的商业样品，货物的临时人境，专门讨论，进口和出口限制，再制造货物，进口许可，出口许可程序的透明度，出口用或其他规费，货物贸易委员会，信息技术产品贸易，公布，C节：农业定义、范围，农业出口补贴，出口信贷，农业出口信贷担保或保险，农业出口国营企业，出口限制，出口国营贸易企业，农业贸易委员会，农业保障措施，现代生物技术产品贸易；D节：关税配合管理范围和一般性条款，配额的返还和重新分配，管理和资质，透明度；附件2–A国民待遇和进口限制；附件2–B再制造货物；附件2–C出口关税、税收和其他费用；附件2–D关税取消	第十三章 电信	定义；范围；监管方法；公共电信服务的接入和使用；公共电信服务供应商义务；国际旅游漫游；给予公共电信服务主要供应商的待遇；竞争保障；转售；与主要供应商的网络元素非捆绑；主要供应商的互联互通；主要供应商对专用线路服务的提供和定价；主要供应商控制的共享设施的接入；电杆、管线、管网和路权的接入；国际海底电缆系统；独立监管结构和政府所有权；普遍服务；许可程序；稀缺资源的分配和使用；执行；电信争端解决机制；透明度；技术选择的灵活性；与其他章的关系；电信委员会；与国际组织的关系；电信服务供应商 美国；附件13–A农村电话供应商 美国；附件13–B农村电话供应商 秘鲁	第二十四章中小企业	信息共享；中小企业委员会；争端解决的不适用

续表

章目	条目	条目内容	章目	条目内容
第三章　原产地规则和原产地程序	A 节：原产地规则定义，原产货物，完全获得或生产货物，对生产中再制造货物所使用的回收材料的处理，区分价值成分，生产中使用的材料，生产中使用的材料的进一步调整，净成本，累计规则，微量，可互换货材料或材料，附件、备件、工具及指示性其他信息材料，零售用包装材料和容器，运输用包装材料和容器，非直接材料，成套货物，过境和转运 B 节：原产地程序的适用，优惠待遇的诉请，原产地证书的基础，差异，原产地证书的义务，与进口有关的义务，与出口有关的义务，记录保存要求，原产地核查，关税优惠待遇的诉请的决定，进口后退款及优惠关税待遇的诉请，处罚，机密性 C 节：其他事项 附件 A 其他安排；附件 B 最低数据要求；附件 C 第 3.11 条的例外		第十四章 电子商务	定义；范围和总则；海关关税；数字产品的非歧视性待遇；国内电子交易框架；电子认证和电子签名；线上消费贸易；个人信息保护；无纸贸易；电子商务网络的接入和使用原则；通过电子方式跨境传输信息；互联网互通费用分摊；计算设施的位置；非应邀商业电子信息；合作；网络安全事项合作；源代码；争端解决
			第二十五章 监管一致性	定义；总则；涵盖监管措施的范围；监管协调和审议程序或机制；核心良好监管实践措施；监管一致性委员会；合作；利害关系人参与；实施通知；与其他章关系；争端解决的不适用

续表

章目	条目	章目	条目内容	章目	条目内容
第四章 纺织品和服装	定义；原产地规则和有关事项；紧急措施；监督；核查；认定；纺织品和服装贸易问题委员会；机密性	第十五章 政府采购	定义；范围；例外；总则；过渡性措施；采购信息的公布；预定采购的通知；参加条件；供应商资格；限制性招标；技术规格；招标制性招标文件；时限；投标的处理和合同的授予；合同授予后的信息披露；保证采购程序中的廉正；国内审查程序；附件的修改和更正；便利中小企业的参加；合作；政府采购委员会；进一步谈判	第二十六章 透明和反腐败	A节：定义；B节：透明度公布、行政程序、复审和上诉、信息的提供；C节：反腐败范围，打击腐败的措施，促进反腐败人员廉正，反腐败法律的适用和实施、私营部门和社会参与，与其他协定的关系，争端解决；附件26-A药品和医疗器械透明度和公正程序
第五章 海关管理和贸易便利化	定义；原产地规则和有关事项；紧急措施；监督；核查；认定；纺织品和服装贸易问题委员会；机密性	第十六章 竞争政策	竞争法与主管机关和限制竞争商业行为；竞争执法中的程序公正；私人诉权；技术合作；消费者保护；透明度；磋商；争端解决的不适用；附件16-A 第16.2、16.3和第16.4 对文莱达鲁萨兰国的适用	第二十七章 管理和机构条款	跨太平洋伙伴关系委员会的设立；自贸委员会的职能；决策；自贸协定委员会的议事规则；联络点；争端管理；报告与过渡性措施相关的进展

续表

章目	条目	条目内容	章目	条目	条目内容	章目	条目内容
第六章 贸易救济	A节：保障措施定义，全球保障措施，过渡性保障措施的实施，过渡性保障措施的实施标准，调查程序和透明度要求，通知和磋商，补偿；B节反倾销和反补贴；附件6-A与反倾销和反补贴调查相关的实践		第十七章 国有企业和指定垄断		定义；范围；授予职权；非歧视性待遇和商业考虑；法院和行政机构；非商业援助；不利影响；损害；缔约方特定附件；透明度；技术合作；国有企业和制定垄断委员会；例外；进一步谈判；信息形成过程；附件17-A 门槛金额计算；附件17-B关于国有企业和指定垄断的信息形成过程；附件17-C 进一步谈判；附件17-D 对次中央国有企业和指定垄断的适用；附件17-E 新加坡；附件17-F 马来西亚；附件IV不符活动	第二十八章争端解决	A节：定义，合作，范围，场所的选择，磋商，斡旋，调节和调停，专家组的设立，职权范围，专家组的组成，专家组成员资格和成员名册，专家组程序，专家组程序的职能，规定，第三方参与，专家的作用，程序的中止与终止，初步报告，最终报告，最终报告的执行，不执行－补偿与中止利益，执行审查；B节：国内程序与私人商事争议解决私人权利，替代性争议解决

续表

章目	条目	条目内容
第七章 卫生和植物卫生措施	定义；目标；适用范围；总则；卫生与植物卫生措施委员会；主管机关和联络点；适应地区条件，包括适应病虫害非疫区和低度流行区的条件；审核；科学和检查；等效；进口检查；透明度；认证；紧急措施；合作；信息交换；合作性性技术磋商；争端解决	
第十八章 知识产权		A节：定义，目标，原则，关于本章的性质措施，义务的性质和范围，关于特定公共健康措施的谅解；国际协议；国民待遇；透明度；本章对现有各体权利和先前行为的适用，知识产权的权利用尽；B节：合作的联络点，合作的活动和倡议，传统领域，公共领域，传统知识领域的合作，应要求进行合作；C节：可注册为商标的标记类型，集体商标和证明商标，相同或相似标记的使用，例外，驰名商标，审查、异议和撤销的程序事项，商标电子系统，货物和服务标志的分类，商标保护期，不以许可备案为前提，异议和注销程序的行政程序，保护或认可地理标志的认可，地理标志的保护的指南，国际协定；D节：国名；E节：地理标志，地理标志的行政程序，异议是否为通用术语一名称是否为通用语，复合用语，地理标志的保护日期，国际协定；F节：A分节普通专利，B分节与农业化学品有关的措施，C分节与药品有关的措施
第二十九章 例外和总则		A节：总则，安全例外，临时保障措施，税收措施，烟草控制措施，《怀唐伊条约》；B节：信息披露，传统知识，传统文化表达和遗传资源

续表

章目	条目	章目	条目内容	章目	条目内容
			G节：保护，改善工业品外观设计制度；H节：版权和相关权利定义，复制权，向公众传播权，发行权，无层级，相关权利，版权和相关权利的保护期，《伯尔尼公约》第18条和《TRIPS协定》第14.6条的适用，限制和例外，版权和相关权利制度中的平衡，协议转让，技术保护措施，权利管理信息，集体管理；I节：执法一般义务，推定，与知识产权有关的执法实践，民事和行政程序和救济措施，临时措施，与边境措施有关的特殊要求，刑事程序和处罚，商业秘密，对载有加密节目的卫星和有线电视信号的保护，政府使用软件；J节：互联网服务提供商之附件，法律救济和安全港；K节：最终条款；附件18-A第18.2条第2款之附件；附件18-B智利；附件18-C马来西亚；附件18-D秘鲁；附件18-E J节的附件；附件18-F 对 J 节的附件		

239

续表

章目	条目	章目	条目内容	章目	条目内容
第八章技术性贸易壁垒	定义；目标；范围；《TBT协定》特定条款的纳入；国际标准、指南和建议；合格评定；透明度；技术法规和合格评定程序的合规时限；合作和贸易便利化；信息交流和技术讨论；技术性贸易壁垒委员会；附件8-A葡萄酒和蒸馏酒；附件8-B信息及通讯技术产品；附件8-C药品；附件8-D化妆品；附件8-E医疗设备；附件8-F预包装食品和食品添加剂的专有配方；附件8-G有机产品	第十九章劳工	定义；共同承诺声明；劳工权利；不得减损；劳工法的执行；强迫或强制劳动；企业社会责任；公众意识与程序保证；公众意见；合作；合作性劳工对话；劳工理事会；联络点；公众参与；劳工磋商	第三十章最终条款	附件、附录和脚注；修正；对《WTO协定》的修正；生效；退出；保管方；作准文本

续表

章目	条目	章目	条目内容	章目	条目内容
第九章 投资	A 节:定义,范围,与其他章的关系,国民待遇,最惠国待遇,待遇的最低标准,武装冲突或内乱情况下的待遇,征收与补偿,转移,业绩要求,高级管理人员和董事会,不符措施,代位,特殊手续和信息要求,拒绝授予利益,投资与环境,卫生和其他管理目标,企业社会责任;B 节:投资者-国家争端解决的磋商和谈判,提交仲裁的申请,各缔约方对仲裁的同意,各缔约方同意的条件和限制,仲裁员的选择,仲裁程序的进行,仲裁的透明度,准据法;对附件的解释,专家报告,合并审理,裁决,文书送达,附件 9-A 习惯国际法,附件 9-B 征收,附件 9-C 涉及土地的征收,附件 9-D 根据 B 节(投资者-国家争端)向一缔约方送达文件,附件 9-E 转移,附件 9-G 公共债务,附件 9-H,附件 9-I 不符措施棘轮机制,附件 9-J 提交仲裁申请,附件 9-K 在生效之后 3 年内提交某些仲裁申请,附件 9-L 投资协议	第二十章 环境	定义;目标;一般承诺;多边环境协定;臭氧层保护;保护海洋环境免于船舶污染;程序事项;公众参与机会;公众意见;企业社会责任;提高环境绩效的自愿性机制;合作框架;贸易和生物多样性;入侵外来物种;向低排放和适应型经济转变;海洋捕捞渔业;保护和贸易;环境产品和服务;环境磋商;高级代表磋商;部长级磋商;争端解决;附件 20-A;附件 20-B	相关章节附件	货物的国民待遇和市场准入 附件 2-D;第三章 原产地规则和原产地程序 附件 3-D;第四章 纺织品和服装 附件 4-A;第十一章 商务人员临时入境 附件 12-A;第十五章 政府采购 附件 15-A;第十九章 劳工相关文件
				相关章节不符措施负面清单	附件 I 投资和跨境服务贸易的不符措施;附件 II 投资和跨境服务贸易的不符措施;附件 III 金融服务贸易的不符措施;附件 IV 国有企业和指定垄断的不符措施

续表

章目	条目	条目内容	章目	条目内容
第十章 跨境服务贸易	定义；范围；国民待遇；最惠国待遇；市场准入；当地存在；不符措施；国内规制；承认；拒绝给予利益；透明度；支付与转移；其他事项；附件10-A专业服务；附件10-B快递服务；附件10-C不符措施棘轮机制			
第二十一章 合作和能力建设	总则；合作与能力建设领域；合作与能力建设联络点；合作与能力建设委员会；资源；争端解决的不适用			
			相关文件	市场准入、纺织品和服装、卫生和植物卫生措施、知识产权、服务／电子商务、服务／金融服务、临时入境、政府采购、国有企业、环境、药品和医疗设备透明度及程序公正、协定间关系相关文件

资料来源：根据 USTR 网站资料整理得出。

242